이길 때나 질 때나

유럽 명문 클럽의 뼈 때리는 축구 철학

Encyclopedia of Football Club Philosophies

Original Japanese title: FOOTBALL CLUB TETSUGAKU ZUKAN

Original Japanese edition published by KANZEN CORP.
Korean translation rights arranged with KANZEN CORP.
through The English Agency (Japan) Ltd. and Danny Hong Agency.

이길 때나 질 때나

유럽 명문 클럽의 뼈 때리는 축구 철학

• **니시베 겐지** 지음 | **이지호** 옮김 | **한준희** 감수 •

한스미디어

감수의 글

대한민국이 유럽 축구 시청하기 좋은 나라가 된 지도 시간이 꽤 흘렀다. 손흥민, 이강인 같은 우리 선수들의 소속 팀 경기는 기본이고, 유럽 주요 리그 경기 수십 개가 주말, 주중에 걸쳐 끊임없이 TV 화면을 채우는 시대가 됐다. 우리나라 최초의 유럽 축구 방송이었던 7,80년대 분데스리가 녹화 방송 시절에는 심지어 차범근 선수 뛰는 경기를 못 보는 경우도 많았으니 그야말로 격세지감을 느낀다. 당시에는 서독으로부터 공수되는 비디오테이프가 프랑크푸르트보다 강팀들인 바이에른 뮌헨이나 함부르크 경기들을 주로 담고 있어 그랬던 것 같다.

그때와는 판이하게 다른 작금의 방송 홍수 속에서 우리 축구 팬들도 다양한 유럽 클럽들에 관한 세세한 사항들에 날이 갈수록 익숙해져왔다. 스타 선수들, 감독들의 이름을 외우고 유니폼을 구입하는 것은 이제 초보적인 레벨에 지나지 않는다. 각 클럽들의 경기 스타일, 전술적 특색에 대한 탐구를 넘어 클럽의 역사와 전통, 운영 철학에까지 관심의 영역을 넓히고 있는 수준 높은 마니아들이 적지 않다. 따라서 각종 축구 방송 종사자들은 물론이고, 국내에서 출간되는 축구 서적들 또한 마니아들의 높아진 눈높이를 충족시켜야만 하는 상황이다.

《유럽 명문 클럽의 뼈 때리는 축구 철학》은 이러한 시대적 요구에 매우 적절한 대답을 던지고 있다. 이 책의 저자 니시베 겐지는 한스미디어가 펴낸 《좌익 축구 우익 축구》를 통해서도 축구사 전체를 관통하는 유니크한 이념적 분류법에 의거, 수많은 감독과 팀의 캐릭터를 간결한 필치로 분석, 정리했던 바로 그 인물이다. 이번 저서에서 그는 세계 최정상의 거대한 클럽들로부터 독특한 캐릭터로써 유럽 축구의 감초 역할을 해온 클럽들에 이르기까지 적잖은 클럽들의 역사에 면면히 흐르는 특유의 철학에 관해 명쾌한 설명을 제공한다. 저자는 책에 등장하는 다양한 클럽들의 철학을 7가지 유형으로 대별해 제시하는데, 이 또한 '유형별 분류와 정리'에 능통한 저자의 역량을 다시 한번 입증하는 것이다.

사실 이 책을 펼쳐보기 이전에도 축구 마니아들이라면 유명 클럽들이 제각기 다른 전통과 특성, 캐릭터를 지니고 있음을 체감했을 법하다. 예를 들어 레알 마드리드와 바르셀로나는 스페인 축구를 양분해왔고 유럽 축구를 호령해온 라 리가의 쌍두마차이나, 전체적인 캐릭터에 있어서는 매우 상이함을 느낄 수 있다. 두 팀이 걸어온 역사와 지역 갈등의 문제를 차치하고, 축구 자체만을 고려하더라도 그러하다.

감수자가 생각하기에 레알 마드리드 축구를 정의하는 두 개의 어휘가 있다면 '로스 갈락티코스(Los Galácticos)'와 '후아니토(Juanito)'다. 레알의 빛나는 역사는 한마디로 별들과 함께한다. 알프레도 디 스테파노, 페렌츠 푸스카스 세대로부터 지네딘 지단, 호나우두 세대를 거쳐 크리스티아누 호날두, 루카 모드리치 세대에 이르기까지 레알 최고의 시기에는 언제나 최고의 선수들이 있었다. 이에 더하여 레알에게는 후아니토(7,80년대 레알 마드리드 선수)로 상징되는 '역전극 DNA'가 존재했고 이는 특히 유럽 토너먼트에서 종종 빛을 발해왔다. 그러나 레알의 이러한 캐릭터는 스타들의 존재 유무 및 활약상에 크게 영향 받을 수밖에 없으며, 일관성과 안정성이 떨어진다. 대조적으로, '크루이피즘(Cruyffism)'으로 유명한 바르셀로나는 레알에 비해 보다 '준비된 공식과 설계'에 입각한 축구를 한다. 바르셀로나 또한 슈퍼스타의 산실이기는 하나, 그들의 축구는 확연히 더 '이론적'이고 그들의 첨단 이론은 시대의 트렌드를 이끌어가곤 했다. 다만 여기엔 동전의 양면이 있는데, 남들이 따라잡기 힘든 이론을 그라운드 위에서 구현하며 쉽사리 상대를 압도하기도 하지만 이론이 잘 들어맞지 않는 상황에 직면하면 허무하게 무너지기도 하는 것이 바르셀로나 캐릭터다. 두 팀이 풍기는 느낌은 이렇게 다르다.

이러한 통찰은 비단 레알과 바르셀로나에만 국한되지 않을 것이다. 《유럽 명문 클럽의 뼈 때리는 축구 철학》에서 저자는 맨체스터 유나이티드와 리버풀, 바이에른 뮌헨과 보루시아 도르트문트, 파리 생제르맹과 마르세이유 같은 리그 내 라이벌 클럽들이 '전통적 캐릭터', 'DNA', '성공 비결', '운영 철학' 면에서 어떻게 구별될 수 있는지를 명료하게 설명한다. 또한 경쟁과 공존 속에서 성장해온 AC 밀란과 인테르 밀란, 벤피카와 포르투의 역사에 관해 이야기하며, 나폴리, 모나코, 아틀레틱 빌바오, 비야레알, 보루시아 묀헨글라트바흐 등이 지녀온 독특한 캐릭터에 관한 해석도 빼놓지 않는다. 설명의 대상이 몇몇 초대형 클럽들에만 한정되지 않는다는 점이야말로 이 책의 커다란 매력 가운데 하나다.

《유럽 명문 클럽의 뼈 때리는 축구 철학》은 장구한 역사를 지닌 유럽 축구 클럽들의 존재와 성공의 본질을 이해하기 위한 최고의 참고서가 될 것으로 확신한다.

한 준 희

KBS 축구 해설위원

대한축구협회 국가대표전력강화위원회 정보전략위원

머리말

축구의 세계에서 '철학(Philosophy)'이라는 말을 빈번하게 사용하기 시작한 시기는 언제일까? 아마도 1990년 무렵이었던 것으로 기억한다. 축구란 무엇일까? 왜 저런 플레이를 하는 걸까? 어떻게 플레이해야 하는 걸까? 당시 사람들은 이런 질문을 던지기 시작했다.

이 책은 유럽의 전통 있는 축구 클럽들을 몇 가지 유형으로 나누고 각 클럽이 어떤 철학을 가지고 있는지 살펴보려는 시도에서 출발했다. 그런데 원고를 쓰다 보니 철학보다는 'DNA(유전자)'라고 표현하는 편이 더 적절할 것 같다는 생각이 든다. 논리 정연하고 체계화된 철학이라기보다는 경험이 축적되면서 자연스레 이어져 내려온 무언가가 드러나는 경우가 많았기 때문이다.

가령, '뮌헨 참사'라고 불리는 비행기 사고가 없었다면 맨체스터 유나이티드는 지금과는 다른 클럽이 되었을지도 모른다. 맨유는 그 사고가 일어난 직후부터 앞으로 나아가기 시작했다. 그들은 끔찍한 사고로 주력 선수 대부분을 잃었지만 일정을 연기하지 않고 다음 경기를 소화해냈다. 목요일에 뮌헨에서 사고를 당하고도 토요일에 국내 리그 경기를 치렀던 것이다. 심지어 맨유의 한 선수(해리 그렉)는 추락 직후 폭발할 위험이 남아 있는 기내로 다시 돌아가 승객 두 명을 구출해내기도 했다. 이처럼 무슨 일이 생기더라도 전진하는 정신이 있었기에 맨유는 10년 후 부활에 성공해 챔피언스리그 우승을 차지할 수 있었다. 이 기적적인 부활은 맨유에게 기적을 일으킬 수 있는 클럽이라는 자신감을 심어주었다.

레알 마드리드는 UEFA 챔피언스리그에서 독보적인 우승 횟수를 자랑하는 클럽이다. 결승전의 승률도 압도적이다. 여기에는 유러피언 챔피언 클럽스 컵(유러피언컵)이라는 명칭으로 이 대회가 처음 시작되었을 때 이룩한 5회 연속 우승이 큰 영향을 끼쳤을 것이다. 레알 마드리드는 알프레도 디 스테파노라는 걸출한 스타를 영입한 시점부터 급속히 강해졌는데, 그로부터 두 시즌 후에 유러피언컵이 시작되었다. 디 스테파노의 보강이 대성공을 거두자 레알 마드리드는 스타 선수를 계속 영입했다. 포지션이나 역할이 겹치더라도 상관하지 않고 그 시점에 전성기를 구가하는 선수를 끊임없이 보강했다. 전술이나 균형을 거의 고려하지 않았기 때문에 보강이라기보다는 수집에 가까웠지만, 결과적으로 유러피언컵 5회 연속 우승을 달성했다. 논리적인 측면에서는 틀렸을지 몰라도 확실한 결과로 그들의 선택이 맞았다는 것을 증명한 셈이다. 축구는 계획대로 흘러가지 않는 스포츠지만, 계획할 수 없는 부분은 선수로 메울 수 있다. 즉 어째서인지는 잘 모르겠지만 이렇게 하면 이길 수 있다는 사실을 발견했다고 할 수 있다. 레알 마드리드의 라이벌인 바르셀로나의 중심 선수였던 사비 에르난데스는 레알 마드리드에 대해 "이유도 없이 승리하는 팀"이라고 말한 적이 있다. 이 말은 레알 마드리드라는 클럽의 본질을 정확히 꿰뚫은 표현이라고 생각한다. 사비가 뛰었던 바르셀로나는 승리할 수 있는 이유가 분명히 있는 논리적인 팀이었기에 더더욱 그렇게 느꼈으리라. 바르셀로나는 철학이라 부르기에 손색이 없는 것을 갖고 있는 클럽이고 그것을 구현하기 위한 방법론도 상세하게 정해 놓았다. 그런 만큼 질 때는 질 만한 이유가 있어서 졌고, 맨체스터 유나이티드나 레알 마드리드처럼 기적을 일으키는 일은 자주 일어나지 않았다. 애초에 이유 없이 승리하는 것에 중점을 두지 않는 클럽이기도 하다.

이처럼 유럽의 축구 클럽들은 선수 한 명, 감독 한 명, 오너 한 명이 클럽의 역사를 바꾸면서 그것을 계기로 클럽의 성격이 정해지는 경우가 의외로 많다. 그 클럽이 자리한 지역의 문화나 종교의 영향을 받는 경우도 있다. 각각의 클럽에는 저마다의 역사와 그로부터 비롯된 철학이 존재한다. 지금부터 유럽을 대표하는 클럽들의 축구 철학을 확인해 보기로 하자.

이길 때나 질 때나
유럽 명문 클럽의
뼈 때리는
축구 철학
Encyclopedia of Football Club Philosophies

CONTNETS

'명장 클럽'의 철학

[국적 약어 일람]
ESP=스페인, ARG=아르헨티나, FRA=프랑스, BRA=브라질, URU=우루과이, HUN=헝가리, GER=독일, MEX=멕시코, DEN=덴마크, NME=몬테네그로, CRO=크로아티아, ENG=잉글랜드, POR=포르투갈, ITA=이탈리아, NED=네덜란드, WAL=웨일스, COL=콜롬비아, CZE=체코, POL=폴란드, SBR=세르비아, AUT=오스트리아, BUL=불가리아, CIV=코트디부아르, SWE=스웨덴, CHI=칠레, SCO=스코틀랜드, IRL=아일랜드, ZIM=짐바브웨, NIR=북아일랜드, EGY=이집트, SEN=세네갈, GUI=기니, MKD=북마케도니아, BEL=벨기에, GHA=가나, CMR=카메룬, ROU=루마니아, LBR=라이베리아, UKR=우크라이나, SVN=슬로베니아, RSA=남아프리카, JPN=일본, BER=버뮤다제도, THA=타이, UAE=아랍에미리트 연합국, BIH=보스니아 헤르체고비나, TOG=토고, NGA=나이지리아, SUI=스위스, ARM=아르메니아, GAB=가봉, NOR=노르웨이, USA=미국, VEN=베네수엘라, RUS=러시아, TRI=트리니다드 토바고, BLR=벨라루스, CHN=중국, SMR=산마리노, ALG=알제리, CRC=코스타리카, SVK=슬로바키아, FIN=핀란드, AUS=오스트레일리아, IRN=이란, QAT=카타르, PAR=파라과이, PHI=필리핀, ISR=이스라엘, KOR=대한민국

Club History
클럽 연표

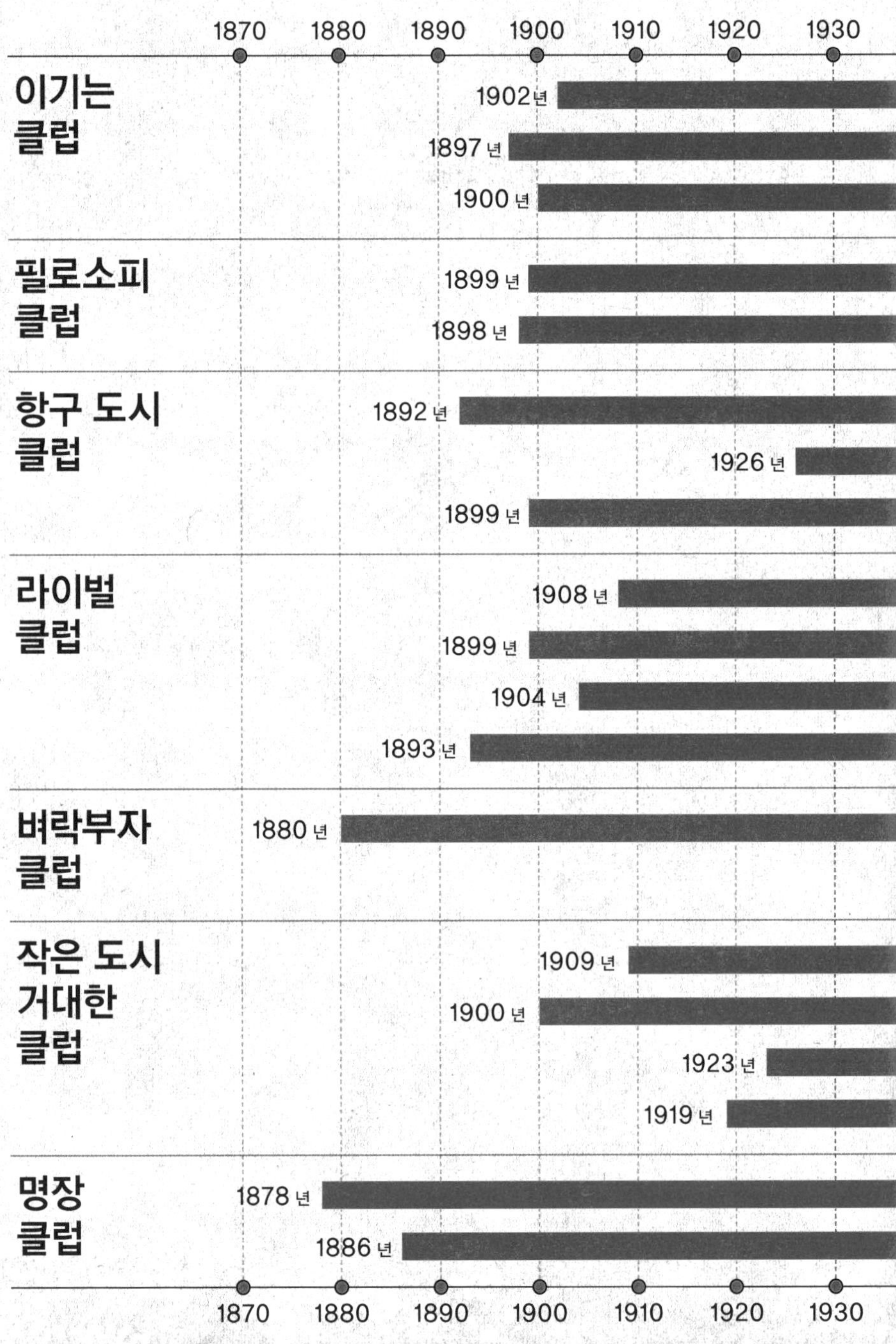
1870
1880
1890
1900
1910
1920
1930
이기는 클럽
1902년
1897년
1900년
필로소피 클럽
1899년
1898년
항구 도시 클럽
1892년
1926년
1899년
라이벌 클럽
1908년
1899년
1904년
1893년
벼락부자 클럽
1880년
작은 도시 거대한 클럽
1909년
1900년
1923년
1919년
명장 클럽
1878년
1886년
1870
1880
1890
1900
1910
1920
1930

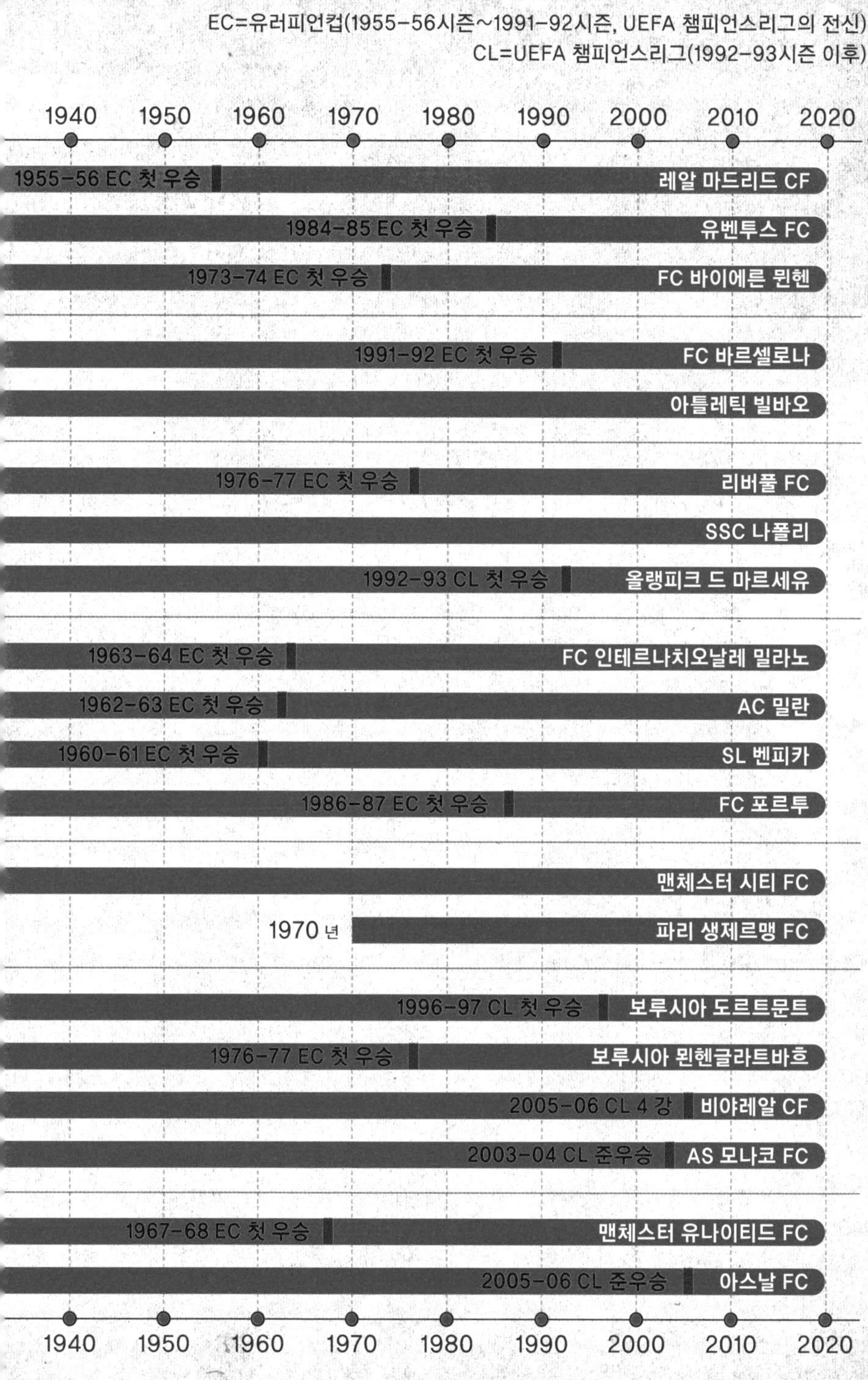

EC=유러피언컵(1955-56시즌~1991-92시즌, UEFA 챔피언스리그의 전신)
CL=UEFA 챔피언스리그(1992-93시즌 이후)

1940 1950 1960 1970 1980 1990 2000 2010 2020

1955-56 EC 첫 우승 — 레알 마드리드 CF
1984-85 EC 첫 우승 — 유벤투스 FC
1973-74 EC 첫 우승 — FC 바이에른 뮌헨

1991-92 EC 첫 우승 — FC 바르셀로나
아틀레틱 빌바오

1976-77 EC 첫 우승 — 리버풀 FC
SSC 나폴리
1992-93 CL 첫 우승 — 올랭피크 드 마르세유

1963-64 EC 첫 우승 — FC 인테르나치오날레 밀라노
1962-63 EC 첫 우승 — AC 밀란
1960-61 EC 첫 우승 — SL 벤피카
1986-87 EC 첫 우승 — FC 포르투

맨체스터 시티 FC
1970년 — 파리 생제르맹 FC

1996-97 CL 첫 우승 — 보루시아 도르트문트
1976-77 EC 첫 우승 — 보루시아 묀헨글라트바흐
2005-06 CL 4강 — 비야레알 CF
2003-04 CL 준우승 — AS 모나코 FC

1967-68 EC 첫 우승 — 맨체스터 유나이티드 FC
2005-06 CL 준우승 — 아스날 FC

1940 1950 1960 1970 1980 1990 2000 2010 2020

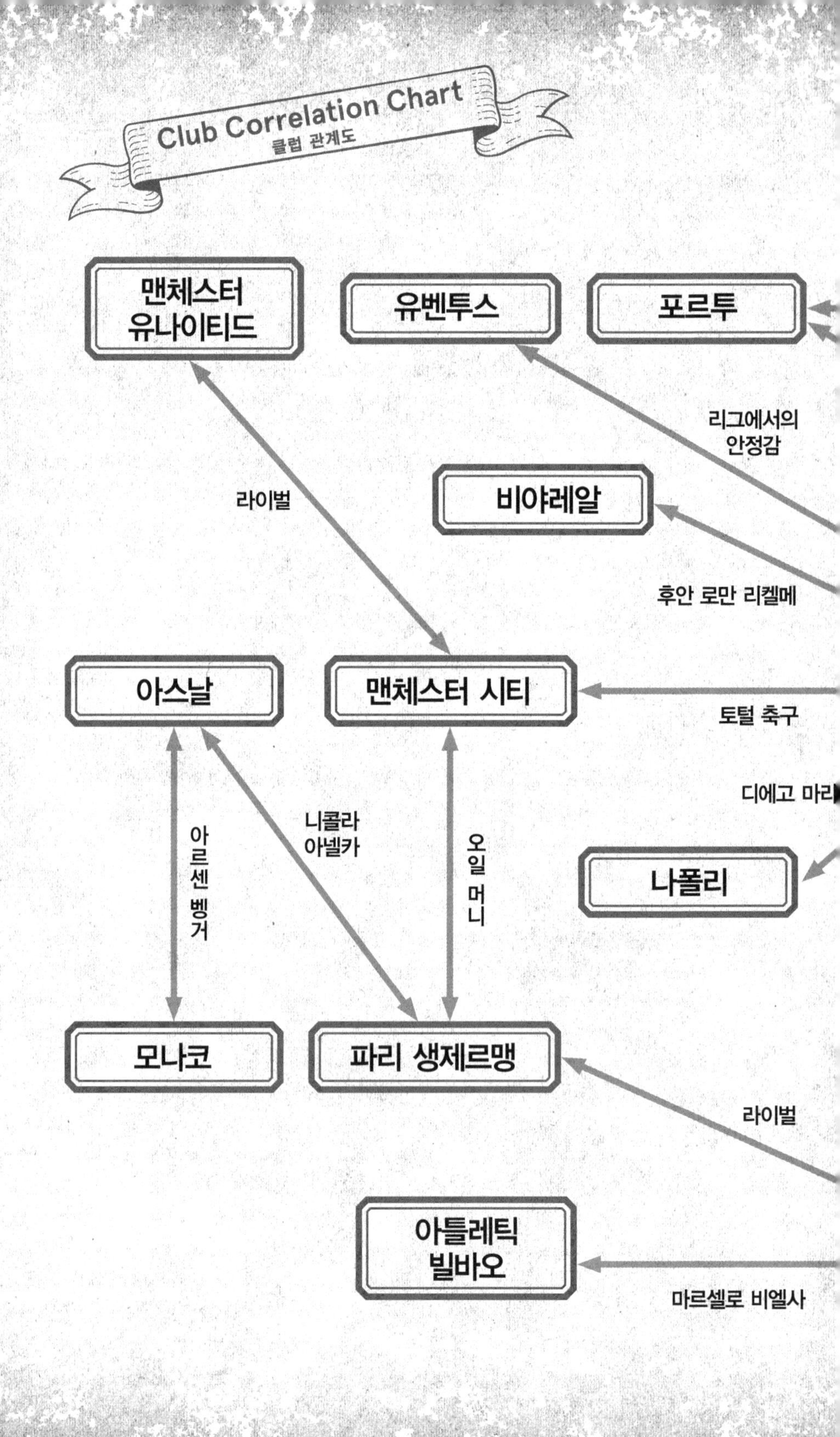
Club Correlation Chart
클럽 관계도
맨체스터 유나이티드
유벤투스
포르투
리그에서의 안정감
라이벌
비야레알
후안 로만 리켈메
아스날
맨체스터 시티
토털 축구
디에고 마라
아르센 벵거
니콜라 아넬카
오일 머니
나폴리
모나코
파리 생제르맹
라이벌
아틀레틱 빌바오
마르셀로 비엘사

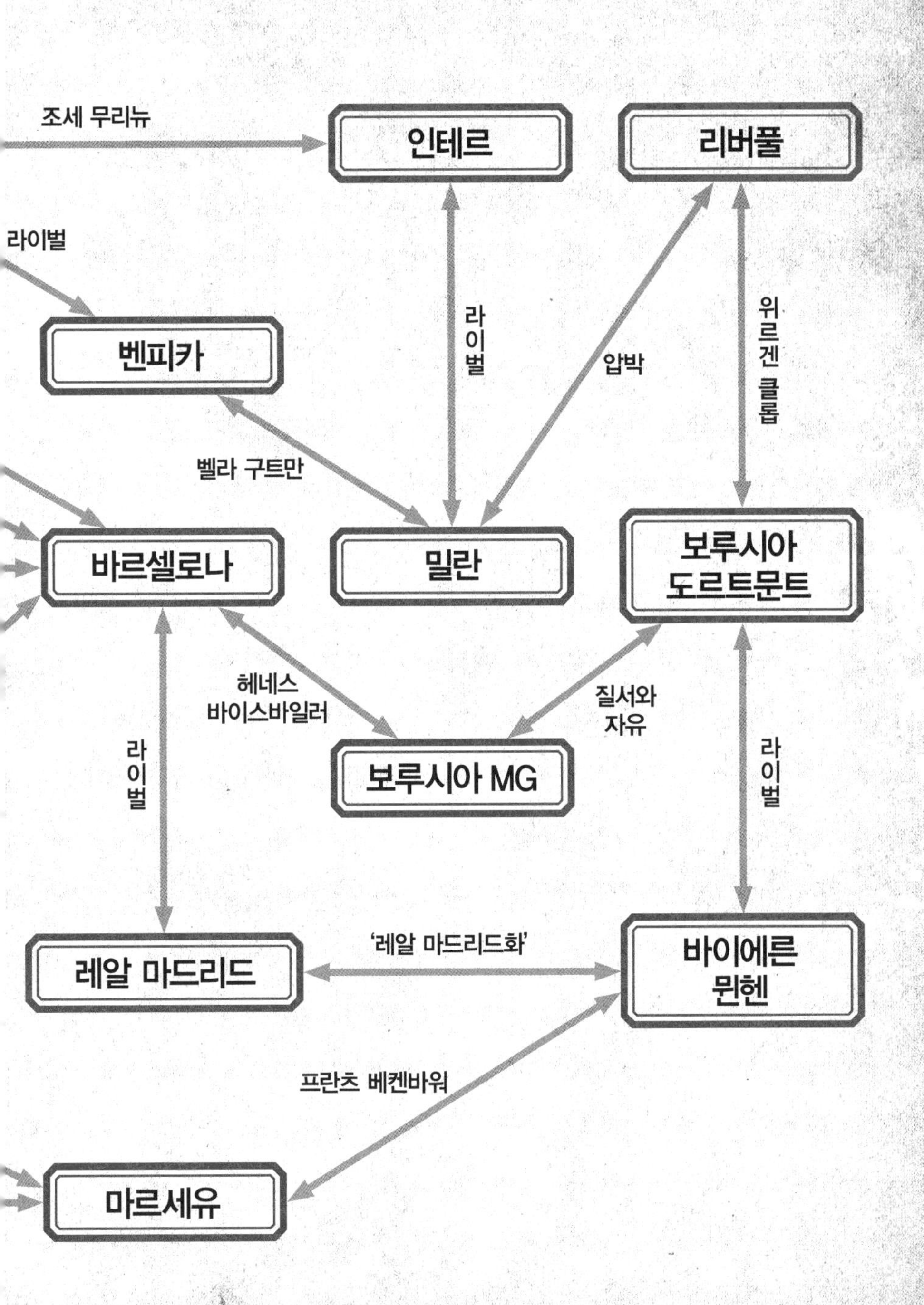
조세 무리뉴
인테르
리버풀
라이벌
벤피카
라이벌
압박
위르겐 클롭
벨라 구트만
바르셀로나
밀란
보루시아 도르트문트
헤네스 바이스바일러
질서와 자유
보루시아 MG
라이벌
라이벌
'레알 마드리드화'
레알 마드리드
바이에른 뮌헨
프란츠 베켄바워
마르세유

'이기는 클럽'의 철학

I

레알 마드리드

뛰어난 선수를 모아서 어떻게든 이긴다

레알 마드리드 CF

Real Madrid Club de Fútbol

창단 년도	1902년
회장(소유자)	플로렌티노 페레즈(ESP)
본거지	스페인 마드리드
홈구장	산티아고 베르나베우(수용 인원 81,044명)
메인스폰서	Fly Emirates: 항공 회사(UAE)
우승 기록	리그 34회 / 컵 19회
	챔피언스리그 13회
	유로파리그 & UEFA컵 2회
	클럽 월드컵 & 인터콘티넨털컵 7회

역대 감독(최근 10시즌)

2010–2011	조세 무리뉴(POR)
2011–2012	조세 무리뉴(POR)
2012–2013	조세 무리뉴(POR)
2013–2014	카를로 안첼로티(ITA)
2014–2015	카를로 안첼로티(ITA)
2015–2016	라파엘 베니테즈(ESP) / 지네딘 지단(FRA)
2016–2017	지네딘 지단(FRA)
2017–2018	지네딘 지단(FRA)
2018–2019	훌렌 로페테기(ESP) / 산티아고 솔라리(ARG) / 지네딘 지단(FRA)
2019–2020	지네딘 지단(FRA)

전방위형의 가위바위보 챔피언

UEFA 챔피언스리그(전신인 유러피언컵 포함) 13회 우승. 레알 마드리드는 이 대회에서 단연 압도적인 최강의 실력을 자랑하고 있다. 두 번째로 우승을 많이 한 밀란이 7회, 리버풀과 바이에른 뮌헨이 각각 6회, 레알 마드리드의 라이벌인 바르셀로나가 5회라는 점을 생각하면 13회 우승이 얼마나 대단한 기록인지 알 수 있다.

이 기록을 좀 더 자세히 들여다보면 챔피언스리그의 전신(前身)인 유러피언컵이 시작된 1955-56시즌부터 1959-60시즌까지 달성한 5회 연속 우승이 큰 지분을 차지하고 있다는 것을 알 수 있다. 사실 2015-16시즌부터 2017-18시즌까지 기록한 3회 연속 우승도 그에 못지않은 역사적 쾌거다. 유러피언컵에서 챔피언스리그로 변경된 뒤로는 3회 연속 우승이 문제가 아니라 2회 연속 우승에 성공한 팀조차 없었기 때문이다. FIFA로부터 '20세기 최고의 클럽'으로 선정된 레알 마드리드는

현 시점에도 '21세기를 대표하는 클럽'이라 할 수 있다.

2009-10시즌 이후의 10시즌만 한정해서 보더라도 레알 마드리드는 챔피언스리그를 4회나 제패했다. 이 시기에는 바르셀로나와 바이에른 뮌헨이 2회, 인테르와 첼시, 리버풀이 각각 1회씩 우승했을 뿐이다. 그런데 같은 시기 스페인 국내 리그 성적을 살펴보면 바르셀로나가 7회 우승을 차지한 반면 레알 마드리드는 2회 우승에 그쳤다는 것을 알 수 있다. 챔피언스리그와는 정반대 양상이 나타난 것이다.

"리그의 경우는 플레이에 문제가 없다면 바르셀로나가 우승할 확률이 높습니다. 다만, 단판 승부로 펼쳐지는 대회라면 이야기가 다르지요."

바르셀로나 출신이자 요한 크루이프 감독의 오른팔로 활약했으며 그 또한 바르셀로나에서 감독과 육성부장 등을 역임한 카를레스 르샥은 바르셀로나의 플레이 스타일이 리그에 더 최적화되어 있다고 말했다. 그만큼 바르셀로나의 플레이 스타일에는 안정감이 있기 때문이다. 레알 마드리드의 플레이 스타일 또한 바르셀로나와 비슷한 부분이 있기는 하지만, 그들의 진가는 안정감이 아니라 단판 승부에서 보여주는 강력함에 있다. 레알 마드리드는 챔피언스리그 결승전에 16회 진출해 13승 3패를 기록했다. 결승전 승률이 무려 약 81퍼센트다. 한편 5회 이상 우승한 다른 클럽의 결승전 승률은 리버풀이 약 67퍼센트, 밀란이 64퍼센트, 바르셀로나가 63퍼센트, 바이에른 뮌헨이 55퍼센트다. 이렇

Philosophy [21세기 최고의 클럽]

2001-02시즌 이후 챔피언스리그 5회 우승을 기록하는 등 21세기에도 20세기 못지않은 강력함을 뽐내고 있다.

게 비교해 보면 레알 마드리드의 결승전 승률이 얼마나 독보적인 수준인지 이해가 될 것이다.

레알 마드리드는 눈앞에 있는 상대를 이기기 위한 전술을 짜는 능력만큼은 확실히 탁월하다. 가령 2017-18 챔피언스리그 결승전에서는 리버풀을 상대로 약간 수비적인 플레이를 하면서 리버풀의 최대 무기였던 역습을 지웠고, 리버풀의 또 다른 특징인 '게겐 프레싱'도 '론도(볼 돌리기)'를 통해 무력화시켰다. 토니 크로스와 마르셀루, 이스코, 루카 모드리치의 뛰어난 근거리 패스워크 때문에 리버풀은 압박을 하면서도 공을 빼앗을 수 없었다. 이렇게 역습을 봉쇄하며 스토밍(폭풍 같은 급습)을 회피한 레알 마드리드는 시종일관 경기를 주도하면서 3 대 1로 승리했다.

2015-16 챔피언스리그 결승전 상대는 아틀레티코 마드리드였다. 강력한 수비를 자랑하는 아틀레티코 마드리드가 '방패'라면 화려한 공격진을 보유한 레알 마드리드는 '창'으로 통했기 때문에 경기 전까지만 해도 창과 방패의 대결이 되리라는 예상이 지배적이었다. 그런데 막상 경기가 시작되자 레알 마드리드는 아틀레티코 마드리드가 공을 소유하면서 공격하도록 유도했다. 각자의 무기인 창과 방패를 교환하자고 강요한 것이다. 레알 마드리드가 방패를 들었기 때문에 아틀레티코 마드리드는 창을 들 수밖에 없었고, 양쪽 모두 자신들의 강점을 충분히 발휘하지 못한 채 연장전까지 가는 혈전을 벌였다. 결국 1 대 1로 승부를 결정짓지 못한 두 팀은 승부차기 대결을 벌였고, 5-3으로 레알 마드리드가 우승컵을 들었다. 이 경기는 승부차기까지 가는 굉장히 아슬아슬한 승부였지만 전술이라는 측면에서 본다면 레알 마드리드의 승리

라고 해도 무방할 것이다. 예상대로 창과 방패의 대결이 펼쳐졌다면 아마도 아틀레티코가 더 우세했을 경기를 레알 마드리드가 무승부로 몰고 갔기 때문이다. 이런 전술을 당당하게 구사할 수 있는 뻔뻔함은 라이벌인 바르셀로나에서는 찾아볼 수 없는 모습이다.

레알 마드리드가 단판 승부에 강한 이유는 이러한 전방위형 스타일에 있다. 축구에는 공격, 수비, 수비에서 공격, 공격에서 수비라는 네 가지 국면이 있다. 다른 식으로 표현하면 포제션과 피(被)포제션, 카운터와 피(被)카운터다. 바르셀로나는 포제션 공격과 피카운터 수비가 뛰어나고, 주로 이 두 가지를 조합해 순환시키면서 승리를 향해 다가간다. 공을 지배하면서 밀어붙이고, 빼앗긴 순간 전방 압박(하이프레스)을 통해 상대의 역습을 봉쇄하는 동시에 빠르게 공을 되찾으려 시도한다. 아틀레티코 마드리드는 피포제션과 카운터를 조합함으로써 견수속공(堅守速攻)이라는 필승 스타일을 구축했고, 리버풀은 카운터와 피카운터의 조합으로 그들만의 리듬을 만들어냈다. 모두 공격과 수비에서 자신들이 잘하는 스타일을 조합하면서 강점을 이끌어낸다는 것을 알 수 있다.

레알 마드리드는 포제션과 피카운터의 조합을 중심 전략으로 삼는다는 점에서 바르셀로나와 비슷하지만, 바르셀로나만큼 날카롭지는 않다. 상대에게 공의 소유를 허용하더라도 어느 정도 견실한 수비로 대응한다. 또한 역습을 할 때는 세계 정상급의 속도와 개인기를 갖추고

Philosophy **[창과 방패의 강제 교환]**

'창'과 '방패'라는 스타일에 모두 대응할 수 있는 능력을 지니고 있다.

있다. 바르셀로나만큼 공을 점유하지 못하고, 수비의 탄탄함은 아틀레티코 마드리드에 미치지 못하며, 카운터는 리버풀이 더 강력할지도 모르고, 전방 압박의 위력도 세계 최고라고는 말하기 어렵지만, 각각의 분야 모두 적어도 세계 2위 정도 실력은 된다. 다시 말해 전술적으로 특화한 상대와 싸울 때 항상 우위에 설 수 있는 능력을 갖고 있다.

강력한 팀일수록 자신들만의 플레이 스타일을 날카롭게 갈고닦는다. 그런 만큼 잘하지 못하는 플레이 스타일이 있을 수밖에 없는데, 전방위형인 레알 마드리드는 이 부분을 파고들어 경기를 유리한 흐름으로 이끌어 갈 수 있는 능력을 갖추고 있기 때문에 단판 승부에 강하다. 팀에 맞게 가위, 바위, 보를 골고루 낼 수 있는 팀이라고나 할까? 그런, 어떤 의미에서는 불공평한 싸움을 할 수 있기에 다른 팀들보다 우위에 설 수 있는 것이다.

다만 레알 마드리드의 플레이 스타일은 빈틈없이 짜여 있는 것이 아니라 항상 어딘가 '모호한' 부분이 있기 때문에 장기전을 펼쳐야 하는 리그 경기에서는 좋을 때와 나쁠 때의 사이클이 조금씩 드러난다. 혼란에 빠지면 되돌아가야 할 원점을 찾지 못하고 헤매기도 한다. 이론이 확고한 축구를 하는 바르셀로나처럼 패배의 원인을 명확히 알 수 있는 것이 아니라서, 수정해야 할 부분을 정확하게 수정하지 못한 채 알 수 없는 부진에 빠지는 경우가 종종 생긴다. 라리가에서도 최다 우승 횟수를 자랑하는 클럽이기는 하지만, 장기전에서의 안정감이라는 측면에서는 라이벌 바르셀로나에 약간 못 미치는 측면이 있는 것이다.

그 대신 단판 승부에서 보여주는 집중력은 놀라울 정도이며, 절망적인 상황에서도 우격다짐으로 기적 같은 승리를 만들어내곤 한다. 논리

적인 축구를 하는 바르셀로나에서는 절대 볼 수 없는 모습이다. 바르셀로나의 중심 선수였던 사비는 "레알 마드리드는 이유 없이 이긴다"라는 말을 했다. 레알 마드리드나 맨체스터 유나이티드 같은 일부 챔피언 클럽은 신기하게도 그런 승리를 종종 만들어낸다.

계속 이기다 보니 이기는 습관이 든 것인지, 그저 포기하지 않다 보니 이길 때도 있는 것인지, 아니면 애초에 패배를 전혀 생각하지 않는 오만함이 가져다준 승리인지는 알 수 없다. 어쨌든 레알 마드리드는 가끔 이유 없이 이기고, 여전히 이유도 모른 채 승리를 거듭하고 있다.

디 스테파노라는
구체적 규범

축구는 팀 스포츠이고, 팀의 승리는 그 무엇보다 우선순위가 높은 가치다. 따라서 팀이 승리하기 위해 정한 규칙은 당연히 개인보다 우선해서 지켜야 한다. 팀은 승리하기 위해 '콘셉트'를 고안하고, 콘셉트를 실현하기 위한 '이론'을 만들어낸다. 그리고 그 이론에 따라서 플레이할 때 팀에 방향성이 생기고 플레이의 성공률도 높아진다. 아무리 뛰어난 선수라도 이론을 무시한 플레이를 한다면 팀에 이익을 가져다줄 수 없을 것이다. 그러나 '때때로 이론은 무시하기 위해 존재한다'는 것 또한 축구의 상식이다.

가령 골문과의 각도가 좁은 위치에서 슛을 노리는 것은 이론에 맞지 않는 플레이다. 이론적으로는 좀 더 좋은 위치에 있는 동료에게 패스하는 것이 옳다. 그러나 그 슛을 성공시킨다면 승리를 위한 가장 좋은 플레이를 한 셈이 된다. '그 위치에서는 슛을 하지 않겠지'라고 생각하던 상대방의 의표를 찌르는 멋진 플레이가 될 수도 있다. 다시 말해

이론은 확률적으로 옳은 것일 뿐 절대적인 것은 아니다. 이론을 몰라서는 안 되지만, 알고 있는 상태에서 '의도적으로' 무시하는 편이 좋은 경우도 있다. 축구를 온전히 담기에는 이론이라는 그물의 눈이 너무 성기기 때문이다.

콘셉트는 더욱 막연한 심리적인 이론 무장에 가깝다. 팀의 모든 구성원이 가진 힘을 결집하기 위해서는 콘셉트가 있어야 하고, 이론은 그 콘셉트를 실현하기 위한 상세한 규칙으로서 필요하다. 그러나 그 콘셉트와 이론은 절대로 축구의 현실을 완전히 커버하지 못한다. 이는 모두가 알고 있는 사실이다.

전술은 프로팀의 강약을 결정하지 못한다. 강약을 결정하는 것은 선수 구성이다. 뛰어난 선수를 모으면 강해진다. 레알 마드리드는 이 지극히 현실적인 신념을 당당하게 관철해 왔다.

레알 마드리드가 스페인 최고의 클럽으로 떠오른 시기는 1950년대로, 1953년에 알프레도 디 스테파노를 영입하면서부터 비약적으로 성장했다. 디 스테파노는 최고의 골게터인 동시에 최고의 플레이메이커였으며, 영리한 기교파이면서 '노동자'로 불릴 만큼 헌신적으로 플레이하는 선수였다. 무엇보다 그는 다섯 차례의 결승전에서 전부 골을 넣은 최강의 승부사였다.

15세에 아르헨티나의 명문 CA 리버플레이트에 입단한 디 스테파노는 이듬해에 CA 우라칸으로 임대되었다. 당시 리버플레이트는 '라 마

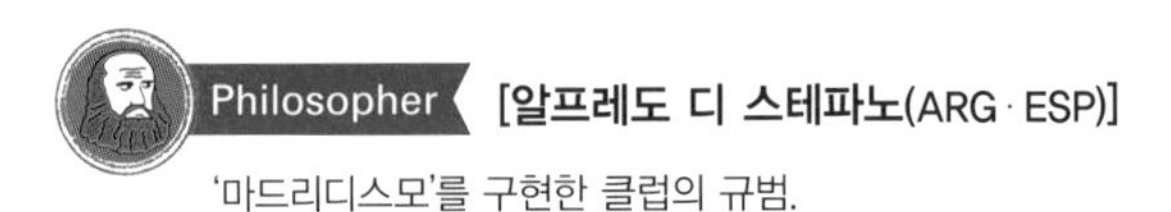

[알프레도 디 스테파노(ARG · ESP)]

'마드리디스모'를 구현한 클럽의 규범.

키나(기계)'라 불리는, 축구 역사를 통틀어 최고 수준으로 평가받는 공격진을 보유하고 있어서 디 스테파노가 비집고 들어갈 틈이 없었다. 그러나 1년 후 리버플레이트로 돌아온 디 스테파노는 주전 자리를 차지했고, 빠른 주력과 뛰어난 발재간, 높은 득점력으로 '황금 화살'이라는 별명을 얻었다. 이후 아르헨티나가 총파업에 돌입하자 플레이할 곳을 찾아 콜롬비아의 미요나리오스 FC로 이적한 디 스테파노는, 여기에서도 탁월한 플레이를 선보였다. 이 시기에 유럽 원정에서 레알 마드리드를 4 대 2로 격파했는데, 이것이 당시 레알 마드리드의 회장이었던 산티아고 베르나베우가 디 스테파노를 영입하는 계기가 되었다.

레알 마드리드에서 디 스테파노는 '마드리디스모(Madridismo)'를 최초로 구현하면서 클럽의 규범 그 자체가 되었다. 레알 마드리드의 근간은 이론이 아니라 마드리디스모라고 부르는 모호한 정신론이다. 레알 마드리드가 디 스테파노라는 구체적인 사례를 얻게 된 것은 커다란 행운이었다. 그는 에고이스트였지만 자신의 거대한 에고를 팀의 승리와 동일시한 모범적인 사례였다.

스타플레이어 수집 정책을 계승한 갈락티코

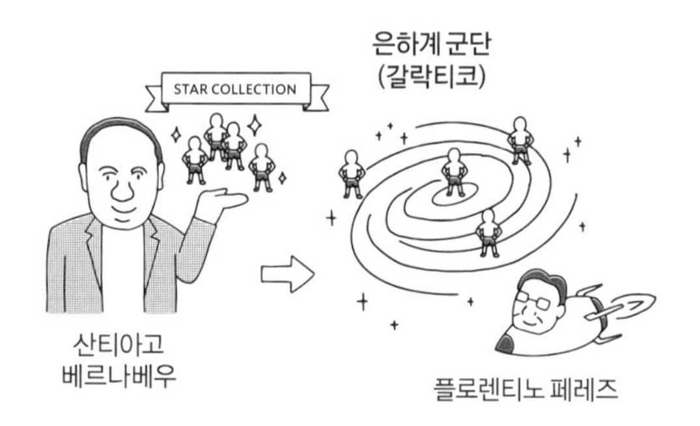

레알 마드리드는 디 스테파노에 이어 세계에서 가장 빠른 선수로 불리던 프란시스코 헨토, 디 스테파노와 친분이 있었던 아르헨티나의 엑토르 리알도 영입했다. 또한 제1회 유러피언컵 결승전 상대였던 스타드 드 랭스에서 레몽 코파를 데려왔다. 코파는 1958년에 발롱도르를 수상한 선수다. 이로써 레알 마드리드는 1957년에 발롱도르를 수상한 디 스테파노와 함께 발롱도르 수상자 두 명을 보유하게 된다.

그러나 베르나베우 회장은 여기에 만족하지 않고 브라질의 명선수인 지지, '매직 마자르'의 에이스였던 페렌츠 푸스카스까지 영입한다. 훌륭한 선수가 보이면 닥치는 대로 모으는, 보강이라기보다는 수집이라고 부르는 편이 더 적절한 영입 정책이었다. 훗날 플로렌티노 페레즈

[산티아고 베르나베우(ESP)]

일찌감치 '갈락티코' 영입 정책을 확립했던 명물 회장.

회장이 추진한 '갈락티코(은하수)'는 사실 베르나베우 시기에 이미 확립되어 있었던 영입 정책이 부활한 것이다.

포지션이나 플레이 스타일이 중복되든 말든 상관하지 않았다. 디 스테파노가 있는데 코파를 영입하면서 역할이 중복되었고, 결국 코파는 우측 윙어로 기용되었다. 지지는 1958년 월드컵에서 MVP로 선정된 브라질의 대스타로, 중원을 광범위하게 돌아다니며 게임을 만드는 전형적인 플레이메이커다. 다만 그는 코파 이상으로 디 스테파노와 스타일이 겹쳤고, 디 스테파노와의 주도권 경쟁에서 패해 1년 만에 귀국하게 된다.

푸스카스는 디 스테파노와 좋은 관계를 맺었다. 두 사람 다 1950년대를 대표하는 슈퍼스타이며, 언론인 중에는 이 둘을 사상 최고의 선수로 꼽히는 펠레보다 위에 놓는 사람도 있다. 포지션은 디 스테파노가 9번(센터포워드), 푸스카스가 10번(인사이드포워드)이었는데, 디 스테파노는 아래로 내려가는 9번이고 푸스카스는 톱으로 달려 나가는 10번이었다. 어떤 의미에서 행운이었던 것은 두 사람 모두 베테랑의 영역에 접어들면서 운동량이 감소했다는 사실인지도 모른다. 디 스테파노는 경기 운영에 중점을 두기 시작했고, 푸스카스는 최전선에 남아서 득점에 공헌했다. 이렇게 공존이 가능해짐에 따라 이 두 선수는 최강의 콤비를 형성했다. 푸스카스는 에고가 강한 유형은 아니었던 것 같다. 디 스테파노와 득점왕 경쟁을 했을 때 득점 찬스에 패스를 하면서 득점왕을 양보해 신뢰를 얻었을 정도다.

부족한 전술은 선수가 메우면 된다

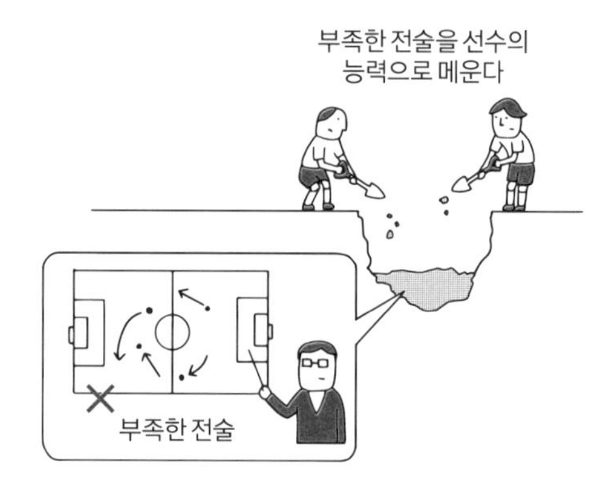

이 시기에 레알 마드리드 감독의 존재감은 옅을 수밖에 없었는데, 이런 상황은 이후에도 크게 달라지지 않았다.

유러피언컵 5회 연속 우승 당시의 감독인 호세 비얄롱가와 루이스 카르닐리아는 나름 명성 있는 감독이었지만 전술 측면에서 혁신가였다고 말하기는 힘들다. 미겔 무뇨스 같은 경우 취임 전까지 감독으로서의 실적이 전혀 없는 것에 가까웠다. 선수와 감독으로서 레알 마드리드의 황금시대를 뒷받침했던 무뇨스의 커리어는 현재의 지네딘 지단과 비슷하다. 무뇨스는 레알 마드리드에서 10년 동안 선수로 뛰면서 디 스테파노 등과 함께 유러피언컵 트로피를 세 차례나 들어 올렸으며, 짧은 기간 동안 B팀을 지휘한 뒤 곧바로 감독으로 취임해 1959-60시즌 유러피언컵을 제패함으로써 선수와 감독 양쪽에서 유러피언컵 우승을 달성한 첫 번째 인물이 되었다. 뿐만 아니라 재임 기간 동안 국내 리그에서 9회나 우승을 차지했으며, 1965-66시즌에는 두 번째 유러피언컵 우승에 성공했다.

저마다 개성이 강렬한 스타 공격수가 즐비한데다, 디 스테파노가 필드 위의 절대 군주로 군림하고 있다 보니 감독의 역할은 자연스럽게 한정되었다. 최고 실력을 가진 선수들을 모아 놓은 이상, 감독의 생각(전술)이라는 틀 안에 선수를 집어넣기보다는 선수에 맞춰서 전술을 짜는 편이 합리적이었다. 그래서 축구를 이론보다 더 현실적으로 보여주는 선수들을 활용해 유기적으로 경기를 풀어 나갔다. 그래서 레알 마드리드는 전술을 위해 선수가 존재하는 것이 아니라 선수의 재능을 살리기 위해 전술이 존재하는 전통이 만들어질 수밖에 없었다.

루이스 피구, 지네딘 지단, 라울, 호나우두, 호베르투 카를로스, 데이비드 베컴이 있었던 '갈락티코' 시대는 디 스테파노와 푸스카스의 황금시대를 재현하려 했던 시도였다. 비센테 델 보스케 감독은 최소한의 전술과 최대한의 자유가 균형을 이루고 있는지 주의 깊게 지켜봤다. 델 보스케는 특별한 지시는 내리지 않고 항상 고개를 갸우뚱한 채 기술 지역을 서성이는 감독이었다. 호나우두, 라울, 피구, 지단의 공격 라인에 호베르투 카를로스까지 참가한 공격이 실패로 끝났을 때, 이 다섯 명 중 수비에 가담하는 사람이 한 명도 없다면 수비가 붕괴되고 만다. 클로드 마켈렐레라는 걸출한 청소부가 있을 때조차도 혼자서 모든 범위를 커버할 수는 없다. 공수가 전환될 때 한두 명은 즉시 수비에 가담해 줘야 한다. 그 순간만이라도 좋으니 슈퍼스타 중 누군가 '마켈렐레'와 같은 헌신성을 보여줬어야 했다.

그러나 델 보스케는 누가 '마켈렐레' 역할을 할지 시스템적으로 정

해 놓지 않았고 슈퍼스타들의 플레이를 속박하지도 않았다. 다만 누군가 그런 상황을 깨달아야 한다는 점을 선수들에게 주지시키기는 했을 것이다. 누가 그 역할을 하게 될지 알 수 없었지만, 그 누군가가 '마켈렐레'가 되는 모습을 주의 깊게 지켜봤다. 말하자면 델 보스케는 팀이 올바르게 기능하기 위한 최후의 양심을 지켜보는 일을 했고, 델 보스케가 절망한 순간 팀은 붕괴했다. 실제로 클럽이 베컴을 영입하면서 마켈렐레를 이적시키자 델 보스케는 희망을 버렸고, 그때부터 레알 마드리드는 부진에 빠졌다.

스타플레이어 수집 정책을 취한 레알 마드리드에서 델 보스케는 절대로 실망시켜서는 안 되는 감독이었다. 이는 현 감독인 지단도 마찬가지다. 절대로 지단을 화나게 해서는 안 된다. 이 둘은 스타 선수들을 존중하고 그들이 기분 좋게 플레이하도록 만들고자 고심하는 부처님 같은 감독이지만, 그들이 실망하고 격노하는 순간 팀은 끝난다. 레알 마드리드에서는 전술가보다는 클럽의 색채를 극한까지 존중하면서도 넘지 말아야 할 한계를 알고 있는 감독의 가치가 더 높다고 할 수 있다.

레알 마드리드의 선수 우선주의는 지금도 큰 변화 없이 이어지고 있다. 토니 크로스와 루카 모드리치의 역할을 그들보다 수준 낮은 선수로 대체할 수 있게 해 주는 전술이 있다면 그것은 분명 훌륭한 전술일 것이다. 그러나 이는 레알 마드리드에서는 아무 의미 없는 이야기다. 한때 확연했던 바르셀로나와의 패스워크 격차를 좁힌 것은 전술이 아니라 크로스와 모드리치의 존재였다. 선수를 능숙하게 만든 것이 아니라 능숙한 선수를 영입해서 해결한 것이다.

라이벌 바르셀로나가 네덜란드에 원류를 둔 이론 중심의 클럽이라면, 레알 마드리드의 콘셉트는 '어떻게든 승리하는 것'으로 집약된다. 전술적으로 특화하지 않고 재능 있는 선수들을 모아서 그 재능을 살릴 수 있게 느슨하게 속박하지만, 스타플레이어의 에고는 용납하지 않는다(디 스테파노를 보라). 레알 마드리드가 전술의 혁신가였던 적은 단 한 번도 없다. 전술이 선수보다 앞섰던 적도 없으며, 부족한 전술은 선수가 메워 왔다. 그리고 이 스타일로 70년 동안 유럽 최강 클럽의 자리를 지키고 있다.

History of
Real Madrid
[레알 마드리드 연표]

1943년에 회장으로 취임한 산티아고 베르나베우가 1953년에 알프레도 디 스테파노를 영입한 뒤 스페인 굴지의 강호로 떠올랐다.

1950~1970 년대
▶ **스타플레이어 수집**

[회장]
산티아고 베르나베우(ESP)
[감독]
호세 비얄롱가(ESP)
루이스 카르닐리아(ARG)
미겔 무뇨스(ESP)

[주요 선수]
알프레도 디 스테파노(ARG · ESP)/프란시스코 헨토(ESP)/엑토르 리얄(ARG)/레몽 코파(FRA)/지지(BRA)/호세 산타마리아(URU)/페렌츠 푸스카스(HUN)/아만시오 아마로(ESP)/피리(ESP)/미겔 앙헬(ESP)/귄터 네처(GER)/파울 브라이트너(GER)/울리 슈틸리케(GER)

1980~1990 년대
▶ **라리가 5시즌 연속 우승**

[주요 선수]
에밀리오 부트라게뇨(ESP)/마누엘 산치스(ESP)/호르헤 발다노(ARG)/우고 산체스(MEX)/베른트 슈스터(GER)/페르난도 이에로(ESP)/페르난도 레돈도(ARG)/미카엘 라우드럽(DEN)/프레드라그 미야토비치(MNE)/다보르 수케르(CRO)/니콜라 아넬카(FRA)/스티브 맥마나만(ENG)/클라렌스 세도르프(NED)/이반 사모라노(CHI)/크리스티안 파누치(ITA)/구티(ESP)

2000 년대 ~ 현재
▶ **갈락티코**

[회장]
플로렌티노 페레즈(ESP)
[감독]
비센테 델 보스케(ESP)
지네딘 지단(FRA)

[주요 선수]
루이스 피구(POR)/지네딘 지단(FRA)/라울(ESP)/호나우두(BRA)/호베르투 카를로스(BRA)/클로드 마켈렐레(FRA)/데이비드 베컴(ENG)/마이클 오언(ENG)/세르히오 라모스(ESP)/호비뉴(BRA)/안토니오 카사노(ITA)/파비오 칸나바로(ITA)/이메르송(BRA)/곤살로 이과인(ARG)/웨슬리 스네이더(NED)/아르연 로번(NED)/마르셀루(BRA)/크리스티아누 호날두(POR)/카림 벤제마(FRA)/메수트 외질(GER)/루카 모드리치(CRO)/이스코(ESP)/가레스 베일(WAL)/토니 크로스(GER)/하메스 로드리게스(COL)/에당 아자르(BEL)

'이기는 클럽'의 철학

II

유벤투스

지나치게 높은 완성도의 안전제일주의 축구

유벤투스 FC

Juventus Football Club S.p.A.

창단 년도	1897년
회장(소유자)	안드레아 아넬리(ITA)
본거지	이탈리아 토리노
홈구장	알리안츠 스타디움(수용 인원 41,507명)
메인스폰서	Jeep: 4륜 구동 자동차 브랜드(USA)
우승 기록	리그 36회 / 컵 13회
	챔피언스리그 2회
	유로파리그&UEFA컵 3회
	컵위너스컵 1회
	인터콘티넨털컵 2회

역대 감독(최근 10시즌)

2010–2011	루이지 델 네리(ITA)
2011–2012	안토니오 콘테(ITA)
2012–2013	안토니오 콘테(ITA)
2013–2014	안토니오 콘테(ITA)
2014–2015	마시밀리아노 알레그리(ITA)
2015–2016	마시밀리아노 알레그리(ITA)
2016–2017	마시밀리아노 알레그리(ITA)
2017–2018	마시밀리아노 알레그리(ITA)
2018–2019	마시밀리아노 알레그리(ITA)
2019–2020	마우리치오 사리(ITA)

'더 실버 콜렉터'

유벤투스는 세리에A를 대표하는 클럽이다. 밀란, 인테르와 함께 오랜 기간에 걸쳐 최상위 클럽으로 군림하고 있으며, 세리에A 우승 기록은 밀란과 인테르의 18회를 압도하는 36회(최다)다. 이 기록에서도 알 수 있듯이 유벤투스는 국내 리그에서 압도적인 강력함을 자랑한다.

그런데 UEFA가 주최하는 대회에서는 사정이 달라진다. 챔피언스리그 우승 횟수는 밀란(7회)과 인테르(3회)가 유벤투스(2회)보다 앞선다. 국내가 아닌 유럽 무대에서는 상황이 역전되는 것이다.

더 재미있는 사실은 준우승 횟수다. 챔피언스리그의 준우승 횟수를 보면 유벤투스가 7회, 밀란이 4회, 인테르가 2회다. 유벤투스의 준우승 횟수는 모든 클럽 가운데 최다이며, 바이에른 뮌헨과 벤피카가 5회로 그 뒤를 따르고 있다. 챔피언스리그의 준우승 순위는 다음과 같다.

〈챔피언스리그 준우승 순위〉

		준우승	우승
1	유벤투스	7	2
2	바이에른 뮌헨	5	6
	벤피카	5	2
4	밀란	4	7
5	레알 마드리드	3	13
	리버풀	3	6
	바르셀로나	3	5
	아틀레티코 마드리드	3	0
9	아약스	2	4
	맨체스터 유나이티드	2	3
	인테르	2	3
	발렌시아	2	0
	스타드 드 랭스	2	0

준우승 횟수가 2회 이상인 클럽 가운데 우승 횟수보다 준우승 횟수가 더 많은 곳은 유벤투스와 벤피카, 아틀레티코 마드리드, 발렌시아, 스타드 드 랭스 5곳이며, 나머지 8개 클럽은 우승 횟수가 더 많다. 그리고 준우승 횟수가 더 많은 5개 클럽 가운데 아틀레티코 마드리드와 발렌시아, 스타드 드 랭스는 우승을 해 본 적이 없다. 국내 리그에서 밥먹듯이 우승을 차지하고 있는 클럽들도 아니며, 랭스의 경우는 초창기 유러피언컵에서 올린 성적일 뿐 그 뒤로 리그1에서 강등되기도 하는

등 이렇다 할 성적을 내지 못하고 있다.

국내 리그에서는 우승을 밥 먹듯이 하는 빅클럽이면서 챔피언스리그 결승전 승률이 좋지 않은 팀은 유벤투스와 벤피카뿐인데, 이 가운데 벤피카는 어느 정도 설명이 가능하다. 국내 리그인 프리메이라리가의 수준이 그다지 높지 않기 때문이다. 그래서 국내 리그에서는 압도적이지만 챔피언스리그에서 잉글랜드, 스페인, 독일, 이탈리아, 프랑스의 강호들을 상대하면 힘의 차이가 확연하게 드러난다. 다시 말해 유럽 5대 리그의 강호이면서도 챔피언스리그 결승전에 약한 클럽은 유벤투스뿐이다.

유벤투스가 이처럼 큰 경기에 약한 원인은 대체 무엇일까?

유벤투스는 2019-20시즌에 우승함으로써 세리에A 9시즌 연속 우승을 달성했다. 이처럼 현재도 국내 리그에서는 무적함대이지만, 이 기간 동안에도 2014-15, 2016-17 챔피언스리그 결승전에 진출해 두 번 모두 준우승에 그쳤다.

세리에A는 1930년대부터 줄곧 정상급 리그였으며, 유벤투스는 세리에A의 전통적 강호다. 1930년대에는 5시즌 연속 우승을 달성했고, 1934년 이탈리아 월드컵에서 우승한 국가대표팀에도 선수를 9명이나 보냈다. 그중에는 1928년 암스테르담 올림픽에서 은메달을 차지한 아르헨티나 국가대표팀의 핵심 선수였던 라이문도 오르시와 루이스 몬티 등이 포함되어 있었다(당시는 '오리운디'라고 부르는 외국에서 귀화한 선수들이 드물지 않은 시대였다).

1940년대는 유벤투스에서 분리된 토리노가 '그란데 토리노(위대한 토리노)'로 불리며 황금시대를 구축함에 따라 유벤투스는 그 그늘에 가

려져 있었던 시대였다. 그러나 당시 유럽 최강 클럽이었던 토리노는 '수페르가의 비극'으로 알려진 비행기 사고(포르투갈 원정에서 돌아오던 비행기가 수페르가 언덕의 성당에 충돌해 승객과 승무원 전원이 사망했다)로 주력 선수진이 붕괴되고 말았다.

1950년대에는 잠피에로 보니페르티, 존 찰스, 오마르 시보리라는 '마법의 트리오'가 활약했다. 아르헨티나에서 온 시보리는 1961년 발롱도르도 수상했다. 참고로 시보리는 왼발잡이 테크니션으로서 발바닥을 사용한 풀푸시가 트레이드마크였다. 이후에 활약한 디에고 마라도나와 비슷한 유형의 천재 공격수였으며, 1962년 칠레 월드컵에서는 이탈리아 국가대표로도 뛰었다.

그러나 1930년대에서 1960년대에 걸친 영광의 시대에도 유벤투스는 유러피언컵에서 아무런 성과를 거두지 못했다. 라이벌인 밀란과 인테르가 1960년대에 두 차례씩 우승을 차지한 데 비해 유벤투스는 결승전에조차 오르지 못했다.

유벤투스가 처음으로 유러피언컵 결승전에 진출한 때는 1972-73시즌이었다. 이 시즌의 골키퍼는 그 뒤에도 오랫동안 유벤투스에서 활약한 디노 조프였고, 미드필더에는 훗날 감독으로 유명해지는 파비오 카펠로, 윙어로 활약한 프랑코 카우시오가 있었다. 또한 포워드는 조세 알타피니와 피에트로 아나스타시, 로베르토 베테가의 스리톱으로 구성된 화려한 진용이었다. 다만 상대가 좋지 않았다.

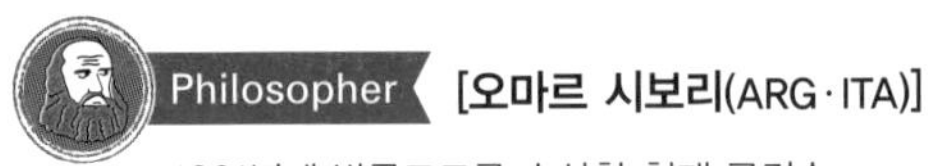

[오마르 시보리(ARG·ITA)]

1961년에 발롱도르를 수상한 천재 공격수.

유고슬라비아의 베오그라드에서 열린 결승전 상대는 3회 연속 우승에 도전하는 아약스였다. 요한 크루이프, 피트 케이저르, 조니 렙, 루드 크롤 등을 보유했으며 토털 축구를 추구한 팀이다. 경기 시작 5분 만에 렙이 선취골을 넣었고, 이것이 그대로 결승점이 되어 아약스가 1 대 0으로 3회 연속 우승을 달성했다. 참고로 이때 유벤투스의 감독은 체코슬로바키아인인 체스트미르 비츠팔레크였다. 그는 이탈리아의 하위 클럽 감독을 역임한 뒤 유벤투스의 하부 조직 코치를 거쳐 감독으로 승격한 인물로, 이 결승전이 감독으로서는 마지막 큰 무대였다. 그는 극단적인 공격 전술을 구사해 컬트적 인기를 끌었던 즈데넥 제만 감독의 숙부이기도 하다.

조세 알타피니에 관해 조금 더 이야기하자면, 그는 이탈리아에서 오랫동안 커리어를 쌓았고 은퇴 후에는 텔레비전의 축구 해설자로 인기를 얻었다. "골라소!"를 외치는 아저씨로 유명하지만, 1958년 스웨덴 월드컵의 우승 멤버이기도 하다. 브라질 국가대표팀에서 펠레 다음으로 어린 나이에 주전으로 뛴 센터포워드였지만, 부상 문제로 바바에게 포지션을 빼앗겼다. 4년 후 열린 칠레 월드컵에는 이탈리아 국가대표로 참가했다.

"사람들은 내가 브라질을 버렸다고 하지만, 사실은 반대로 브라질이 나를 버렸다."

당시 브라질 국가대표팀은 국외에서 뛰는 선수를 선발 대상에서 제외시켰다. 브라질 국가대표 시절 마졸라라는 이름으로 뛰었던 알타피니(이쪽이 본명이다)는 밀란에서 대활약을 펼쳤고, 나폴리를 거쳐 유벤투스에 왔을 때는 이미 전성기를 넘긴 시점이었지만 중요한 경기마다

득점을 올리며 맹활약했다. 마졸라라는 별명은 그란데 토리노의 에이스였던 발렌티노 마촐라와 닮았다는 데서 유래했다. 세리에A에서 역대 4위의 득점 기록을 보유하고 있으며, 외국인 선수로서 출장한 경기 수도 하비에르 사네티에 이어 2위인 레전드 선수다.

아주리와 거의 동일한 전술

유벤투스가 두 번째로 유러피언컵 결승전에 진출한 것은 1982-83시즌이다. 당시 유벤투스는 지오반니 트라파토니 감독의 지도 아래 황금시대를 구가하고 있었다. 1976-77시즌부터 10시즌 동안 세리에A에서 6회 우승을 차지했고, UEFA컵(1976-77) 트로피를 들어 올리며 마침내 첫 번째 UEFA 타이틀을 획득했다. 1982-83시즌에는 유러피언컵 결승전에도 진출했다.

골키퍼에는 조프가 건재했고, 수비수로는 이탈리아 국가대표인 가에타노 시레아, 클라우디오 젠틸레, 안토니오 카브리니가 있었다. 또한 미드필더에 이탈리아 국가대표인 마르코 타르델리, '10번'에 미셸 플라티니, 공격형 미드필더에 폴란드의 명선수 즈비그니에프 보니에크가 있었으며, 여기에 파올로 로시와 로베르토 베테가 투톱까지 그야말로 화려한 선수진이었다. 그러나 이렇게 쟁쟁한 선수들을 보유했음에도 유벤투스는 함부르크에 0 대 1로 패하고 말았다.

권터 네처가 GM으로 활약하고 명장 에른스트 하펠 감독이 지휘봉을 잡았던 당시의 함부르크는 클럽 역사상 유일한 챔피언스리그 우승을 달성하며 아주 짧은 황금기를 보냈다. 서독 국가대표로 활약했던 명 사이드백 만프레트 칼츠, 정교한 패스로 공격을 이끈 펠릭스 마가트, 거인 포워드 호르스트 흐루베쉬 같은 개성적인 선수들이 있기는 했지만, 솔직히 말해 유럽 챔피언이 될 수 있을 만한 팀은 아니었기에 용케도 유벤투스를 이겼다는 생각이 든다. 그러나 견실한 플레이로 유벤투스의 스타플레이어들을 봉쇄해 마가트가 올린 1점을 끝까지 지켜냄으로써 승리할 수 있었다.

유벤투스는 다음 시즌(1983-84)에 컵위너스컵에서 우승하며 분위기를 추스렀고, 1984-85시즌에 클럽으로서는 세 번째, 같은 선수진으로는 두 번째로 유러피언컵 결승전에 진출했다. 당시 유럽 최강이었던 리버풀과 맞붙은 유벤투스는 플라티니의 페널티킥으로 얻은 1점을 지켜내 그토록 열망하던 우승을 이루어냈다. 하지만 이 경기는 '헤이젤 참사'로 더 잘 알려져 있다.

벨기에 브뤼셀의 헤이젤 스타디움에서 열린 이 경기는 킥오프 전에 폭동이 벌어져 관중 39명이 사망하고 600여 명이 다치는 대참사를 빚었다. 펜스에 눌리고 관중들에게 깔리면서 부상자가 속출했다. 필드 안의 육상 트랙에서 중상을 입은 사람들에게 심폐 소생술을 실시했고, 정면 입구에 가설된 텐트에는 희생자들의 시신이 운반되었다. 그

Philosopher **[지오반니 트라파토니(ITA)]**

1984-85시즌에 유벤투스를 유럽 챔피언으로 이끈 명장.

러나 이런 상황에서도 폭동은 멈추지 않았고, 경찰관 700명과 군인 1,000명이 출동해 1시간 동안 진압한 뒤에야 가까스로 진정되었다. 이 사건으로 리버풀은 7년간 UEFA 주관 대회 출장 정지 처분을 받았다.

이 정도로 심각한 참사가 일어났음에도 경기는 속행되었다. 트라파토니 감독은 중지를 요청했지만, UEFA는 "만약 경기를 중지한다면 폭동이 더욱 가열될 것"이라며 속행을 결정했다. 그때까지만 해도 선수들은 무슨 일이 일어났는지 정확히 몰랐던 것 같지만, 경기 후 이 사실을 알고 큰 충격을 받은 선수들도 있었다. 유벤투스가 그토록 바라던 우승을 차지했지만 마냥 기뻐할 수는 없었다.

당시 유벤투스는 전술적으로도 이탈리아를 대표하는 팀이었다. 아주리와 쏙 빼닮았기 때문이다. 골키퍼는 디노 조프가 은퇴하고 장신의 스테파노 타코니로 바뀌었다. 리베로는 세계적인 플레이어 가에타노 시레아였고, 강인한 스토퍼 세르지오 브리오도 건재했다. 우측 수비수는 사이드백이라기보다는 에이스 킬러였다. 가령 이탈리아가 우승한 1982년 월드컵에서는 젠틸레가 마라도나와 지코를 집요하게 마크했는데, 1984-85시즌의 챔피언스리그 결승전에서는 루치아노 파베로가 이 역할을 맡았다. 우측 측면을 담당하는 수비수가 상대의 세컨드 톱을 마크하는 것이 이탈리아의 방식이다. 한편 좌측의 카브리니는 기본적으로 사이드를 바꾸지 않았다. 오른쪽의 에이스 킬러처럼 상대에게 달라붙어 철저하게 따라다니지 않고, 왼쪽 측면으로 질주해 공격에 가담하는 것이 이탈리아의 전통이다.

미드필더진은 네 명으로 구성되었고, 이 가운데 두 명은 수비에 큰 비중을 둔다. 수비형 미드필더 중 한 명은 우측의 에이스 킬러가 상대

를 쫓아서 중앙으로 들어와 우측 측면의 공간이 빌 때 그 공간을 메우는 역할을 맡았으며, 다른 한 명은 거의 정해진 상대를 마크하면서 사령탑을 보좌했다. 마시모 보니니와 타르델리가 이 수비형 미드필더 콤비였다.

공격진은 투톱과 공격형 미드필더 2명으로 구성된다. 미드필더 중 한 명은 사령탑으로서 미식축구로 치면 쿼터백과 같은 역할을 하는데, 당연히 플라티니가 이 역할을 맡았다. 롱패스로 아군에게 공격 기회를 만들어 줄 뿐만 아니라 득점력도 높았다. 프리킥의 명수이기도 했던 그는 3년 연속 발롱도르를 수상한 슈퍼스타였다. 플라티니와 짝을 이루었던 선수는 보니에크였다. 그는 쏜살같이 달려 나가 빈 공간에서 플라티니의 '터치다운 패스'를 받아냈다. 이탈리아 국가대표팀의 워킹윙어에 해당하는 포지션이지만, 보니에크의 경우 유격대 같은 움직임은 같아도 워킹윙어 유형이 아니라 세컨드 스트라이커에 가까운 스타일이었다. 결승전에서 리버풀을 상대했을 때는 포워드로 플레이했으며, 플라티니의 롱패스를 받아서 페널티킥을 얻어냈다. 한편 워킹윙어 역할은 마시모 브리아스키가 맡았다.

투톱은 1982년 월드컵 득점왕인 로시와 베테랑인 베테가였는데, 이 결승전에서는 보니에크가 로시의 파트너로 뛰었다. 또한 플라니티가 톱으로 기용되기도 했다.

우측 수비수가 중앙 쪽으로 치우친 포백과 두 수비형 미드필더 6명이 수비를 하고 사령탑과 유격대형 미드필더, 투톱 등 4명이 공격하는 것이 이탈리아의 방식이다. 이탈리아 국가대표팀도 아리고 사키가 감독으로 취임해 플랫 4-4-2로 바꾸기 전까지는 이 방식을 사용했다. 분명 이탈리아 방식은 조금 특이하기는 하지만, 1960년대에 인테르가 사용한 이래 이탈리아 국내 리그에서 정석으로 정착된 방식이었다. 트라파토니 감독이 이끄는 유벤투스에 새로운 부분은 하나도 없었다. 레알 마드리드와 바이에른 뮌헨이 그렇듯이 묘수가 아닌 왕도를 걸은 것이다. 달리 말하면 트라파토니 감독은 전통적인 전술을 답습했을 뿐이며 유벤투스가 전술의 혁신을 이룬 적은 없다. 어쩌면 이런 방식이 유럽 정상을 다툴 때 발목을 잡은 측면이 어느 정도 있을지도 모른다. 다만 레알 마드리드는 똑같은 방식으로도 13회나 우승을 차지했다. 그러니 이것이 결승전에서 이기지 못한 직접적인 원인이라고는 말할 수 없을 것이다.

어쨌든 유벤투스는 어떻게든 유럽 챔피언이 되는 데 성공했다. 딱히 참신한 전술을 구사하지는 않았지만 플라티니와 보니에크 그리고 이탈리아 국가대표팀 멤버들을 조합한 강력한 선수 구성이 승리의 결정적인 요인이었다. 혁신성은 없어도 매력적인 팀이었으며 통제도 잘 되어 있었다. 어떻게 보면 혁신의 필요성이 없었다고도 할 수 있다.

강인한 피지컬을 지향한 리피

유벤투스가 다시 챔피언스리그 결승전에 진출한 때는 마르첼로 리피 감독의 시대였다. 다시 한번 황금시대를 구가하고 있던 1995-96시즌, 유벤투스는 챔피언스리그 결승전에서 전 시즌 우승자인 아약스와 맞붙었다. 첫 번째 결승전에서 만났을 때도 강했지만, 이때도 아약스는 강력한 팀이었다.

팽팽하게 진행된 경기는 1 대 1로 승부를 가리지 못한 채 승부차기에 들어갔고, 결국 유벤투스가 승부차기에서 4 대 2로 승리해 두 번째 우승에 성공했다. 이때의 유벤투스는 전통적인 아주리 방식을 답습하지 않았다. 치로 페라라를 중심으로 한 견고한 포백 앞에는 안토니오 콘테와 파울로 소사, 디디에 데샹 등 하드워커 미드필더 세 명이 있었다. 여담이지만 이 세 명은 훗날 감독이 되어서도 큰 성공을 거뒀다. 그리고 포워드는 지안루카 비알리와 파브리치오 라바넬리, 알레산드로 델피에로로 이뤄진 스리톱이었다. 4-3-3이라기보다 4-3-2-1의 크리스마스트리 포메이션이라고 보는 편이 정확한지도 모르겠다.

어쨌든 리피 감독의 축구는 강인한 피지컬을 바탕에 깔고 있었다. 팀 구성은 현재의 리버풀과 비슷했다. 포백에 중원에는 볼 헌터 세 명, 포워드는 중앙에 만능형인 비알리를 두고 좌우에 준족의 스트라이커를 배치했다. 강한 압박으로 공을 빼앗은 다음 스리톱을 이용해 단거리 역습을 하는 것이 이 시기 유벤투스의 장기였다.

1996-97시즌에도 리피의 유벤투스는 결승전에 진출했다. 이때는 비알리와 라바넬리가 이적해 최전선의 세 명이 지네딘 지단과 크리스티안 비에리, 알렌 복시치로 교체된 상태였다. 델피에로는 선발로 나서지 않고 후반에 교체 출장했다. 소사와 콘테가 빠진 미드필더진은 데샹과 안젤로 디 리비오, 블라디미르 유고비치로 바뀌었지만, 하드워커 세 명으로 구성되었다는 점은 변함없었다. 이렇듯 선수 교체가 있기는 했지만 여전히 강력한 팀이었고 유력한 우승 후보였다. 그러나 지장 오트마르 히츠펠트의 전략에 걸려들어 보루시아 도르트문트에 1 대 3으로 완패를 당하고 말았다.

유벤투스는 1997-98시즌에도 3연속으로 결승전에 진출했다. 레알 마드리드와의 결승전은 교착 상태가 이어지면서 누가 먼저 한 골을 넣느냐의 승부가 되었는데, 그 한 골을 넣은 선수는 레알 마드리드의 프레드라그 미야토비치였다. 유벤투스는 중원 후방에서 경기를 지휘하는 페르난도 레돈도를 제어하는 데 실패했다.

기묘한 일이지만 느낌상으로는 우승한 시즌의 유벤투스보다 이후 준우승에 그쳤던 두 시즌의 유벤투스가 더 강력했다. 다만 우승했을 때와 준우승을 했을 때의 차이점은 최전선의 조합이 반대였다는 점이다.

원톱+투섀도우의 형태였던 비알리, 라바넬리, 델피에로에서 투톱+공격형 미드필더의 형태가 되었다. 이는 물론 지단이 들어왔기 때문이다. 지단을 공격형 미드필더로 기용한 것은 리피 감독에게 전술적 타협이 아니었을까 싶다. 강한 압박 수비에서 스리톱을 통한 빠른 공격으로 이어지는 방식을 지향하고 싶었겠지만, 지단을 활용하려면 공격형 미드필더밖에 자리가 없었고 그 결과 수비의 압박 강도와 공격의 속도를 타협할 수밖에 없었다. 사실 지단의 위력은 다른 곳에 있었다. 그는 상대 수비수와 미드필더 사이로 파고들어 패스를 받은 다음 공을 빼앗기지 않고 혼자서 블록 수비를 파괴하는 보기 드문 능력의 소유자였다. 그러나 리피의 기존 방침에 부합하는 능력이라고 말하기는 어려웠다.

리피는 팀 전술과 조화를 이루지 못하면 로베르토 바조조차도 아무렇지 않게 제외시키는 감독이었다. 그러나 지단은 제외시키기에는 너무나 뛰어난 재능의 소유자였고, 그와 동시에 제멋대로 하도록 내버려두는 것 이외에는 쓸 방법이 없는 유형이었다. 지단 중심의 유벤투스는 강력했지만 어딘가 어중간한 측면이 있었는지도 모른다. 플라티니를 최대한 활용했을 때만큼 지단을 활용하지는 못했다고 생각한다.

유벤투스는 조금 시간이 흐른 2002-03시즌에 다시 결승전에 진출했다. 리피 감독에게는 네 번째 결승전이었다. 이때의 유벤투스는 플랫 4-4-2 포메이션을 사용했다. 포백은 릴리앙 튀랑, 치로 페라라, 이고르 투도르, 파올로 몬테로였으며 전원 센터백이라는 특이한 편성이 눈길

[마르첼로 리피(ITA)]

강인한 피지컬에 기반을 둔 축구로 유벤투스의 황금시대를 구축했다.

을 끈다. 건장하고 강인한 수비수 4명을 나란히 배치한 피지컬 지향의 편성이 참으로 리피다웠다.

중앙의 미드필더는 알레시오 타키나르디와 에드가 다비즈라는 하드 워커였고, 덤으로 좌측 미드필더도 잔루카 참브로타였다. 전통적인 워킹윙어 유형인 우측의 마우로 카모라네시만이 조금 이질적이었다. 그는 리피가 이탈리아 국가대표팀 감독이 되었을 때도 중용했을 만큼 선호하는 선수였다. 투톱은 델피에로와 다비드 트레제게였다. 전체적인 구성은 지단이 있었던 때보다도 리피의 스타일이 느껴진다. 다만 공격의 견인차였던 파벨 네드베드가 경고 누적으로 결승전에 나오지 못한 것이 뼈아팠다.

결승전에서 유벤투스와 밀란은 연장전까지 0 대 0으로 승부를 내지 못했고, 결국 승부차기에서 밀란이 승리를 거뒀다. 이렇게 해서 리피 감독의 챔피언스리그 결승전 전적은 1승 3패로 마무리되었다. 그는 이탈리아 국내에서는 최강의 황금시대를 누렸지만 유럽 대회에서는 우승하지 못한다는 징크스를 얻었다.

높은 완성도가 낳은 딜레마

마시밀리아노 알레그리 감독 시대에도 유벤투스는 챔피언스리그 결승전에 두 차례 진출했다. 그러나 2014-15시즌에는 바르셀로나에 1 대 3, 2016-17시즌에는 레알 마드리드에 1 대 4로 두 번 모두 완패를 당했다. 이것으로 챔피언스리그 결승전에서 패배한 횟수는 7회가 되었다. 사실 이 두 번의 준우승은 이전의 준우승과는 조금 의미가 다르다.

리피 감독 시대의 유벤투스는 우승 후보로 평가받았지만 아쉽게 패배했다. 말하자면 우승을 할 수 있는 전력이었는데 하지 못했던 것이다. 그러나 알레그리 감독 시대의 유벤투스는 상대보다 전력이 약하다고 평가받았으며, 그 평가대로 바르셀로나와 레알 마드리드에게 완패했다. 챔피언스리그에서 유벤투스의 위상이 과거와 달라진 것이다.

2006년, '칼초폴리'라고 부르는 사건이 발각되었다. 유벤투스의 루치

Philosopher **[지네딘 지단(FRA)]**

리피는 지단의 너무나 큰 재능을 제대로 활용하지 못했다.

나오 모지 단장은 심판을 매수하거나 협박한 의혹의 중심인물로서, 도청을 통해 이 사실이 폭로되면서 대규모 스캔들로 발전했다. 주범격인 모지는 자격 정지 5년, 안토니오 지라우도 CEO도 자격 정지 5년의 징계를 받았으며, 그 밖에 이탈리아 축구 연맹의 전(前)회장과 부회장, 밀란의 아드리아노 갈리아니 부회장, 피오렌티나의 임원, 심판 등 복수의 관계자가 징계를 받았다. 또한 유벤투스는 세리에B로 강등되었고, 밀란과 라치오, 피오렌티나도 승점을 크게 삭감당했다. 유벤투스, 밀란, 인테르 3대 빅클럽이 견인했던 세리에A에서 유벤투스와 밀란의 지위가 낮아짐에 따라 천장이 내려앉은 꼴이 되었다. 그 후 한동안 인테르의 독주가 이어졌지만, 경기장 폭력 사건 등의 영향으로 세리에A 전체의 힘이 약해져 버렸다.

세리에B에서 재출발한 유벤투스는 디디에 데샹 감독의 지휘 아래 팀에 잔류한 델피에로와 트레제게, 잔루이지 부폰, 네드베드 등의 활약으로 한 시즌 만에 세리에A로 승격했다. 그리고 2011년에는 이탈리아 최초의 클럽 전용 스타디움(유벤투스 스타디움)이 완성되었고, 2011-12시즌부터 세리에A 9시즌 연속 우승을 달성하며 완전 부활에 성공했다.

그러나 세리에A는 이미 과거의 힘을 잃어버린 상태였다. 9시즌 연속 우승을 달성한 유벤투스라 해도 스페인의 레알 마드리드나 바르셀로나, 프리미어리그의 메가 클럽들, 신흥 세력인 PSG와 비교하면 재정 측면에서 뒤처지고 있다. 2018-19시즌에는 레알 마드리드에서 크리스티아누 호날두를 영입하는 등 다시 챔피언스리그의 톱클래스로 평가받을 만큼의 기세를 되찾았지만, 가장 최근에 챔피언스리그 결승전에서 맞붙었던 바르셀로나나 레알 마드리드보다 격이 떨어진다는 느낌은 부

정할 수 없다.

정리해 보자. 왜 유벤투스는 챔피언스리그 준우승이 많았던 것일까?

유벤투스의 플레이 스타일은 '지나치게 완성도가 높다.' 나는 이것이 챔피언스리그에서 우승하지 못하는 이유가 아닐까 생각한다. 유형 면에서는 바르셀로나와 비슷하다. 바르셀로나와 유벤투스의 플레이 스타일은 전혀 다르지만, 장기 레이스가 펼쳐지는 국내 리그를 제패하기 위한 '안정감'을 갖고 있다는 공통점이 있다. 승리 패턴이 굳건하게 확립되어 있어 잘 흔들리지 않으며, 궤도 수정도 빠르다. 어이없는 패배도 적다. 바르셀로나가 볼 점유를 기반으로 삼는 것과 반대로 유벤투스는 수비력을 기반으로 삼는다. 피지컬이 좋은 선수를 6~7명 준비해 강도 높은 플레이로 상대의 장점을 일단 봉쇄하고, 3~4명의 공격수가 개인기를 발휘해 득점을 올린다. 물론 이 '차이'를 만드는 공격수의 능력도 중요하지만, 바탕은 수비력이다. 유벤투스는 이것이 바로 세리에A에서 승리하기 위한 가장 확실한 방법이라고 생각하고 있으며, 그 생각이 옳았다는 것을 실적으로 증명하고 있다.

유벤투스는 이러한 안정감을 바탕으로 결승전까지 높은 확률로 진출한다. 다만 결승전에서 승리하지 못하는 이유는 안전제일주의에서 비롯한 득점력 부족에 있다. 실제로 두 차례 우승했을 때만 봐도 리버풀을 상대로는 페널티킥으로 얻은 득점을 지켜내 1 대 0으로 승리했고, 아약스를 상대로는 1 대 1로 승부를 가리지 못해 승부차기까지 간

Philosophy **[1 대 0 주의]**

챔피언스리그 결승전에서 이기지 못한 이유는 안전제일주의 때문인지도 모른다.

끝에 승리했다. 분명히 결승전은 접전이 이뤄지는 경우가 많고, 이는 '1 대 0 주의'인 유벤투스에 분명 유리한 환경이다. 그러나 승리를 결정짓는 공격력이 부족하고, 강점인 수비도 상대가 강한 공격력으로 몰아붙이면 완벽하게 틀어막기는 불가능하다. 국내 리그에서의 박빙 승부가 표면적인 모습에 불과하다면 챔피언스리그 결승전에서는 진짜 박빙 승부가 펼쳐지는데, 높은 완성도가 만들어낸 안정감은 부족한 폭발력이라는 형태로 드러났다. 그렇다고 자신들의 스타일을 무너뜨리기에는 너무나도 완성도가 높다.

다만 2011-12시즌부터 유벤투스는 이전과 다른 클럽의 길을 걷기 시작했다고 할 수 있다. 국내에서는 이전보다 훨씬 더 압도적인 모습을 보이고 있지만, 이미 다음 단계로의 진화를 모색하고 있는 듯하다. 어쩌면 유럽 무대에서 우승하지 못하는 유벤투스는 이제 과거의 이야기가 되었는지도 모르겠다.

History of
Juventus
[유벤투스 연표]

1930년대부터 줄곧 세리아A의 전통적인 강호로 군림하고 있지만, 챔피언스리그(유러피언컵) 제패는 1984-85, 1995-96시즌 2회뿐이다.

1930 년대
▶ 오리운디

[주요 선수]
라이문도 오르시(ARG · ITA)/루이스 몬티(ARG · ITA)

1950 년대
▶ 마법의 트리오

[주요 선수]
잠피에로 보니페르티(ITA)/존 찰스(WAL)/오마르 시보리(ARG · ITA)

1970 년대
▶ 첫 유러피언컵 결승 진출

[감독]
체스트미르 비츠팔레크(CZE)

[주요 선수]
디노 조프(ITA)/파비오 카펠로(ITA)/프랑코 카우시오(ITA)/조세 알타피니(BRA · ITA)/피에트로 아나스타시(ITA)/로베르토 베테가(ITA)/로메오 베네티(ITA)

1980 년대
▶ 유러피언컵 준우승 1회

[감독]
지오반니 트라파토니(ITA)

[주요 선수]
가에타노 시레아(ITA)/클라우디오 젠틸레(ITA)/안토니오 카브리니(ITA)/마르코 타르델리(ITA)/미셸 플라티니(FRA)/즈비그니에프 보니에크(POL)/파올로 로시(ITA)/로베르토 베테가(ITA)/스테파노 타코니(ITA)/세르지오 브리오(ITA)/루치아노 파베로(ITA)/마시모 보니니(SMR)/마시모 브리아스키(ITA)

1990~2000 년대
▶ 챔피언스리그 우승 1회 · 준우승 3회

[감독]
마르첼로 리피(ITA)

[주요 선수]
로베르토 바조(ITA)/치로 페라라(ITA)/안드레아스 묄러(GER)/안토니오 콘테(ITA)/파울로 소사(POR)/디디에 데샹(FRA)/지안루카 비알리(ITA)/파브리치오 라바넬리(ITA)/알레산드로 델피에로(ITA)/지네딘 지단(FRA)/크리스티안 비에리(ITA)/알렌 복시치(CRO)/안젤로 디 리비오(ITA)/블라디미르 유고비치(SRB)/잔루이지 부폰(ITA)/필리포 인자기(ITA)/릴리앙 튀랑(FRA)/이고르 투도르(CRO)/파올로 몬테로(URU)/알레시오 타키나르디(ITA)/에드가 다비즈(NED)/잔루카 잠브로타(ITA)/마우로 카모라네시(ITA)/다비드 트레제게(FRA)/파벨 네드베드(CZE)

2010 년대 ~ 현재
▶ 세리에A 9연속 우승

[감독]
디디에 데샹(FRA)
안토니오 콘테(ITA)
마시밀리아노 알레그리(ITA)

[주요 선수]
안드레아 피를로(ITA)/폴 포그바(FRA)/카를로스 테베즈(ARG)/크리스티아누 호날두(POR)/마타이스 데 리흐트(NED)

'이기는 클럽'의 철학

바이에른 뮌헨

정신적 지주가 되어준 황제의 격노

FC 바이에른 뮌헨

Fußball-Club Bayern München e.V.

창단 년도	1900년
회장(소유자)	헤르베르트 하이너(GER)
본거지	독일 뮌헨
홈구장	알리안츠 아레나(수용 인원 71,000명)
메인스폰서	T-Mobile: 이동통신 서비스(GER)
우승 기록	리그 29회 / 컵 20회 / 챔피언스리그 6회 유로파리그&UEFA컵 1회 클럽 월드컵&인터콘티넨털컵 3회 컵위너스컵 1회

역대 감독(최근 10시즌)

2010–2011	루이 판 할(NED) / 안드리스 용커(NED)※임시
2011–2012	유프 하인케스(GER)
2012–2013	유프 하인케스(GER)
2013–2014	펩 과르디올라(ESP)
2014–2015	펩 과르디올라(ESP)
2015–2016	펩 과르디올라(ESP)
2016–2017	카를로 안첼로티(ITA)
2017–2018	카를로 안첼로티(ITA) / 윌리 사뇰(FRA)※임시 / 유프 하인케스(GER)
2018–2019	니코 코바치(CRO)
2019–2020	니코 코바치(CRO) / 한지 플릭(GER)

1860 뮌헨의 운명을 바꾼 사건

현재 분데스리가는 바이에른 뮌헨의 1강 체제다. 리그 우승 29회, 컵 우승 20회는 모두 리그 최다 기록이다. 분데스리가 역사에서 절반 정도를 우승한 셈이다.

분데스리가는 유럽에서는 비교적 늦은 시기인 1963-64시즌에 출범했다. 그리고 바이에른 뮌헨은 첫 두 시즌을 건너뛰고 1965-66시즌부터 참가했다. 레알 마드리드와 바르셀로나, 유벤투스, 맨체스터 유나이티드, 벤피카 등 그 나라를 대표하는 클럽들은 리그가 출범한 시점부터 강호였던 경우가 대부분이지만, 바이에른은 그들과 달리 새로 참가한 신참이었다.

독일 남부 바이에른 지방의 주도인 뮌헨에는 두 개의 축구 클럽이 있다. 붉은색의 바이에른 뮌헨과 푸른색의 1860 뮌헨이다. 두 클럽의 거리는 큰길 하나 정도에 불과하다. 중간에 집들이 없다면 서로의 클럽

하우스를 육안으로 볼 수 있을 정도의 거리다. 1970년대까지는 푸른 색의 1860 뮌헨이 지역을 대표하는 클럽이었다.

과거 바이에른과 1860 뮌헨이 홈구장으로 함께 쓰던 그륀발데어 슈타디온은 당시 '제히츠거 슈타디온'이라 불렸다. 제히츠거는 '60'이라는 의미이므로 일반적으로는 1860의 홈구장으로 인식되었다고 볼 수 있다. 유대인 클럽으로 불렸던 바이에른에 비하면 대중적인 1860이 지역 주민들의 지지를 독차지하고 있었고, 전국적으로도 루르 지방의 샬케와 어깨를 나란히 하는 인기 클럽이었다. 두 클럽 사이의 격차가 어느 정도였냐면, 1860이 중요한 경기를 앞두고 있을 때 '잔디가 손상된다'는 이유로 바이에른의 홈경기가 '제히츠거'가 아닌 다른 경기장에서 치러졌을 정도다.

바이에른과 1860은 2017년 초반까지도 홈구장을 공유했다. 알리안츠 아레나는 바이에른의 경기가 있는 날은 외벽에 붉은 조명을 비추고, 1860의 경기가 있는 날에는 푸른 조명을 비췄다. 다만 7만 1,000명을 가득 채우는 쪽은 1860이 아니라 바이에른이었다. 현재는 두 클럽의 처지가 완전히 역전되면서 바이에른 뮌헨만의 홈구장으로 사용되고 있다.

1860은 전국 리그인 분데스리가가 발족하자 당연하다는 듯이 뮌헨을 대표하는 클럽으로 참가했다. 한편 바이에른은 그보다 2년 늦게 뛰어들었는데, 불과 4시즌 만에 첫 우승을 차지했다. 이어서 1971-72시

Philosophy **[제히츠거 슈타디온]**

1860의 홈구장으로 인식되던 이 경기장은 순식간에 바이에른의 것이 되었다.

즌부터는 3시즌 연속 우승을 달성했으며, 유러피언컵도 1973-74시즌에 첫 우승을 차지한 뒤 그 여세를 몰아 3회 연속 우승에 성공하면서 순식간에 유럽의 정상급 클럽으로 발돋움했다.

어떻게 이런 짧은 기간에 두 클럽의 지위가 완전히 뒤바뀐 것일까? 아마도 그 요인은 단 한 가지, 바로 프란츠 베켄바워의 존재다. 베켄바워가 바이에른을 선택했기 때문에 두 클럽의 운명이 역전되었다고 해도 과언이 아니다.

베켄바워는 SC뮌헨이라는 클럽에서 U-14 대회에 참가했고, 결승전에서 1860과 맞붙었다. 당시 베켄바워는 1860의 열렬한 팬이었기 때문에 대회가 끝나면 팀 동료 몇 명과 함께 1860의 유스팀에 들어갈 생각이었다. 그런데 결승전에서 작은 사고가 일어났다. 승강이를 벌이던 상대 선수가 베켄바워의 뺨을 때린 것이다. 이 사건이 베켄바워의 속을 얼마나 상하게 했는지, 그는 1860이 아니라 바이에른 유스팀에 입단했다. 13세의 소년을 화나게 한 이 사소한 사건만 아니었다면 1860과 바이에른의 역사는 달라졌을 것이다. 아니, 적어도 바이에른이 지금처럼 1강 독주 체제를 구축하지는 않았을 것이다.

그 밖에도 게르트 뮐러와 제프 마이어 등 뛰어난 젊은 선수들이 들어오면서 바이에른은 순식간에 황금시대를 맞이하게 되지만, 베켄바워는 그중에서도 가장 특별한 존재였다.

골대는 중앙에 있다

베켄바워와 함께 쌍두마차가 되어 바이에른을 최강의 클럽으로 끌어올린 뮐러의 바이에른 입단에 관해서도 작은 에피소드가 있다.

뇌르틀링겐이란 작은 마을에 살고 있었던 뮐러는 본래 뉘른베르크에 입단할 예정이었다. 그런데 뉘른베르크에서 뮐러를 받아들이지 않았다. "뮐러가 두 명씩이나 필요하지 않다"는 이유였다고 한다. 이미 뮐러라는 이름의 선수가 있다는 믿기 어려운 이유로 그를 영입하지 않은 것인데, 아마도 지어낸 이야기가 아닌가 싶다. 원래 독일에는 뮐러라는 이름이 많다. 역대 독일 국가대표팀을 살펴봐도 게르트 뮐러를 비롯해 디터 뮐러, 한지 뮐러, 토마스 뮐러 등 한 클럽에 여러 명의 뮐러가 있다 한들 전혀 이상한 일이 아니기 때문이다.

어쨌든 바이에른은 베켄바워와 뮐러라는 두 천재를 얻었다. 만능선수인 베켄바워는 포워드로 데뷔했지만 뮐러가 입단하자 미드필더로 내려갔고, 이윽고 리베로로서 세계적인 슈퍼스타가 되었다. 한편 뮐러는 페널티 에어리어 안에서 남다른 재능을 발휘하는 무적의 골게터였다. 바이에른이 분데스리가에 참가한 이래 13시즌 연속으로 팀 내 최다 득점을 올렸고, 리그에서도 득점왕을 7차례나 기록했다. 분데스리가에서는 통산 427경기에 출장해 365골을 넣었고, 서독 국가대표로는 62경기에 출장해 68골을 넣으며 한 경기당 1골 이상을 기록했다.

여기에 골키퍼 마이어도 이 시대를 대표하는 걸출한 스타였으며, 울리 회네스, 파울 브라이트너, 한스게오르크 슈바르첸베크까지 당시 바이에른의 주력 멤버들은 곧 서독 국가대표팀의 중추이기도 했다.

다시 한번 말하지만, 바이에른은 분데스리가 참가를 전후해 급격히 강해진 신흥 팀이었다. 베켄바워가 1964년에 톱팀 데뷔를 한 뒤 1년 후에 DFB포칼 우승을 차지했고, 분데스리가에 참가했다. 2년 후에는 컵위너스컵 우승으로 UEFA 타이틀을 획득했고, 5년 후에 분데스리가 우승을 달성했다. 물론 이는 베켄바워 혼자만의 힘으로 이룬 성과는 아니지만, 선수 한 명의 가입 후 불과 5년 만에 유럽의 정상급 클럽으로 성장한 것은 사실이다.

훗날 '황제(Kaiser)'라고 불리게 되는 베켄바워는 10대 시절부터 신동이었다. 호리호리한 체격이어서 피지컬이 부족하다는 비판은 있었지만, 기술 수준이 특출했던 것은 분명하다. 서독 유스 대표팀에서 데트마르 크라머에게 처음으로 전술 강의를 들었을 때, 베켄바워는 논리 정연한 그의 강연에 감탄하면서도 '대부분 내가 이미 실천하던 것'이었다고 회상했다.

20세에 서독 국가대표로 선발된 베켄바워는 1966년 잉글랜드 월드컵 준우승, 1970년 멕시코 월드컵 3위, 1974년 서독 월드컵 우승을 차

지하며 황금시대의 중심 선수가 되었다. 국가대표팀에서는 1970년까지 미드필더로 뛰었지만 그 후로는 리베로로 정착했다. 사실 바이에른에서는 이미 리베로로 플레이하고 있었다.

리베로는 '자유'를 의미하는 이탈리아어로, 원래는 특정한 선수를 마크하지 않는다는 의미에서 자유롭다고 표현한 것에 불과했다. 그러나 베켄바워는 리베로를 진정한 의미에서 자유로운 포지션으로 만들었다. 특정 선수를 마크하지 않는 리베로는 수비에서 공격으로 전환할 때 자유로운 경우가 많은데, 베켄바워는 이 점을 이용해 아군으로부터 공을 받아 플레이했다. 중원으로 올라가 플레이메이킹을 했고, 여기에 그치지 않고 최전선까지 진출해 결정적인 패스를 하거나 직접 골을 노리기도 했다. 필드의 세로축을 지배하는 베켄바워의 올라운드 플레이는 전례가 없는 스타일이었다.

베켄바워가 출현한 뒤로 많은 팀이 이 스타일을 모방했고, 각지에서 '××의 베켄바워'가 탄생했다. 레알 마드리드에서 페렌츠 푸스카스의 후계자로서 10번을 달았던 피리가 리베로로 전향했듯이, 공격형 미드필더에서 포지션을 옮기는 경우도 많았다. 이로 인해 리베로는 수비수라기보다 플레이메이커라는 의미로 인식이 바뀌었다.

바이에른이 자랑하는 공격 패턴은 중앙 돌파였다. 베켄바워→회네스→뮐러의 중앙 라인으로 공을 운반해 슛까지 연결시켰다. 당시에도 공격이 지나치게 중앙에 편중되어 있다는 비판이 있었지만, 베켄바워

[프란츠 베켄바워(GER)]

리베로를 진정한 의미에서 자유로운 포지션으로 만든 황제.

와 선수들은 "골대는 중앙에 있다"라면서 자신들의 방식을 바꾸지 않았다.

훗날 바이에른의 회장으로 유명해지는 회네스는 힘차게 전진하는 드리블이 매력적인 미드필더였다. 플레이메이커 유형은 아니었고, 비교적 최근 선수에 비유하자면 밀란에서 활약했던 브라질 선수 카카에 가까운 유형이라고 생각한다. 회네스는 공간을 통과하는 드리블에 위력이 있었으며 베켄바워, 뮐러와의 콤비네이션이 돋보였다.

뮐러는 사상 최고 수준의 골게터였다. 페널티 에어리어 안에서의 민첩함은 비교할 상대가 없었고, 몸을 회전시키는 속도도 경이적이었다. 1974년 월드컵 결승전에서는 자신의 특기인 터닝 슛으로 결승골을 넣기도 했다. 페널티 박스 바깥에서는 거의 아무것도 하지 않는 전형적인 골게터였지만 찬스에서 흘러나온 공을 득점으로 연결시키는 능력은 무시무시할 정도여서, 득점을 통해 바이에른에 수많은 영광을 안겨줬다.

베켄바워와 회네스, 뮐러의 가로축에 좌측 사이드백인 브라이트너도 가세했다. 브라이트너는 미드필더 출신(나중에 다시 미드필더로 돌아간다)의 만능형 선수로, 그만큼 자유로운 사이드백은 축구 역사에서 찾아보기 쉽지 않다. 때로는 태연하게 우측 윙 위치까지 이동할 정도였다. 기교적인 면이 돋보이지만 운동량과 스피드도 발군인 가장 현대적인 선수였다.

바이에른은 독일을 대표하는 클럽이지만, 플레이 스타일은 오히려 이질적이었다. 전통적인 측면 공격이 아닌 중앙 돌파를 기조로 삼았으며, 공을 지배하는 기교적인 플레이 스타일에서는 라틴의 향기마저 느껴졌다.

고비마다 터진 황제의 분노

1973-74시즌, 바이에른은 모든 것을 손에 넣었다. 분데스리가를 제패했고, 유러피언컵 트로피를 들어 올렸다. 시즌이 끝난 후에 치러진 월드컵에서도 우승했다. 월드컵은 국가대표팀 간의 경기이기는 하지만, 서독 국가대표팀에서 주력으로 활약하던 마이어, 슈바르첸베크, 베켄바워, 브라이트너, 회네스, 뮐러가 바이에른 선수였고 결승전 무대도 홈구장인 올림피아 슈타디온이었기에 바이에른이 월드컵에서 우승했다고 해도 이상하지 않을 정도였다.

그 후, 1977년에 베켄바워가 북아메리카 리그의 뉴욕 코스모스로 이적하고 1979년에는 마이어와 회네스가 은퇴했다. 뮐러마저 북아메

[FC 할리우드]

기자가 "할리우드 스타들이 모여 있는 것 같다"라고 쓴 것에서 유래되었다.

리카 리그로 이적하면서 바이에른의 제1기 황금시대는 막을 내렸다. 그러나 바이에른은 레알 마드리드에서 복귀한 브라이트너와 새로운 에이스로 등장한 칼 하인츠 루메니게의 'FC 브라이트니게'를 앞세워 리그에서 연속 우승을 달성했고, 로타어 마테우스, 안드레아스 브레메, 슈테판 로이터, 위르겐 콜러, 클라우스 아우겐탈러 등이 등장하며 꾸준히 우승을 쌓아 나갔다.

1990년대에는 내분이 빈발해 'FC 할리우드'라는 비아냥 속에 일시적인 부진을 겪었지만, 베켄바워가 감독으로 취임하자마자 4년 만에 왕좌를 탈환했다. 베켄바워는 이후에도 클럽에 고비가 찾아올 때마다 감독이나 회장으로 등장해 커다란 성과를 올렸다.

흥미로운 것은 베켄바워가 중요한 순간마다 항상 화를 냈다는 점이다. 그는 냉정하고 침착한 플레이로 유명한 선수였고 필드를 떠난 뒤에도 독일을 대표하는 축구인으로 세련된 행동을 보여줬지만, 아주 드물게 불같이 화를 낼 때가 있었다. 그리고 황제가 격노하면 신기하게도 상황이 좋은 방향으로 흘러갔다.

최초의 사례는 아마도 1974년 월드컵 조별 리그에서 동독에 패했을 때일 것이다. 첫 동서독 대결에서 졌다고는 해도 독일의 조별 리그 통과는 이미 확정된 상태였다. 그러나 역사적인 일전에서 패한 것 때문에 선수들의 충격은 너무나 컸고, 헬무트 쇤 감독도 그저 망연자실할 뿐이었다. 그런데 이때 주장 베켄바워가 갑자기 화를 내며 팀 동료들을 강하게 비판한 뒤 다음 경기에 결장했다. 그 후 서독은 고전 끝에 결승전에 진출하는 데 성공했고, 이 대회에서 선풍을 일으키던 네덜란드까지 격파하며 우승을 차지했다. 독설가인 브라이트너는 이런 말을 했다.

"프란츠가 사실상의 감독이라고 말하는 사람들이 있던데, 뭘 몰라서 하는 소리야. 사실상이 아니라 진짜 감독이거든."

1990년 이탈리아 월드컵에서 서독을 우승으로 이끌었을 때는 체코슬로바키아에 1 대 0으로 승리한 뒤에 분노를 폭발시켰다. 라커룸에서 얼음이 든 양동이를 발로 걷어차 쓰러뜨리며 당시 에이스였던 위르겐 클린스만에게 "네가 펠레냐?"라고 쏘아붙였다. 경기 직후 인터뷰를 텔레비전에서 본 어머니가 "저건 내가 아는 아들이 아니야"라고 말했을 정도였다. 베켄바워 감독이 화를 낸 것은 '너무 많이 뛰었다'는 이유 때문이었다.

"이렇게 더운 날씨에 바보처럼 죽어라 뛰어다니다가 체력이 방전되면 결승전에서는 어떡하려고 그래?"

요약하면 이런 이유였다고 한다. 선수들도 뛰고 싶어서 뛰었을 리는 없다. 그저 승리하기 위해 필사적으로 뛰었을 것이다. 그런 것을 두고 주위 사람들이 움찔할 만큼 화를 냈다는 것은 조금 이해하기 힘든 측면이 있다. 신기하게 이때도 이후에 상황이 좋은 방향으로 흘러갔고, 결국 우승에 성공했다. 잉글랜드와의 4강전은 승부차기까지 가는 아슬아슬한 승부였지만 이때는 화를 내지 않았고, 승부차기 전에 적장인 보비 롭슨 감독과 악수하고 담소를 나누기도 했다.

건전한 경영을 추구하는 '레알 마드리드'

베켄바워는 바이에른에서 감독으로 두 차례 우승을 차지했는데, 전부 케어테이커(시즌 도중 취임한 위기관리형 임시 감독 - 감수자)로서 시즌 도중에 취임해서 거둔 우승이었다. 1993-94시즌에는 12월에 에리히 리베크 감독이 해임된 뒤 취임했고, 1995-96시즌에는 오토 레하겔 감독을 시즌 종반에 해임하고 회장에서 감독으로 취임해 지휘봉을 잡았다. 이때는 리그 우승을 놓쳤지만 UEFA컵 우승은 차지했다.

베켄바워가 바이에른 회장으로서 얼마나 유능했는지는 정확히 알 수 없다. 이탈리아의 명장인 지오반니 트라파토니 감독을 데려왔지만 6위에 그쳤고, 레하겔은 고압적인 태도 때문에 자존심 강한 선수들의 반발을 사서 한 시즌도 채 넘기지 못했다. 그러나 오트마르 히츠펠트 감독 시대에는 리그 3연속 우승과 챔피언스리그 우승, 준우승을 달성하며 황금시대를 맞이했다. 결국 베켄바워는 회장으로서도 훌륭한 실적을 쌓았다. 챔피언스리그에서 우승했을 때는 도중에 불같이 화를 내며 선수들을 비난했는데, 결과적으로는 우승에 성공했다.

베켄바워의 분노는 대체로 억지스럽고 거의 생트집에 가까울 때가 많지만, 어째서인지 결과는 항상 좋게 나온다. 의도했다고 생각하기는 어려운데 결과적으로 그렇게 되는 것이 참으로 신기할 따름이다. 마치 신이 "지금 화를 내면 좋은 결과가 나올 것이니라"라며 분노의 스위치를 켜 주는 느낌이라고나 할까?

지금의 바이에른에서는 1970년대에 유러피언컵을 3회 연속 제패했던 수준의 압도적 기세는 찾아볼 수 없다. 독일 국내에서는 거의 무적이고 유럽에서도 강호의 한 축을 계속 차지하고 있기는 하지만, 여기에서 더 위로 올라가지는 못하고 있다. 1980~90년대는 축구가 상업화되어 보강이 더 큰 의미를 지니게 되었다. 강력한 스타플레이어를 보강하면 중위권 정도의 클럽이 한 등급 위로 상승할 가능성이 생긴다. 다만 상업화의 혜택을 누리는 곳은 이미 피라미드 상층부에 위치한 클럽들이며, 바이에른은 다른 클럽에서 활약한 선수들을 흡수하며 굳건한 지위를 구축하고 있다. 1970년대 같은 유스 출신의 성골은 거의 없어졌고, 팀의 스타플레이어는 다른 클럽에서 영입한 선수인 경우가 대부분이다.

1995년의 보스만 판결 이후 유럽의 클럽은 다국적화되었고, 유럽에서 바이에른의 지위는 상대적으로 낮아졌다. 반대로 독일 국내에서는

[케어테이커]

감독 베켄바워는 위기관리형 임시 감독으로 활약했다.

재정 규모의 차이를 앞세워 다른 클럽을 압도하는 진용을 구축할 수 있었다. 유러피언컵 3회 연속 우승을 차지했던 베켄바워와 뮐러의 시대에는 사실 국내 리그의 성적은 그다지 만족스럽지 못했지만, 특별한 스타플레이어의 존재와 중앙 돌파에 특화한 개성적인 전법은 유럽 무대에서 경쟁력이 있었다. 이후의 바이에른은 '레알 마드리드화'되었지만, 건전한 경영을 위해 레알만큼의 과감한 보강은 하지 않았기 때문에 레알에 비하면 화려함이 부족하다. 다만 여전히 유럽의 강호라는 사실에는 변함이 없으며, 그 지위는 당분간 흔들리지 않을 것이다.

History of
Bayern München
[바이에른 뮌헨 연표]

황제 프란츠 베켄바워가 입단하자마자 1973-74시즌부터 3년 연속 유러피언컵을 제패하며 순식간에 정상급 클럽으로 부상했다.

1970 년대
▶ **분데스리가&유러피언컵 3연속 우승**

[주요 선수]
프란츠 베켄바워(GER)/게르트 뮐러(GER)/제프 마이어(GER)/울리 회네스(GER)/파울 브라이트너(GER)/한스게오르크 슈바르첸베크(GER)

1980 년대
▶ **FC 브라이트니게**

[주요 선수]
칼 하인츠 루메니게(GER)/로타어 마테우스(GER)/안드레아스 브레메(GER)/슈테판 로이터(GER)/위르겐 콜러(GER)/클라우스 아우겐탈러(GER)/롤란트 볼파르트(GER)

1990 년대
▶ **FC 할리우드**

[감독]
유프 하인케스(GER)
프란츠 베켄바워(GER)
지오반니 트라파토니(ITA)
오토 레하겔(GER)
오트마르 히츠펠트(GER)

[주요 선수]
슈테판 에펜베르크(GER)/브라이언 라우드럽(DEN)/토마스 헬머(GER)/크리스티안 치게(GER)/메멧 숄(GER)/디트마 하만(GER)/장 피에르 파팽(FRA)/조르지뉴(BRA)/올리버 칸(GER)/위르겐 클린스만(GER)/마리오 바슬러(GER)/카르스텐 얀커(GER)/에우베르(BRA)/비센테 리자라주(FRA)/알리 다에이(IRN)

2000 년대 ~ 현재
▶ **트레블**

[감독]
유프 하인케스(GER)
펩 과르디올라(ESP)
한지 플릭(GER)

[주요 선수]
치리아코 스포르차(SUI)/로이 마카이(NED)/필립 람(GER)/미하엘 발락(GER)/세바스티안 다이슬러(GER)/미로슬라프 클로제(GER)/프랭크 리베리(FRA)/바스티안 슈바인슈타이거(GER)/다비드 알라바(AUT)/아르연 로번(NED)/마리오 고메즈(GER)/마누엘 노이어(GER)/토니 크로스(GER)/하비 마르티네스(ESP)/마리오 만주키치(CRO)/마리오 괴체(GER)/티아고 알칸타라(ESP)/제롬 보아텡(GER)

'필로소피 클럽'의 철학

I

바르셀로나

영원한 과제인 '크루이프 원리주의'와 '메시 시스템'의 공존

FC 바르셀로나

Fútbol Club Barcelona

창단 년도	1899년
회장(소유자)	조셉 마리아 바르토메우(ESP)
본거지	스페인 바르셀로나
홈구장	캄 노우(수용 인원 99,354명)
메인스폰서	Rakuten: IT 기업(JPN)
우승 기록	리그 26회 / 컵 30회
	챔피언스리그 5회
	유로파리그&UEFA컵 3회
	컵위너스컵 4회
	클럽 월드컵&인터콘티넨털컵 3회

역대 감독(최근 10시즌)

2010–2011	펩 과르디올라(ESP)
2011–2012	펩 과르디올라(ESP)
2012–2013	티토 빌라노바(ESP)
2013–2014	헤라르도 마르티노(ARG)
2014–2015	루이스 엔리케(ESP)
2015–2016	루이스 엔리케(ESP)
2016–2017	루이스 엔리케(ESP)
2017–2018	에르네스토 발베르데(ESP)
2018–2019	에르네스토 발베르데(ESP)
2019–2020	에르네스토 발베르데(ESP) / 키케 세티엔(ESP)

‘클럽 이상의 존재’라는 명확한 역할

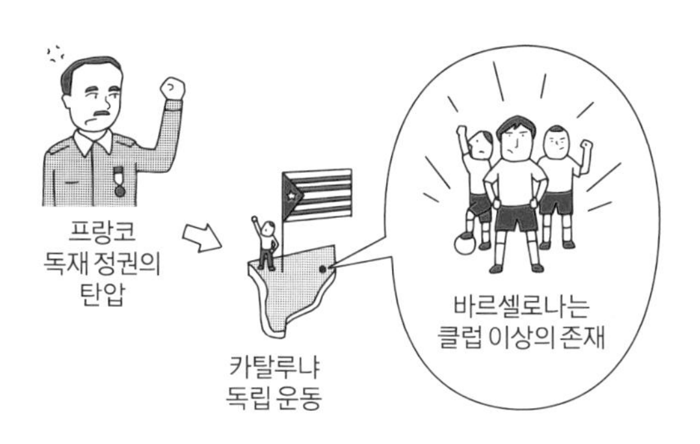

1919년, ‘카탈루냐 자치 헌장’ 제정 운동이 있었다. FC 바르셀로나는 그 운동에 참가해 ‘MÉS QUE UN CLUB’이라는 슬로건을 채용했고, 그 뒤로 ‘클럽 이상의 존재’는 바르셀로나의 모토가 되었다.

1925년, 미겔 프리모 데 리베라 장군의 독재 정권 치하에서 한 사건이 일어났다. 당시 바르셀로나의 홈구장이었던 레스 코르츠에서 친선 경기가 열렸는데, 영국 군악대가 스페인 국가를 연주하기 시작하자 야유가 쏟아진 것이다. 카탈루냐어 금지 등의 탄압 정책에 대한 바르셀로나 시민의 반발이 표출되었던 것인데, 그런 사정을 알 길이 없는 영국 군악대는 스페인 국가의 연주를 중지하고 일단 영국 국가를 연주했다. 그랬더니 이번에는 성대한 박수가 쏟아졌다고 한다. 이 사태를 심각하게 생각한 정권은 레스 코르츠를 6개월간 폐쇄하라고 명령하는 동시에 FC 바르셀로나의 조안 감페르 회장에게 국외 추방 처분을 내렸다. 이 사건은 바르셀로나의 카탈루냐주의를 가속시켰고, 바르셀로나는 명

확하게 반정부의 위치에 서게 된다.

클럽의 회원 번호 제1호를 받은 감페르는 바르셀로나의 창립자다. 원래 스위스인으로 본명은 한스 감퍼이며, 감페르는 감퍼를 카탈루냐식으로 부른 이름이다. 감페르는 선수로 눈부신 활약을 펼친 뒤 클럽 회장이 되어 클럽의 발전을 위해 힘썼다. 국외 추방에 이어 엎친 데 덮친 격으로 대공황까지 찾아오면서 어려움에 빠져 결국 52세의 나이에 스스로 목숨을 끊었지만, 카탈루냐주의의 방향을 바꿔 놓은 그의 이름은 현재도 트레이닝 센터에 남아 있다.

카탈루냐는 독자적인 언어와 문화, 풍습을 지닌 지역으로, 15세기에 스페인 왕국에 통일되기 전까지는 아라곤 연합 왕국으로 번성하고 있었다. 2017년에 주 의회가 카탈루냐 공화국 독립 선언을 채택했는데, 그전에도 오랫동안 자치나 독립을 요구하는 운동을 펼친 역사가 있다. '클럽 이상의 존재'란 모토는 바르셀로나가 단순한 스포츠클럽이 아니라 정치적 입장을 명확하게 드러내겠다는 의미다. 이는 바르셀로나가 카탈루냐의 상징이라는 역할을 명확히 자각하고 있음을 보여준다.

1931년에 탄생한 제2공화국은 '자치 헌장'을 승인해 카탈루냐의 자치권을 인정했지만, 스페인 내전이 끝나고 수립된 프랑코 독재 정권은 그 자치 헌장을 폐지했다. 카탈루냐가 자치권을 되찾은 때는 프랑코가 죽은 뒤인 1979년이다. 내전 전후에는 소시오(회원)의 수가 250명까지 감소하는 등 존폐 위기에 몰리기도 했다.

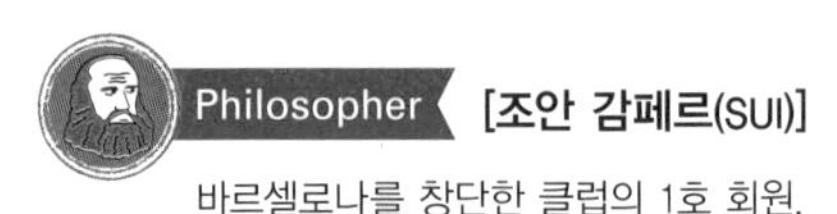

바르셀로나를 창단한 클럽의 1호 회원.

그러나 바르셀로나는 출범 이후 꾸준하게 스페인 강호 클럽의 자리를 지켰다. 첫 번째 황금시대는 1919년부터 1929년까지의 10년이었다. 리카르도 사모라와 조셉 사미티에르, 파울리노 알칸타라가 당시의 3대 스타플레이어다.

라리가의 최소 실점 골키퍼에게 수여되는 '사모라상'의 주인공인 사모라는 신장 181센티미터로 당시로서는 거구의 사나이였다. 사냥 모자에 흰 라운드넥 스웨터가 트레이드마크로, 이 패션을 따라한 골키퍼도 많았다. 스페인이 대륙 팀으로서는 처음으로 잉글랜드를 격파한 경기에서 대활약을 펼쳐 유럽에 이름을 떨쳤다.

사미티에르는 최초의 슈퍼스타다. 기교파이면서 신체 능력도 발군이어서 플레이메이커 겸 골게터로 활약했으니 인기가 없을 수 없었다. 증가하는 관객을 수용하기 위해 새로운 경기장인 레스 코르츠가 건설되었다. 여담이지만, 사미티에르가 스카우트였을 때 데려온 라디슬라오 쿠발라도 폭발적인 인기로 현재의 캄 노우를 짓게 만들었다.

알칸타라는 필리핀 출생의 스트라이커다. 그가 기록한 369골은 리오넬 메시가 경신하기 전까지 클럽 최다 득점이었다. 그는 바르셀로나에서 자랐지만 한때 필리핀으로 이주한 적이 있다. 당시(1917년) 제3회 극동 선수권 대회에 필리핀 국가대표로 참가해 일본 국가대표팀을 15 대 2로 격파했다. 필리핀에서는 의학을 공부하면서 마닐라의 보헤미안스 SC라는 팀에서 뛰다가 바르셀로나의 복귀 요청으로 2년 후 돌아왔

Philosophy **[카탈루냐주의]**

스페인으로부터의 독립 등을 요구한 운동.

다. 사모라와 사미티에르가 출장해 은메달을 획득했던 1920년 안트베르펜 올림픽의 멤버로도 선출되었지만 의사 면허 취득 시험 때문에 참가하지 않았다. 사모라, 사미티에르와 마찬가지로 감독 등으로는 활동하지 않았고, 은퇴 후에는 개업의가 되었다.

바르셀로나는 프랑코 정권에서 수많은 탄압을 받으면서도 강호의 지위를 지켜 나갔다. 적어도 1950년대까지는 레알 마드리드와 어깨를 나란히 하는 존재였다. 그러나 1960년대부터는 레알 마드리드의 라리가 지배가 계속된다. 1959-60시즌에 바르셀로나가 우승한 뒤, 1960-61시즌부터 레알 마드리드가 5시즌 연속 우승을 차지했다. 그리고 아틀레티코 마드리드가 한 차례 우승한 뒤 다시 레알 마드리드가 3시즌 연속 우승을 달성했으며, 또다시 아틀레티코 마드리드의 한 차례 우승과 레알 마드리드의 3시즌 연속 우승이 반복되었다. 이 기간 동안 우승 트로피가 마드리드에서 한 발짝도 밖으로 나가지 않았던 것이다.

결국 1973-74시즌이 되어서야 바르셀로나가 14년 만에 우승을 차지했고, 이 시즌에 아약스에서 이적해 대활약한 요한 크루이프는 '엘 살바도르(구세주)'로 불렸다. 그러나 1970~80년대에도 레알 마드리드의 전적은 압도적이었다. 1984-85시즌에 영국인 감독인 테리 베너블스의 지휘 아래 게리 리네커 등의 활약으로 한 차례 우승을 차지하기는 했지만 그 기세를 이어가지는 못했다. 이렇게 약 30년을 레알 마드리드의 그늘에 가려져 있었으니, 팬들의 기분이 얼마나 울적했을지 상상이 간다. 바르셀로나가 지더라도 다른 경기장에서 레알 마드리드가 패했다면 환호성을 지를 만큼, 레알 마드리드에 대한 반감은 계속 쌓여 갔다.

'4번'→'6번'→'9번'의 새로운 세로축

레알 마드리드를 증오하고 두려워하며 끊임없이 의식하던 상태에서 벗어날 수 있었던 계기는 '드림팀'의 출현이었다. 1990-91시즌부터 4시즌 연속 우승, 1991-92시즌에 첫 유러피언컵 우승을 달성한 드림팀은 현재 바르셀로나의 초석을 다진 동시에 바르셀로나의 역사에서 분기점이 된 팀이다.

그전에도 바르셀로나에는 카탈루냐주의라는 특이성이 존재했지만, 사실 플레이 자체에는 별다른 특징이 없었다. 쿠발라, 루이스 수아레스 미라몬테스, 크루이프, 디에고 마라도나 등 그 시대의 스타플레이어가 있는 공격적이고 강력한 팀이었던 것은 분명하지만, 레알 마드리드와 차별화되는 점이라고는 유니폼의 색과 카탈루냐주의 정도밖에 없었다.

그러나 1988-89시즌에 크루이프가 감독에 취임하면서부터 바르셀로나의 플레이 스타일이 선명해졌다. 정확한 패스워크로 공을 소유하고, 나아가 경기를 지배한다. 지금은 완전히 친숙해진 바르셀로나의 플

레이 스타일이 시작된 때가 바로 드림팀의 시대였던 것이다. 드림팀은 본래 1992년 바르셀로나 올림픽에서 우승한 미국 농구 국가대표팀에 붙었던 닉네임이다. 다시 말해 크루이프가 오자마자 드림팀으로 불렸던 것은 아니며, 팀으로서의 정점도 유러피언컵을 획득한 1991-92시즌 무렵이었다.

사실 크루이프 감독의 전술이 처음부터 모두에게 이해받았던 것은 아니다. 주로 3-4-3 포메이션을 구사했는데, 4-4-2나 3-5-2가 주류였던 시기라서 스리톱은 매우 보기 드문 전술이었다. 다만 크루이프의 전술이 이해받지 못한 더 큰 이유는 축구 철학 자체가 기존의 것과 크게 달랐기 때문이었다.

크루이프의 전술에서 특징적인 부분은 4번, 6번, 9번의 세로축이다. 크루이프의 축구에서 스리백의 앞이며 중원의 후방에 해당하는 등번호 4번 포지션을 대표하는 선수는 펩 과르디올라였다. 본래 이 포지션에는 수비 능력이 좋은 강인한 유형의 선수가 기용되는 것이 상식이었는데, B팀에서 발탁된 과르디올라는 가볍고 마른 체형이었다. 그럼에도 크루이프가 이 포지션에 과르디올라를 기용한 이유는 패스워크의 중핵으로 삼기 위해서였다. 4번을 수비가 아니라 공격을 위한 포지션으로 해석한 것이다. 애당초 크루이프의 전술에서 '수비'라는 항목은 분량이 그다지 많지 않다. 70퍼센트는 공을 소유하는 전술이었고 수비 자체의 비율은 30퍼센트 정도면 충분했다. 그리고 이를 실현하기 위해

Philosopher **[요한 크루이프(NED)]**

패스워크로 공을 지배하는 바르셀로나 스타일을 확립했다.

서는 수비수로부터 공을 받아서 확실하게 연결하는 4번이 반드시 필요했다.

훗날 크루이프는 바르셀로나TV와의 인터뷰에서 테이블에 놓여 있는 헝겊으로 만든 작전판의 센터서클에 4번 말을 올려놓고 "여기가 가장 중요합니다"라며 설명하기 시작했다. 그리고 헝겁을 자신의 앞쪽으로 잡아당겨 필드에서 자신의 진영 중 3분의 1 정도는 테이블 밑으로 내려 버렸다. 그 부분에 대해서는 애초에 설명할 생각이 없었던 것이다. 필드에서 상대 진영 쪽 3분의 2 공간에서만 플레이한다는 의식이 명확하게 드러난 장면이었다.

6번을 대표하는 선수는 공격형 미드필더인 호세 마리 바케로다. 키가 작으면서도 헤딩슛을 잘하며 골대 앞으로 달려 들어가는 스타일의 세컨드 톱인데, '벽'이라는 또 하나의 중요한 기능도 맡았다. 4번을 비롯한 후방에서 보낸 스루 패스를 받아 원터치로 상대 진영을 향하고 있는 뒤쪽의 동료에게 공을 보낸다. 과르디올라에게서 스루 패스를 받은 뒤 과르디올라와 자신의 중간 지점에 있는 동료에게 공을 패스하는 것이다. 이 라인을 건너뛰는 패스는 중간 지점의 선수를 자유롭게 만들 수 있다. 라인을 건너뛴 다음 바로 직전의 라인으로 되돌리는, 바르셀로나의 전형적인 패스 연결 방식이다.

9번은 센터포워드인데, 훌리오 살리나스나 리네커 같은 전형적인 9번이 있었음에도 크루이프는 윙어의 포지션(7, 11번)에 기용하는 경우가 많았다. 9번은 오히려 미카엘 라우드럽이나 바케로의 차지였는데, 이는 크루이프가 9번에게 요구하는 스타일이 골대 앞에서 진을 치고 있으면서 오로지 득점만 노리는 것이 아니었기 때문이다. 크루이프가

요구한 기능은 이른바 '가짜 9번'이었다. 상대 미드필더와 수비수 사이로 내려감으로써 중앙을 비워서 윙어가 중앙으로 달려들 수 있게 하거나 약간 뒤쪽에서 공을 받아 슛으로 연결하는 역할을 맡긴 것이다.

이 위치에서 9번이 자유로워질 가능성이 있는 이유는 양쪽 윙어가 높은 위치로 올라갔기 때문이다. 일반적으로 센터백이 사이드백보다 앞으로 나와서 수비하는 일은 없다. 센터백이 두 명이라면 그중 한 명이 9번을 따라갈지 두 명 모두 자리를 지키며 공간을 비우지 않을지 선택하게 된다. 전자라면 중앙을 지키는 선수가 한 명뿐이므로 윙어 두 명이 중앙을 급습해 찬스를 만들 수 있고, 후자라면 9번을 포함해 누군가가 상대 수비 라인의 앞쪽에서 자유로운 상태가 된다.

드림팀에서는 센터백에 로날드 쿠만, 4번에 과르디올라, 6번에 바케로, 9번에 라우드럽이라는 세로축이 확고하게 정해져 있었고, 4번, 6번, 9번이 바르셀로나의 특이성을 담당했다. 다만 드림팀을 뒷받침한 것은 오히려 세로축 주변에 있는 선수들이었다고도 할 수 있다. 치키 베히리스타인, 기예르모 아모르, 에우제비오 사크리스탄 같은 선수들이다. 이들은 모두 운동량이 풍부한 하드워커이지만, 파워나 스피드가 출중하지는 않고 드리블도 거의 하지 않았다. 그들의 공통점은 좋은 볼 컨트롤 능력과 뛰어난 패스워크였다. 당시 출전 가능한 외국인 선수 수는 세 명이었으며, 아직 보스만 판결 전이었기 때문에 이 세 명을 제외하면 전부 스페인 국적이어야 했다. 현재는 이런 조역에도 주역급의 외국

[드림팀]

4번, 6번, 9번의 세로축과 그 주변의 조역들이 팀을 뒷받침했다.

인 선수를 기용하고 있지만, 드림팀에서는 수수하면서도 패스워크에 특화된 '숨은 조력자'들의 활약이 꼭 필요했다.

패스, 패스, 패스 그리고 패스. 끊임없이 패스를 돌리며 공격을 계속한다. 수비의 경우 공을 빼앗긴 순간부터 압박을 노렸지만, 계획대로 되지 않는 경우도 많아서 처음에는 '히치콕 디펜스'라는 놀림을 받을 만큼 식은땀 나는 상황이 많이 발생했다. 그러나 공격이 최대의 수비였기에 의외로 실점은 적었다.

'라파엘로의 제자'가 이룩한 르네상스

크루이프가 바르셀로나 감독으로 취임한 1988년으로부터 20년 후, 바르셀로나는 사상 최강의 황금시대를 맞이하려 하고 있었다.

2008-09시즌은 변혁의 시기였다. 여름에 개최된 유럽 축구 선수권 대회에서 스페인 국가대표팀이 우승했고, 이어서 2008-09시즌에는 바르셀로나가 라리가와 코파 델 레이, 챔피언스리그를 석권하며 트레블을 달성했다. 스페인 국가대표팀과 바르셀로나의 전술은 거의 동일했고, 중심 선수도 같았다. 사비 에르난데스와 안드레스 이니에스타 등은 세계에 널리 보급되어 있던 존 디펜스(지역 방어)의 블록 수비에 대한 장대한 해체 작업을 시작했다.

[펩 과르디올라(ESP)]

그때까지의 가치관을 파괴하고 사상 최강의 바르셀로나를 구축했다.

창조와 파괴는 동전의 양면과도 같다. 바르셀로나는 기존의 가치관을 파괴하면서 새로운 플레이 스타일을 제시했다. 존 디펜스는 규칙성이 특징이자 강점이지만, 약점 또한 규칙성 속에 존재했다. 구체적으로 말하면 사람과 사람의 '사이'다. 그 좁은 공간으로 침투해서 패스를 받고, 존(지역)을 좁히기 전에 공을 패스한다. 이것을 반복하면 존이 해체된다. 사비와 이니에스타, 리오넬 메시는 마치 그물에 잡히지 않는 작은 물고기 같았다.

지역 방어의 블록 수비가 표준화되었던 타이밍에 나타난 2008-09시즌의 바르셀로나는 기존의 가치관을 파괴하는 동시에 창조적인 유일한 존재로서 남다른 광채를 발했다.

과르디올라가 바르셀로나 B팀에서 톱팀의 감독으로 취임했을 당시만 해도 사람들의 기대는 그다지 높지 않았다. 관계자들 사이에서는 과르디올라의 재능이 알려져 있었지만, 호나우지뉴와 프랑크 레이카르트 감독이 떠나면서 한 시대의 사이클이 끝났기 때문에 다음 사이클의 정점에 이르기까지 어느 정도 시간이 걸릴 거라는 생각이 지배적이었다. 그러나 과르디올라 감독은 순식간에 팀을 재건하는 것도 모자라 차원이 다른 존재로 비약시켰다. 과르디올라의 축구는 더없이 바르셀로나다운 축구였지만, 동시에 아무도 본 적이 없는 바르셀로나의 축구이기도 했다.

과르디올라는 자신을 '라파엘로의 제자'라고 칭했다. 르네상스 시대의 거장 라파엘로 산치오에게는 수많은 제자가 있었는데, 라파엘로는 기본적인 구도나 디자인만 그린 다음 제자들에게 작품을 완성시키게 했다고 전해진다. 펩의 라파엘로는 말할 필요 없이 크루이프였다. 즉,

자신은 크루이프의 원화에 색을 칠해서 완성해 나간 크루이프 이후 감독들의 작업을 계승했을 뿐이라며 겸손한 태도를 보인 것이다. 실제로 그 말이 맞는지도 모른다. 그러나 크루이프 감독이 '드림팀' 시대에도 표현하지 못했던 것을 펩이 실현했다는 것 또한 사실이다.

드림팀에도 정교한 패스워크는 있었지만, 당시에 없었던 것은 매서운 압박이다. 과르디올라 감독은 전통적인 패스워크에 상대 진영에서의 전방 압박을 조합했고, 그 결과 축구 역사상 유례를 찾기 힘든 수준으로 볼 점유율이 치솟았다. 펩의 시대가 되자 사람들은 일방적으로 공을 소유하면서 거의 상대 진영에서만 공격과 수비를 완결하는 크루이프의 구상이 실현 가능한 것이었음을 알게 되었다.

과르디올라 감독이 4시즌을 이끄는 동안 바르셀로나의 '독주' 상태는 계속되었다. 챔피언스리그를 두 차례 우승했고, 리그에서도 3회 우승을 차지했으며, 그 밖에도 수많은 트로피를 획득했다. 특히 2011년의 클럽 월드컵은 과르디올라 감독의 시대를 상징하는 경기였다. 결승전 상대는 브라질의 산투스였는데, 네이마르와 간수가 뛰었던 남미의 강호를 상대로 바르셀로나는 4 대 0 완승을 거뒀다. 거의 한쪽 팀만 플레이를 한, 어떤 의미에서는 충격적인 경기였다. 바르셀로나는 3-4-3 포메이션이었지만, 사실 포워드다운 포워드는 한 명도 없었다. 미드필더는 사비, 이니에스타, 세르지오 부스케츠, 세스크 파브레가스였고, 포워드로 기용된 선수는 다니엘 알베스와 메시, 티아고 알칸타라였다. 즉 실질적으로는

Philosophy [크루이프의 원화]

펩은 크루이프의 기본적인 구상에 색을 칠해서 작품을 완성시켰다.

3-7-0이라고 해도 이상하지 않은 시스템이었다. 바르셀로나는 패스를 계속 돌렸고, 산투스는 공을 만질 기회가 거의 없었다. 바르셀로나가 몇 골을 넣고 이기느냐의 문제일 뿐 결과는 이미 정해진 것이나 다름없는 경기였다. 위르겐 클롭은 당시의 바르셀로나 축구가 "마음에 들지 않는다"라고 말했는데, 분명히 산투스와의 경기는 이것을 축구라고 불러도 되는 것인지 하는 생각마저 들 정도였다.

펩의 바르셀로나가 크루이프의 바르셀로나를 기반으로 삼고 있다는 점은 틀림없었고, 지향점도 같았다. 그러나 도달점은 하늘과 땅 만큼 차이가 있었다. 볼 점유율 한 가지만 봐도 차원이 달랐다. 수비의 차이는 더욱 커서, 과르디올라 감독의 팀은 필드를 세로로 5분할한 5라인을 높은 위치에서 채움으로써 전방을 압박하는 위력을 발휘했다. 갑자기 다섯 명의 벽에 압박을 받은 상대 팀의 빌드업은 순식간에 와해되었고, 결국 공을 빼앗기거나 롱볼을 차는 양자택일을 할 수밖에 없었다. 볼 점유와 이른 시점에 공 빼앗기의 사이클이 완성된 것이다.

MSN 거함거포주의의 아이러니

바르셀로나에 르네상스를 불러온 펩의 마지막 시즌은 2011-12시즌이었다. 챔피언스리그에서 첼시에 일격을 맞기는 했지만 수페르코파와 UEFA 슈퍼컵, 클럽 월드컵 등의 타이틀을 획득해 나갔다. 그러나 리그에서는 병과 부상으로 이탈하는 주력 선수가 속출하는 바람에 4시즌 연속 우승에 실패했고, 결국 과르디올라 감독은 이 시즌을 끝으로 사임했다.

과르디올라 감독은 바르셀로나의 전통을 답습하면서도 크루이프의 구상을 확대시켜 새로운 바르셀로나를 개척했다. 가짜 9번, 가짜 사이드백과 가짜 센터백, 3-4-3의 부활 등 여러 가지 전술을 구사해 나갔다. 다만 여기에는 그 뒤에도 이어지는 문제점이 표출되었다. 메시에 대한 의존과 공존이다.

바르셀로나는 과르디올라 감독 2년차에 즐라탄 이브라히모비치를 영입했다. 센터포워드에 즐라탄을 배치하고 메시를 우측 윙으로 되돌린다는 구상이었다. 하지만 결국 메시의 폴스나인(가짜 9번)을 부활시켰고, 이에 불만을 품은 즐라탄을 제어할 수 없게 됨에 따라 그를 방출할 수밖에 없었다. 2011-12시즌에는 세스크를 영입해 메시와 세로 관계의 투톱 혹은 더블 폴스나인을 시도했지만, 이 역시 메시 의존으로부터 벗어나는 결정적인 수가 되지 못했다.

사실, 애초에 메시 정도의 슈퍼스타에게 의존하지 말라는 것이 더 무리한 요구인 것은 맞는 말이다. 다만 문제는 메시가 너무 거대한 존재감을 발휘했기에 특별 대접을 받을 수밖에 없었고, 주변 선수들의 재능도 빨려 들어가고 말았던 것이다. 주변 선수들은 메시의 단독 플레이를 침해하지 않기 위해, 수비 부담을 줄여 주기 위해, 슛 기회를 양보하기 위해 신경을 쓰느라 스트레스를 받았고, 이것이 일정 한도를 넘어서면서 피로 파괴를 일으켜 붕괴가 시작되었다. 이런 사태를 피하기 위해서는 팀을 적절히 재구성할 필요가 있었다.

현재까지 계속되고 있는 메시와의 공존을 위한 노력은 이미 펩의 시대에 시작된 것이다. 바르셀로나는 철학과 플레이 스타일을 전통 예술의 영역까지 끌어올린 클럽인데, 자신들이 육성해 키워낸 천재에게 스스로의 정체성을 위협받는 상황에 이른 것이다.

펩이 사임한 뒤인 2012-13시즌, 유럽의 라이벌들은 마침내 바르셀로나 공략법을 찾아내기 시작했다. 챔피언스리그 16강전에서 맞붙은 밀란은 우측 하프스페이스에서 움직이는 메시를 막기 위해 센터백이 이른 타이밍에 앞으로 나오는 수법을 사용했다. 라이벌인 레알 마드리드도 같은 대책을 택했다. 그러나 더 결정적이었던 것은 메시에 대한 대책이 아니었다. 4강전에서 맞붙었던 바이에른 뮌헨은 1차전 4 대 0,

2차전 3 대 0, 합계 7 대 0으로 바르셀로나를 완전히 KO시켰다. 그전에도 바르셀로나가 패한 적은 있었지만, 전부 역습으로 승리를 빼앗긴 것이라서 불운으로 치부할 수도 있었다. 그러나 바이에른에 당한 0 대 7은 그런 종류의 패배가 아니었다.

바르셀로나의 볼 점유에 이은 전방 압박에 바이에른은 바르셀로나와 똑같은 패스워크로 대항했다. 바르셀로나의 압박이 계속 헛수고로 끝나면서 바이에른에 지속적으로 날카로운 역습을 당하자 결국 지친 바르셀로나는 공의 지배권마저 넘겨주고 말았다. 볼 점유와 전방 압박의 순환이라는 바르셀로나의 승리 공식이 처음으로 무력화되었다고 해도 과언이 아니었다.

2013-14시즌, 바르셀로나는 헤라르도 마르티노를 감독으로 임명하고 네이마르를 영입했다. 그러나 마르티노는 6시즌만의 주요 타이틀 획득 실패라는 결과를 내고 해임되었다. 메시를 우측 하프스페이스, 이니에스타를 좌측 하프스페이스에 배치한 변칙 제로톱을 채용했는데, 메시의 부담을 줄여 주겠다는 의도였겠지만 오히려 이도 저도 아니라는 느낌을 감출 수 없었다.

2014-15시즌, 루이스 엔리케가 새 감독으로 취임했다. 이 시즌에는 리버풀에서 루이스 수아레스를 영입했다. 메시와 네이마르의 공존조차 우려하는 목소리가 있는 상황에서 수아레스까지 가세하자 세 명의 균형을 어떻게 맞출 것인지 관심이 집중됐는데, 루이스 엔리케 감독의

Philosophy [새로운 바르셀로나]

펩은 '가짜 9번', '가짜 사이드백' 등 다양한 전술을 내놓았다.

대답은 간단했다. 메시, 수아레스, 네이마르를 최전선에 나란히 세운 것이다. MSN은 81골을 합작해냈고, 이는 리그에서 바르셀로나가 올린 득점의 약 74퍼센트에 이르는 수치였다. 처음에는 메시를 계속 가짜 9번으로 기용하고 수아레스를 오른쪽에 배치한 적도 있었지만, 곧 수아레스를 본래의 센터포워드로 기용하고 메시를 오른쪽 윙어로 배치했다. 가짜 9번에서 가짜 7번으로 이동시킨 것이다.

MSN은 맹위를 떨쳤고, 주요 타이틀인 라리가와 코파 델 레이, 챔피언스리그를 전부 획득했다. 펩 시대에 못지않은 강력함이었지만 바르셀로나가 쌓아 올렸던 전통에서는 조금 벗어나 있었다.

강력한 바르셀로나가 돌아온 2014-15시즌, 사비가 시즌 종료와 함께 은퇴했다. 그리고 2017-18시즌에는 이니에스타가 비셀 고베로 이적했다. 이 무렵에 나온 카툰 중에 이런 것이 있다. 사비와 이니에스타, 메시가 즐겁게 패스를 돌리고 있는데, 사비가 사라지고 메시와 이니에스타만 남았다. 그래도 둘이서 즐겁게 패스를 교환하고 있었는데, 이윽고 이니에스타가 사라지자 메시 혼자 쓸쓸하게 서 있었다.

MSN은 분명히 강력했다. 다만 그 강력함은 세 명의 돌파력과 득점력에 힘입은 것이었다. 요컨대 레알 마드리드와 다를 것이 없었다. 라이벌이 추진해 온 거함거포주의 그 자체였다고 할 수 있다. 바르셀로나는 MSN에 치중한 나머지 전방 압박과 볼 점유율이 저하되는 결과를 낳았다. 기본적인 부분은 과르디올라나 엔리케나 다르지 않았다. 루이스 엔리케 감독 시절에 극단적으로 변화한 것은 없다. 다만 펩의 시대만큼 볼 점유율과 전방 압박을 중시하지 않게 되었다.

메시, 수아레스, 네이마르에게 전방 압박은 무리였다. 일단 압박하기

는 했지만 효과는 그다지 기대할 수 없었다. 오히려 상대가 공격하는 것은 상관없었다. 후퇴해서 진용이 느슨해지더라도 난타전이 벌어지면 MSN이 있는 한 반드시 승리할 수 있었기 때문이다. 그러나 이는 MSN이 없으면 사용할 수 없는 수법이기도 하다. 바르셀로나가 그때까지 쌓아 올렸던 전법을 완전히 부정한 것은 아니지만, 중요한 부분은 결락되었다. 사비, 이니에스타, 메시의 패스워크도 이 특별한 세 선수가 있었기에 가능했던 것이다. 이는 육성부터 시작해서 쌓아 올린 것이지 외부에서 슈퍼스타를 영입해 급조한 것이 아니었다. 결국 일시적으로 메시 의존에서 벗어나기는 했지만, 메시 의존이 MSN 의존으로 바뀐 것에 불과했다.

2015-16시즌에는 전 시즌에 이어 라리가와 코파 델 레이에서 우승했다. 챔피언스리그에서는 4강전에서 아틀레티코 마드리드에 패했지만, MSN은 건재했고 이 시즌의 바르셀로나도 강력했다.

그러나 2016-17시즌에는 라리가 우승을 레알 마드리드에 넘겨줬고 챔피언스리그에서도 8강전에서 유벤투스에 두 경기 합계 0 대 3의 완패를 당하고 말았다. 코파 델 레이만 3회 연속 우승에 성공했지만, 루이스 엔리케 감독은 임기 종료의 형태로 퇴임했다.

챔피언스리그 16강전에서는 기적적인 대역전극을 연출했다. PSG를 상대로 1차전을 0 대 4로 내줬지만 캄 노우에서 열린 2차전에서 6 대 1로 승리한 것이다. 기적을 만들어내는 일이 적은 바르셀로나로서는

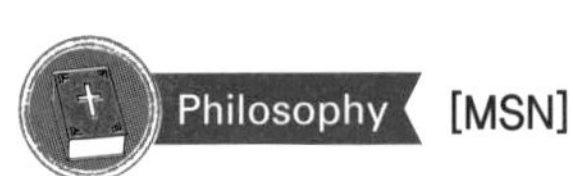

[MSN]

메시, 수아레스, 네이마르의 거함거포주의.

보기 드문 대역전이었다. 과거에 바이에른 뮌헨에 0 대 7로 대패했던 것처럼 바르셀로나는 논리적인 축구를 하기 때문에 패할 때는 걷잡을 수 없이 무너지는 경향이 있다. 레알 마드리드나 맨체스터 유나이티드처럼 이유도 없이 경기를 뒤집는 힘은 없는 클럽이다. 이 역전극이 가능했다는 것은 어떤 의미에서 바르셀로나가 바르셀로나답지 않게 되었다는 의미일지도 모른다. 실제로 캄 노우에서 보여준 우격다짐식의 맹공은 바르셀로나답지 않았다.

MSN도 변했다. 처음에는 세 선수의 수비 부담이 평등했다. 그런데 점차 메시에 대한 의존도가 커져 갔다. 가짜 7번을 작동시키려면 사이드백이 우측 측면에 공간을 만들기 위해 장거리 상하 이동을 해야 했고, 우측 인사이드하프인 이반 라키티치는 사이드백을 커버하느라 공격 가담 횟수가 감소했으며, 네이마르는 라인이 내려갔을 때 숫자를 맞추기 위해 미드필더 라인으로 들어가야 했다.

그리고 수아레스와 네이마르마저 골문 앞에서는 메시를 배려했다. 시간이 경과하면서 그렇게 되고 만 것이다. 메시의 재능을 옆에서 계속 지켜보면 자연스럽게 서열이 생긴다. 그런 존중심이 있었기에 MSN이 작동할 수 있었지만, 결국 메시의 거대한 인력에 주변 선수들의 에너지도 빨려 들어가는 현상은 피할 수 없었다.

티에리 앙리, 사무엘 에토와 스리톱을 구성했을 때도 메시가 에이스였지만, 그때는 그렇게까지 메시에 의존하지 않았다. 그러나 메시는 이제 절대적인 존재가 되어 있었다.

'메시 시스템'이라는 주술

2017-18시즌, 에르네스토 발베르데 감독이 취임했다. 현역 시절에 바르셀로나의 선수였던 그는 전 시즌까지 아틀레틱 빌바오를 이끌고 있었다. 여름 이적 시장에서는 네이마르가 PSG로 이적했고, 그 대역으로 보루시아 도르트문트에서 우스만 뎀벨레를 영입했지만 4라운드에서 부상으로 이탈한다. 이에 발베르데 감독은 4-4-2 포메이션을 채용했다. 바르셀로나에서는 친숙하지 않은 시스템이지만 합리적인 선택이었다.

메시의 플레이는 거의 달라지지 않았다. 스타팅 포지션이 센터포워드든 우측 윙어든 우측의 하프스페이스가 주된 활동 공간이었으며, 제일 마지막에 수비를 하는 선수였다. 그렇다면 4-4-2는 사실 가장 무리가 없는 시스템이라고 할 수 있었다. 처음부터 메시를 우측 하프스페이스에 배치할 수 있고, 수비를 할 때는 앞쪽에 남겨 놓을 수 있었기 때문이다. 주변 선수들의 역할도 단순해진다. 다만 바르셀로나는 전통적으로 4-3-3이나 3-4-3을 구사했기 때문에 4-4-2를 사용하면 칸테라(유스)와의 정합성이 없어진다.

본래 시스템의 차이는 큰 문제가 아니었다. 바르셀로나의 경우, 전통적으로 수비를 할 때는 상대의 시스템에 맞춘다는 방침이 있었기 때문에 이 관계는 애초부터 주체적이 아니었던 것이다. 실제로 과르디올라 감독 시절에는 3-5-2 포메이션도 사용한 적이 있다. 중요한 것은 플레이의 디테일이다. 어떤 상황일 때 어떤 플레이를 해야 하는가? 바르셀로나가 일관성 있게 쌓아 올린 것은 바로 이것이었다.

그렇다고 시스템이 전혀 관련이 없다는 말은 아니다. 나폴레옹 보나파르트는 "사람은 제복에 어울리는 사람이 된다"라는 말을 했다고 하는데, 이 말처럼 다소의 영향은 피할 수 없었다.

2017-18시즌에는 파울리뉴를 영입했고, 2018-19시즌에는 아르투로 비달을 데려왔다. 4-4-2의 센터하프에 어울리는 인선인데, 종래의 바르셀로나에는 없었던 유형의 미드필더였다. 본래 시스템이 어느 정도 사람을 고르는 측면이 있고, 시스템 구성상의 문제에 선수가 적응해야 하는 경우도 있기 마련이다. 4-4-2는 바르셀로나의 팀으로서의 형태를 다소 일그러뜨렸는지도 모른다.

다만 메시를 최대한으로 활용하는 것이 정답이고, 그렇게 해서 얻는 이익이 손해보다 큰 것도 분명했다. 발베르데 감독의 바르셀로나는 라리가와 코파 델 레이를 2시즌 연속 제패했다. 다만 문제는 챔피언스리그였다. 2017-18시즌에는 8강전에서 AS 로마에 패했고, 2018-19시즌에는 4강전에서 리버풀에 패했다. 로마와의 경기는 캄 노우에서 벌어

진 1차전에서 4 대 1로 승리한 시점에 4강 진출이 확정된 것처럼 보였다. 그런데 원정 경기인 2차전에서 0 대 3으로 패했다. 이로써 합계 4 대 4로 동점을 이뤘지만, 원정 골 우선 원칙에 따라 로마가 4강전에 진출했다. 홈경기에서 에딘 제코에게 허용한 1점이 이렇게 뼈아프게 작용할 줄 그 누가 예상이나 했을까?

0 대 3으로 완패한 2차전에서 바르셀로나는 로마의 전진 압박 전술에 대한 타개책을 찾아내지 못한 채 주도권을 내주고 말았다. 바르셀로나가 상대의 압박을 풀어내지 못하고 공을 적진으로 운반하지 못한 것은 바르셀로나 스타일이 완전히 파괴되었다고 해도 과언이 아닌 사태였다. 바이에른 뮌헨에 두 경기 합계 0 대 7로 패했을 때도 이미 챔피언스리그에는 바르셀로나의 압박을 풀 수 있는 상대가 존재한다는 사실이 밝혀지기는 했지만, 바르셀로나의 빌드업을 붕괴시킬 수 있는 상대는 아직 없었다. 그런데 로마와의 경기에서 그 최후의 보루마저도 잃어버리고 만 것이다.

2018-19시즌도 거의 같은 결과였다고 할 수 있다. 리버풀에 홈에서 3 대 0으로 승리한 뒤 원정에서 0 대 4으로 패해 탈락했다. 국내 리그에서는 어중간함을 감출 수 있었지만, 챔피언스리그에서는 그런 식으로 승리할 수 없었다. 발베르데 감독도 3년차에는 바르셀로나의 본래 스타일로 돌아가야 했다.

2019-20시즌에는 앙투안 그리즈만과 프렌키 더 용을 영입하고

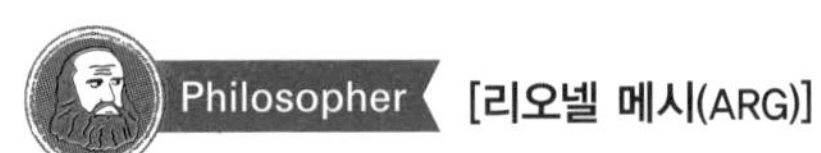

[리오넬 메시(ARG)]

그를 활용하는 것이 정답이고, 그 이익은 손해보다 크다.

4-3-3으로 회귀를 꾀했다. 그러나 수아레스가 부상으로 이탈함에 따라 4-4-2로 돌아가고 말았다. 결국 해가 바뀌자마자 발베르데 감독이 해임되고 키케 세티엔이 새 감독으로 임명되었다. 전통적인 스타일로 복귀하기 위한 인선이었다.

메시가 있는 한, 바르셀로나의 감독은 사상 최대급의 슈퍼스타와 공존할 방법을 끊임없이 모색해야 한다. 바르셀로나는 본래 그 시대의 스타플레이어를 영입해서 팀을 만들어 왔다. 1950년대에는 쿠발라가 있었고, 1970년대에는 크루이프와 알란 시몬센이, 1980년대에는 마라도나가, 1990년대에는 호마리우와 흐리스토 스토이치코프, 호나우두가 21세기에는 히바우두와 호나우지뉴가 바르셀로나에서 플레이했다.

스타플레이어와 팀의 공존 문제로 고심한 시기는 그전에도 여러 차례 있었다. 1950년대의 슈퍼스타였던 쿠발라는 헝가리와 체코슬로바키아, 스페인의 3중 국적 보유자로서 세 나라의 국가대표로 뛴 이색적인 경력을 가지고 있다. 여기에 공산 국가인 헝가리에서 소련군 병사로 위장해 망명하는 등 드라마틱한 반평생을 살았던 까닭에 그를 소재로 한 영화가 제작되기도 했다. 우람한 체격으로 급격히 방향을 바꾸는 드리블과 정확한 슛을 구사해 상대 선수를 공포에 떨게 만들었던 쿠발라는 클럽 역사를 통틀어 가장 인기가 많았던 선수지만, 엘레니오 에레라 감독의 전술과는 맞지 않았기 때문에 홈경기 한정으로 기용되기도 했다. 에레라도 여권을 다섯 개나 가지고 있는 이색적인 스타 감독이었는데, 쿠발라와 서로 잘 맞았다고는 말하기 어렵다.

크루이프는 서독의 보루시아 묀헨글라트바흐에서 온 헤네스 바이스바일러 감독과 마찰을 빚었다. 바이스바일러는 당시 세계 최고라는 평

가를 받았던 감독인데, "100퍼센트의 플레이를 하지 않는다"라며 크루이프를 비판했다. 회장은 바이스바일러와 크루이프 중 한 명을 선택해야 하는 상황에 놓였고, 결국 크루이프를 택했다. 그렇게 바이스바일러는 불과 한 시즌 만에 바르셀로나를 떠났다.

마라도나의 경우는 감독보다 회장 혹은 클럽 자체와 대립했다고 할 수 있다. 파울 브라이트너의 은퇴 경기에 출장하는 것을 클럽이 금지하자 이에 항의해 트로피 룸에 있던 크리스털 트로피를 부숴 버리기도 했다. 결국 이런 저런 스트레스가 쌓여 있었던 마라도나와 관계를 회복할 가능성이 없다고 판단한 바르셀로나는 그를 나폴리로 보냈다.

크루이프 감독도 호마리우와 마찰이 있었고, 루이 판 할 감독은 기용법을 둘러싸고 히바우두와 대립했다.

다만 메시와 클럽의 문제는 이런 것들과는 의미가 다르다. 메시는 바르셀로나가 육성한 선수다. 외부에서 영입한 스타플레이어와는 달리 바르셀로나의 스타일과 맞지 않을 리가 없었다. 그러나 메시는 바르셀로나 스타일이라는 그릇에 온전히 담을 수 없을 만큼 거대한 선수가 되었다. 메시와 상황이 비슷한 유일한 사례는 바르셀로나에서 한 시즌을 뛰었던 호나우두일지도 모른다. 혼자서 드리블을 해 골까지 넣어 버리는 호나우두의 존재는 보비 롭슨 감독이 말했듯이 "호나우두 자체가 전술"이었으며, 어떤 의미에서 바르셀로나의 플레이 스타일을 파괴해 버리기도 했다.

Philosophy [호나우두 자체가 전술]

보비 롭슨 감독 시대의 바르셀로나는 어떤 의미에서 바르셀로나가 아니었다.

메시와의 문제는 다른 역대 스타들처럼 에고의 충돌에서 비롯된 것이 아니라 너무나도 존재감이 커져 버린 탓에 바르셀로나가 키워 온 철학이 침식되어 위기에 직면한, 어떻게 할 방법이 없는 종류의 것이었다. 승리하기 위해서는 메시를 위한 시스템을 만드는 것이 합리적이다. 그러나 그렇게 하면 점점 바르셀로나 스타일에서 멀어져 버린다. 역대 감독들은 그 균형을 수없이 재조정했지만, 결국은 메시의 거대한 인력을 거스를 수 없었다. 카탈루냐의 보물이라고 할 수 있는 확고한 스타일의 유일무이한 축구를 보유했기에 유일무이한 슈퍼스타와의 공존에 고심을 거듭한 것이다. 결국 메시는 '클럽 이상의 존재'가 되어 버렸다.

당연한 말이지만 메시 또한 언젠가 팀을 떠나는 날이 찾아올 것이고, 바르셀로나는 다시 바르셀로나 스타일로 회귀할 날이 올 것이다.

History of
Barcelona
[바르셀로나 연표]

첫 유러피언컵 우승을 달성한 1991–92시즌의 '드림팀'이 바르셀로나의 역사에서 분기점이 되었다.

1910~1920 년대
▶ **첫 번째 황금시대**

[회장] 조안 감페르(SUI)

[주요 선수]
리카르도 사모라(ESP)/조셉 사미티에르(ESP · PHI)/파울리노 알칸타라(ESP)

1950~1960 년대
▶ **레알 마드리드 1강 시대**

[감독]
엘레니오 에레라(ARG)

[주요 선수]
라슬로 쿠발라(HUN)/루이스 수아레스 미라몬테스(ESP)/샨도르 코치시(HUN)/에바리스투 데 마세두(BRA)

1970 년대
▶ **14년 만의 라리가 우승**

[회장] 조셉 루이스 누녜스(ESP)
[감독] 리누스 미켈스(NED)
헤네스 바이스바일러(GER)

[주요 선수]
요한 크루이프(NED)/알란 시몬센(DEN)/베른트 슈스터(GER)

1980~1990 년대
▶ **드림팀**

[감독]
테리 베너블스(ENG)
요한 크루이프(NED)
보비 롭슨(ENG)
루이 판 할(NED)

[주요 선수]
디에고 마라도나(ARG)/펩 과르디올라(ESP)/호세 마리 바케로(ESP)/게리 리네커(ENG)/훌리오 살리나스(ESP)/미카엘 라우드럽(DEN)/로날드 쿠만(NED)/치키 베히리스타인(ESP)/ 기예르모 아모르(ESP)/에우제비오 사크리스탄(ESP)/호마리우(BRA)/흐리스토 스토이치코프(BUL)/호나우두(BRA)/이반 데 라 페냐(ESP)/루이스 엔리케(ESP)/히바우두(BRA)/필립 코쿠(NED)/파트릭 클라위버르트(NED)/루이스 피구(POR)/카를레스 푸욜(ESP)

2000 년대 ~ 현재
▶ **사상 최강의 황금시대/MSN/메시 시스템**

[감독]
프랑크 레이카르트(NED)
펩 과르디올라(ESP)
루이스 엔리케(ESP)
에르네스토 발베르데(ESP)
키케 세티엔(ESP)

[주요 선수]
하비에르 사비올라(ARG)/호나우지뉴(BRA)/티에리 앙리(FRA)/사무엘 에토(CMR)/야야 투레(CIV)/사비 에르난데스(ESP)/안드레스 이니에스타(ESP)/리오넬 메시(ARG)/제라르드 피케(ESP)/세르지오 부스케츠(ESP)/세스크 파브레가스(ESP)/다니엘 알베스(BRA)/티아고 알칸타라(ESP)/즐라탄 이브라히모비치(SWE)/네이마르(BRA)/루이스 수아레스(URU)/이반 라키티치(CRO)/우스만 뎀벨레(FRA)/파울리뉴(BRA)/아르투로 비달(CHI)/앙투안 그리즈만(FRA)/프렌키 더 용(NED)

'필로소피 클럽'의 철학
II
아틀레틱 빌바오
빅클럽이 잃어버린
'행복'을 추구하다
Spain
빌바오
Bilbao

아틀레틱 클루브 빌바오

Athletic Club de Bilbao

창단 년도	1898년
회장(소유자)	아이토르 엘리제기(ESP)
본거지	스페인 빌바오
홈구장	산 마메스(수용 인원 53,331명)
메인스폰서	Kutxabank: 은행(ESP)
우승 기록	리그 8회 / 컵 23회

역대 감독(최근 10시즌)

2010-2011	호아킨 카파로스(ESP)
2011-2012	마르셀로 비엘사(ARG)
2012-2013	마르셀로 비엘사(ARG)
2013-2014	에르네스토 발베르데(ESP)
2014-2015	에르네스토 발베르데(ESP)
2015-2016	에르네스토 발베르데(ESP)
2016-2017	에르네스토 발베르데(ESP)
2017-2018	호세 앙헬 시간다(ESP)
2018-2019	에두아르도 베리조(ARG) / 가이즈카 가리타노(ESP)
2019-2020	가이즈카 가리타노(ESP)

힘자랑이 인기를 끄는 지역적 특성

빌바오의 공공시설 등에는 입구에 어떤 기계가 놓여 있는 경우가 많다. KASAPON이라는 기계다. 우산꽂이처럼 생긴 이 기계에 우산을 꽂아 넣고 옆으로 빼면 우산이 비닐봉지에 수납된다. 이렇게 하면 우산에서 떨어지는 빗방울로 건물 내부 바닥이 젖는 일도 없고, 손이 빗물에 젖을 일도 없다.

많은 나라에서 이 장치를 보기란 어려운데 빌바오에서는 상당한 빈도로 눈에 띄었다. 처음에는 왜 그런지 의아했지만, 2~3일이 지나자 그 이유를 알 수 있었다. 하루가 멀다 하고 계속 비가 내렸기 때문이다. 조사해 보니 1년 중 40퍼센트는 비가 내리고 45퍼센트는 흐린 날씨라고 한다. 다시 말해 쨍 하고 맑은 날은 15퍼센트밖에 안 된다는 뜻이다. 비가 내리거나, 당장이라도 쏟아질 것 같거나. 하루 종일 비가 내린다기보다는 하루 중 몇 시간 정도는 확실히 비가 내리는 느낌이었다. 그래서 이곳에 있는 동안에는 우산을 항상 가지고 다녀야 했다.

아틀레틱 빌바오는 전통적으로 강한 몸싸움과 근면한 운동량이 특징인 터프한 팀이다. 기후가 잉글랜드와 유사한 탓인지 플레이 스타일도 닮았다. 이렇게 비가 자주 내리면 필드는 진흙탕이 되기 쉽기 때문에 기술적인 패스워크보다 킥 앤 러시를 중시하는 스타일이 된 것이 자연스럽다.

어느 날, 호텔에서 텔레비전을 켜니 클로즈업된 잔디밭이 보였다. 처음에는 축구 중계인가 생각했는데, 아무리 봐도 풀이 너무 무성했다. 얼마 후 카메라가 줌아웃을 해 전체를 비추자…, 축구장이 아니라 풀이 아무렇게나 자라 있는 하천 부지였다.

이윽고 똑같은 티셔츠를 입은 남자들이 나타나더니, 거대한 낫을 들고 풀을 베기 시작했다. 남자는 계속 풀을 베어 나갔다. 낫을 수평으로 휘두르며 거침없이 풀을 베어 쓰러뜨렸다. 그리고 두 발자국 정도 뒤에서 역시 거대한 낫을 들고 따르던 남자가 복싱의 세컨드(링 밖의 코칭스태프) 같은 느낌으로 앞의 남자를 따라갔다. 아무래도 여분의 낫을 들고 따라가는 모양이었다. 역시나 낫의 날이 무뎌지자 남자는 즉시 낫을 교체했고, 세컨드는 무뎌진 낫을 휴대하고 있던 무엇인가에 갈면서 앞의 남자를 따라갔다.

알고 보니 세가 아푸스투아(Sega apustua)라고 부르는 풀베기 경기였다. 이 중계에서 주로 보여주던 풀을 베는 사내와 낫을 가는 사내 외에도 다른 여러 명이 잘린 풀을 모아서 커다란 다발을 만들었고, 심판

Philosophy [KASAPON]

빌바오는 자동 우산 비닐 장착기가 곳곳에 설치되어 있을 만큼 비가 자주 내린다.

원이 그 다발을 저울에 매달아 중량을 쟀다. 그 밖에도 여러 팀이 동시에 풀베기를 진행하고 있었는데, 자른 풀의 총 중량으로 승부를 겨루는 대회 같았다.

이 풀베기 경기는 바스크어로 중계되었기 때문에 무슨 말을 하고 있는지 전혀 알 수 없었지만, 실황 중계인 것만큼은 분명했다. 게다가 해설자로 보이는 사람도 가끔씩 뭐라고 말을 했다. "절삭력이 대단하네요"라든가 "풀을 잘 묶었네요" 같은 말을 하고 있는 것일까?

바스크 지방에는 이런 식의 소박한 경기가 성행하는 모양이어서, 도끼로 통나무를 쪼개는 경기나 쇳덩이를 양손에 들고 걷는 경기, 거대한 돌을 들어 올리는 경기 같은 것도 있었다. 가장 인기 있는 스포츠는 축구지만 전통 경기도 상당히 인기가 많은 듯, 맨손으로 하는 스쿼시라고 할 수 있는 핸드 펠로타(Hand-pelota)는 프로 리그가 존재하며 텔레비전 중계도 하고 있었다. 딱딱해 보이는 공을 혼신의 힘을 다해서 맨손으로 쳐내는, 상당히 힘들어 보이는 경기였다.

그러고 보니 바스크의 전통 경기들에는 한 가지 공통점이 있었다. 모두 힘이 넘쳐나는 사내들의 힘자랑이라는 점이다.

속지주의에 입각한 올 바스크인 정책

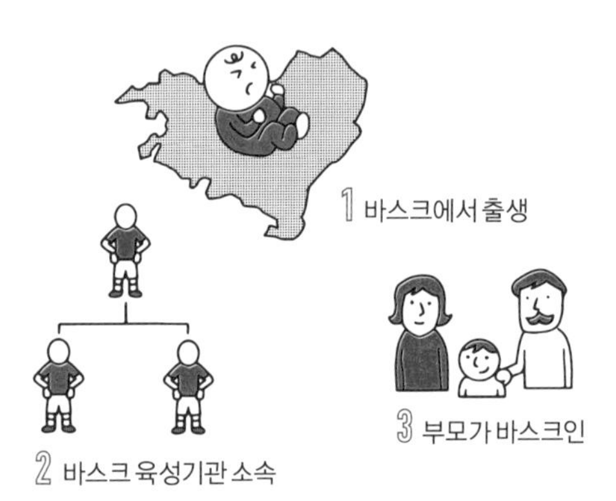

아틀레틱 빌바오의 창단 년도는 1898년으로 추정된다. 1890년대 초반에 먼저 빌바오 FC라는 클럽이 생겼고, 1898년에 이 영국인 노동자들의 팀과는 별개로 바스크인 학생들이 아틀레틱이라는 클럽을 만들었다. 그 후 아틀레틱과 빌바오 FC는 클럽 비스카야라는 이름으로 1902년 코파 데 라 코로나시온(코파 델 레이의 전신인 비공식 대회-옮긴이)에 공동 참가해 우승했으며, 1903년에는 아틀레틱 빌바오가 되어 제1회 코파 델 레이에서 우승을 차지했다.

이후 아틀레틱은 라리가의 강호로서 지위를 확립했으며, 지금까지 단 한 차례도 강등 경험이 없는 세 클럽 중 하나가 되었다(나머지 두 클

Philosophy **[속지주의]**

부모가 바스크인이 아니더라도 바스크에서 태어났거나 바스크의 유스 소속이었다면 입단할 수 있다.

럽은 레알 마드리드와 바르셀로나). 통산 성적은 레알 마드리드와 바르셀로나, 발렌시아, 아틀레티코 마드리드를 잇는 5위지만, 코파 델 레이에 매우 강해서 23회나 우승을 차지했다(비공식 대회인 코파 데 라 코로나시온 우승을 포함할 경우 24회이다–옮긴이).

아틀레틱의 특이성은 바스크인만으로 구성되어 있다는 점이다. 바스크에서 태어났거나, 바스크의 육성기관에 소속되어 있었거나, 부모가 바스크인인 경우가 아틀레틱 소속이 되기 위한 조건이다. 다만 이 조건들 중 어느 하나에만 해당되면 되기 때문에, 가령 부모가 바스크인이 아니더라도 바스크에서 태어났거나 유스에 소속된 적이 있다면 문제가 없다. 혈통주의가 아니라 속지주의이기 때문이다.

빌바오의 인구는 약 35만 명이다. 에우스칼 에리아라고 부르는 스페인의 3개 도와 1개 주, 나아가 프랑스령을 합친 지역까지 확장할 경우 인구가 약 312만 명이지만, 그래도 그렇게 인구가 많은 편은 아니다. 에우스칼 에리아에는 아틀레틱 외에도 레알 소시에다드와 오사수나, 알라베스, 에이바르가 있기 때문에 아틀레틱이 선수를 독점할 수 있는 환경이 아니다. 물론 빌바오라는 도시의 규모가 크고 클럽의 전통이라는 측면에서 아틀레틱이 선수를 확보하기 쉬운 편이기는 하지만, 이 인구 규모로 레알 마드리드나 바르셀로나에 어느 정도 대항할 수 있다는 것은 놀라운 일이다. 지방의 일개 기업이 글로벌 기업들과 경쟁하고 있는 듯한 구도이다.

당연한 말이지만 경쟁력이라는 측면에서는 상당히 고전하고 있다. 바스크인의 기준이 확대되고 나름 완화되었다고는 하지만, 전 세계에서 선수를 자유롭게 영입하는 레알 마드리드나 바르셀로나와는 비교

가 되지 않는다. 다만 아틀레틱과 같은 선수 구성은 과거의 축구 클럽에서는 지극히 평범한 모습이었다. 민족 제한은 하지 않더라도 각자의 지역에서 선수를 육성했고, 더 뛰어난 선수는 그 지역 주변에 있는 더 큰 클럽과 계약했다. 외국인 선수는 많지 않았으며, 아예 없는 경우도 드물지 않았다. 기본적으로는 그 마을에서 태어나고 자란 선수들로 팀을 구성했고, 그 마을 사람들의 응원을 받았다.

그러다 서서히 규모가 커져서 대형 스폰서가 붙고 텔레비전 중계권료도 들어오게 되었다. 1970년대 무렵부터 축구는 급속히 상업화되었지만, 가장 큰 전환점은 뭐니 뭐니 해도 1995년의 보스만 판결이었다. 보스만 판결 이후 유럽 내의 외국인 선수 제한이 철폐되었고, 현재는 사실상 외국인 제한이 사라졌다. 유럽의 축구는 다국적화되어, 자국 선수가 단 한 명도 뛰지 않는 팀도 생겼다. 한편 아틀레틱은 그런 세계화의 흐름과는 정반대 방침을 채택해 왔다. 시대에 뒤처졌다고도 할 수 있을지 모른다. 다만 아틀레틱에는 승리 지상주의와 상업화 속에서 빅 클럽이 잃어버린 것이 아직 남아 있는 것 또한 분명하다.

아틀레틱은 말하자면 바스크 대표팀 같은 존재이다. 리그 득점왕에게 주는 상의 이름이기도 한 피치치 외에도 유명 선수를 다수 배출한 명문 클럽일 뿐만 아니라, 바스크인에 의한 바스크인의 팀이다. 훈련장 직원이 베레모를 쓰고 있는 것도 바스크의 전통이다. 도시라기보다 민족과 그 문화를 상징하는 팀이라 할 수 있다.

비엘사가 그린 '나스카의 지상화'

빌바오의 중심가에서 전철을 타고 20분 정도 가면 아틀레틱의 트레이닝센터인 레사마가 나온다. 유럽에서는 도시 중심부에서 전철을 타고 30분 정도 이동하면 창밖의 풍경이 완전히 달라진다. 빌딩이 사라지고 사람을 볼 수 없다. 그 대신 한가로이 풀을 뜯는 소들이 보이기 시작한다. 레사마가 위치한 곳은 도시가 시골로 바뀌는 경계선 부근으로, 실제로 훈련장 바로 뒤쪽에는 소들이 풀을 뜯고 있었다.

그곳에서 마르셀로 비엘사가 선수들을 지휘하고 있었다. 비엘사 감독은 훈련 현장을 공개하고 싶지 않은 것처럼 보였다. 하지만 아틀레틱은 전통적으로 훈련 현장을 공개하고 있다. 팬과 팀의 거리감이 멀어지지 않게 하기 위해서인 듯하다. 비엘사의 훈련은 세계적으로 유명하기 때문에 팬뿐만 아니라 텔레비전 방송국의 스태프나 저널리스트, 코치 등 각국의 관계자도 100명 정도 와 있었다. 두 개의 필드 사이에 스탠드가 있어서, 그곳에 앉아서 양쪽 필드를 모두 둘러볼 수 있었다. 훈련

할 때 두 필드를 동시에 사용하는 비엘사의 방식을 살펴보기에 딱 좋은 곳이었다.

1시간 정도 체육관에서 땀을 흘린 선수들이 필드에 모습을 드러냈는데, 그 무렵 필드 위에는 '나스카의 지상화'가 완성되어 있었다. 양측면에는 하얀 테이프가 붙어 있었고, 반대쪽에는 폴이 지그재그로 꽂혀 있었다. 다양한 색깔의 컬러콘과 작은 울타리, 커다란 인형…. 스탠드에서 내려다보면 뭔가 기묘한 풍경이었다.

비엘사는 훈련장에서 지낼 정도로 유명한 일 중독자라서 스태프들도 고생이 많다고 한다. 필드에 훈련 시설을 배치하는 것도 큰일인데, 비엘사는 도중에 훈련 내용을 바꿀 때도 종종 있기 때문에 그럴 때마다 시설을 빠르게 철거하고 재배치해야 했다.

비엘사의 훈련은 독특한 분산학습 방식이다. 축구를 125가지 요소로 분해한 다음 그 하나하나를 효율적으로 훈련하기 위해 도구를 사용해 장소를 설정한다. 대인 훈련은 거의 없고 상대가 없는 패턴 훈련이 대부분이었다. 가령 크로스한 공을 슛으로 연결하는 훈련의 경우, 크로스를 찰 때까지의 과정이나 크로스를 차는 장소를 계속 바꿨고 그때마다 골문 앞에 상대 선수와 아군을 가정하고 놓은 공이나 인형의 위치도 바꿨다. 상대 선수를 실제로 붙이지는 않지만 있다고 가정하고 훈련하는 것이다.

한 가지 메뉴에 사용하는 시간은 고작해야 5~10분으로, 훈련이 만

Philosopher **[마르셀로 비엘사(ARG)]**

빌바오 시대에는 훈련장에서 살 정도의 일 중독자였다.

족스럽든 그렇지 않든 정해 놓은 시간이 지나면 메뉴를 바꿨다. 경기에서 한 번 일어나는 현상을 다섯 번 정도 훈련하는 느낌이라고나 할까? 의도가 이해되는 메뉴도 있었지만 무엇을 위해 하는 것인지 잘 이해가 되지 않는 메뉴도 있었다. 훈련 메뉴가 바뀔 때마다 폴을 뽑았다가 다시 다른 장소에 꽂았다. 안 그래도 비가 많이 와서 피치의 상태가 그리 좋지 않은데 이렇게 혹사시킨다면 버티지 못할 것 같았다. 폴이 뽑히면 그라운드키퍼가 즉시 보수 작업을 했다. 비엘사도 잔디를 다시 깔거나 구멍 메우는 일을 거들었다.

마치 흐름 작업을 연상시키는 이 훈련에서 비엘사는 딱히 진두지휘를 하지 않았다. 손에 들고 있는 종이를 이따금 들여다볼 뿐, 코치에게 맡기고 주변을 걸어 다녔다.

이런 일도 있었다. 필드 왼쪽에서 선수들이 위험지역에서 패스를 받기 위한 훈련으로 보이는 메뉴를 소화하고 있었는데, 갑자기 스태프가 반대편에 시설을 배치하기 시작했다. 보아하니 왼쪽에서 하고 있는 훈련을 확대한 느낌의 배치였다. 비엘사는 일단 선수들을 불러 모은 다음 태블릿으로 어떤 동영상을 보여준 뒤 오른쪽으로 이동해 예상했던 대로 왼쪽의 메뉴를 확대한 훈련을 시작했다. 그런데 오른쪽 훈련은 선수 한 명이 시범을 보인 뒤 그대로 종료되었다. 스태프가 서둘러서 배치한 폴과 다른 시설들은 사용되지 않은 채 그대로 철거되었다.

역시 비엘사는 소문대로 '엘 코로(광인)'였다. 그는 축구의 과학자로, 디테일에 대한 집착은 이해가 불가능할 정도다. 기행에 관한 일화도 수 없이 많다. 그러나 이 광인은 동시에 참을 수 없는 매력의 소유자이기도 하다. 언제나 몸과 마음을 다 바쳐서 일한다. 선수들도 처음에는 매

드 사이언티스트의 작품처럼 보이는 훈련 메뉴를 전혀 이해하지 못했다고 한다. 그러나 축구를 분석하고 분해해서 만든 메뉴를 전부 끝마치면 전체 구조가 완성되는 식이라서 그의 훈련을 계속하면 팀 성적이 믿을 수 없을 만큼 발전한다.

2011-12시즌 제12라운드, 아틀레틱은 산 마메스에서 바르셀로나를 상대로 2 대 2 무승부를 기록했다. 바르셀로나의 감독 펩 과르디올라는 그 경기를 "진정으로 훌륭한, 축구에 대한 찬가였다"라고 평했다. 아틀레틱은 전성기의 바르셀로나를 상대로 한 발도 물러서지 않고 호각을 이루며 싸웠다. 또한 유로파리그(EL)와 코파 델 레이는 결승전까지 진출했다. 특히 유로파리그에서 올라오는 도중에 맨체스터 유나이티드를 폭풍처럼 몰아붙여 격파하기도 했다. 비엘사는 한마디로 바스크의 바위를 황금으로 바꾼 연금술사였다.

충성심과 희생정신과 약간의 웃음

비엘사가 수개월 만에 팀을 완전히 바꿔 놓을 수 있었던 요인 중 하나는 대인방어를 통한 수비 전술에 있다. 마크할 선수가 엄밀히 정해져 있는 것은 아니지만, 마주한 상대를 계속 마크하는 것은 다르지 않다. 실제로 예외적으로 마크하는 선수를 인계하는 경우도 있었고 특히 센터백과 앵커의 중앙 부분이 존과 가깝거나 하는 등 세부적인 내용은 상당히 복잡했지만, 간단히 말하면 철저한 대인방어였다.

대인방어는 상대를 마크하는 시점에 자동으로 압박이 가해진다. 이른 시점에 마크하면 전방 압박이 된다. 필드 어디에서나 압박이 가해진다. 일단 압박을 포기하고 철수하는 것이 아니라 상대를 마크하러 쫓아가기 때문에 항상 압박의 강도가 높고, 상대 진영 내에서 공을 빼앗을 때도 많다. 상대의 진영에서 공을 빼앗으면 상대는 수비 진용이 갖춰져 있지 않은 상태이기 때문에 공격이 용이해진다. 90분 동안 마크하고, 공을 빼앗았다면 즉시 조건반사적으로 연습을 통해 익힌 패턴에 따라 공격한다. 선수 개개인의 역량에 차이가 있더라도 이를 상쇄할 수 있는 전법이다. 비엘사의 전법에 휘말린 상대는 숨 돌릴 틈도 없이 분해되고 만다.

체력과 근성이 요구되는 전법이지만, 그렇기에 오히려 바스크인에게는 안성맞춤이었다. 근면하고 하체가 강한 바스크인과 비엘사는 그야말로 찰떡궁합이었다. 애초에 비엘사의 전법은 중위권 정도의 팀을 단숨에 한 등급 위로 끌어올리기 위한 것이다. 다만 실현하기 위해서는 비엘사에 대한 신뢰와 충성심, 팀을 위해 끝까지 최선을 다하는 희생정신이 필수적인데, 그런 요소들이야말로 아틀레틱의 강점이었다.

비엘사 감독은 돈에 움직이지 않는다. 그곳이 어떤 클럽이고, 또 어떤 도시인가를 계약의 중요 조건으로 삼는 모양이다. 사람들이 팀의 성공을 갈망하고 있고 행복해져야 할 사람들이 있는 곳으로 간다. 그리고 시든 나무에서 꽃을 피운다. 아틀레틱뿐만 아니라 마르세유와 리즈도 축구에 대한 열정이 꿈틀거리는 도시다. 클럽에 넘칠 정도의 애정을 쏟아부으면서도 보답을 받지 못하고 있지만, 그럼에도 대가 없는 사랑을 바치는 사람들이 있는 도시다.

다만 비엘사 감독에게 한 시즌은 조금 긴 시간인지도 모른다. 강도 높은 스타일은 어떤 상대와도 맞붙을 수 있는 힘이 되지만, 자신들에게도 상처를 입히고 만다. 기력이 너무 빨리 다하기 때문이다. 유로파

Philosophy **[행복 청부사]**

비엘사는 대가 없는 사랑을 바치는 사람들이 있는 도시에서 지휘봉을 잡았다.

리그 결승전에서는 아틀레티코 마드리드에 패했고, 코파 델 레이에서도 바르셀로나에 무릎을 꿇었다. 리그에서도 한때 파죽지세로 치고 나갔지만 결국 10위로 마무리했다.

비엘사는 우승 청부사가 아니다. 모든 것이 갖춰져 있는 팀을 당연하다는 듯 우승으로 이끄는 데는 그다지 흥미가 없어 보인다. 그 대신 '행복 청부사'이기는 하다. 유로파리그 결승전에서 패한 뒤, 비엘사는 돌아오는 버스 안에서 이렇게 연설했다. 조금 길지만 인용하고 싶다. 그는 버스 안에서 웃고 있는 선수들이 있는 것을 보고 "용납하기 어려운 일인데"라면서 말을 꺼냈다.

"만약 자네들이 나를 따르지 않거나, 내 마음을 느끼지 못했거나, 내 생각에 수긍하지 않아서 팀 내에 균열이 생겼다면 내가 책임을 느낄 필요 따윈 없겠지. 하지만 전부 반대였어. 모두가 내 프로젝트를 지지해줬지. 그래서 나는 누구에게도 아무런 불만을 품고 있지 않아. 하지만 자네들에게 자네들의 미래를 위해 이 말은 꼭 해야겠어. 자네들은 거리의 사람들을 실망시켰어. 실망시켜서는 안 되는 사람들을 실망시켰다고. 그 사람들을 실망시키지 않기 위해 필요했던 건 타이틀이 아니야. 분명히 말하지. 어제 나는 패배를 두려워하지 말고 승리를 위해 플레이하자고 말했어. 하지만 우리는 그러지 않았어. 자네들은 아직 젊어. 젊은 나이에 부자가 된 자네들은 아무것도 신경 쓰지 않고 살 수도 있겠지. 그러니까 웃고 있는 거야."

비엘사가 말하는 '실망시켜서는 안 되는 사람들'은 '아무런 걱정 없이 살 수 있는' 사람들이 아니다. 아틀레틱이 결승전에서 패하자 크게 실망하고 웃음을 잃은 사람들이다. 물론 승부는 하늘이 정하는 것이

기도 하다. 다만 그런 사람들에게 보답하려 노력하는 자세는 보여줘야 했다고 '광인'은 호소한 것이다.

다음 시즌, 훈련장 보수 공사가 늦어진 것이 발단이 되어 비엘사는 아틀레틱을 떠났다. 그는 어떤 디테일도 소홀히 하지 않는다. 라치오에서는 약속이 다르다며 이틀 만에 사임했다.

한때 서로를 사랑했던 비엘사와 아틀레틱의 관계도 허무하게 파탄을 맞이했다. 이 또한 축구의 현실이지만, 이만큼 서로를 필요로 했던 관계도 그리 많지는 않을 것이다.

History of
Athletic Bilbao
[아틀레틱 빌바오 연표]

마르셀로 비엘사의 지휘 아래 유로파리그와 코파 델 레이 결승전에 진출한 2011-12시즌은 틀림없이 아틀레틱 빌바오의 정점이었다.

1910 년대
▶ **코파 델 레이 2회 연속 우승**

[주요 선수]
피치치(ESP)

1940~1960 년대
▶ **하부 기관의 충실화**

[주요 선수]
텔모 사라(ESP)/호세 루이스 파니조(ESP)/라파엘 이리온도(ESP)/베난시우 페레스(ESP)/아구스틴 게인자(ESP)/호세 앙헬 이리바르(ESP)

1980 년대
▶ **라리가 우승**

[감독]
하비에르 클레멘테(ESP)

[주요 선수]
산티아고 우르키아가(ESP)/미겔 데 안드레스(ESP)/이스마엘 우르투비(ESP)/에스타니슬라오 아르고테(ESP)/안도니 수비사레타(ESP)/마누엘 사라비아(ESP)/다니(ESP)/안도니 고이코에체아(ESP)

1990 년대
▶ **암흑시대**

[감독]
루이스 페르난데스(FRA)

[주요 선수]
비센테 리자라주(FRA)/이스마엘 우르사이스(ESP)/호세 마리(ESP)/호세바 에체베리아(ESP)/라파엘 알코르타(ESP)/훌렌 게레로(ESP)

2000 년대 ~ 현재
▶ **유로파리그 준우승**

[감독]
에르네스토 발베르데(ESP)
호아킨 카파로스(ESP)
마르셀로 비엘사(ARG)

[주요 선수]
하비 마르티네스(ESP)/마르켈 수사에타(ESP)/오스카 데 마르코스(ESP)/페르난도 요렌테(ESP)/이케르 무니아인(ESP)/프란시스코 예스테(ESP)

'항구 도시 클럽'의 철학

I

리버풀

특권 계급을 만들지 않는
평등한 하드워킹 방식

리버풀 FC

Liverpool Football Club

창단 년도	1892년
회장(소유자)	톰 워너(USA)
본거지	잉글랜드 리버풀
홈구장	안필드(수용 인원 54,074명)
메인스폰서	Standard Chartered: 은행금융그룹(ENG)
우승 기록	리그 19회 / 컵 7회
	리그컵 8회 / 챔피언스리그 6회
	유로파리그&UEFA컵 3회
	클럽 월드컵 1회

역대 감독(최근 10시즌)

2010–2011	로이 호지슨(ENG) / 케니 달글리시(SCO)
2011–2012	케니 달글리시(SCO)
2012–2013	브랜든 로저스(NIR)
2013–2014	브랜든 로저스(NIR)
2014–2015	브랜든 로저스(NIR)
2015–2016	브랜든 로저스(NIR) / 위르겐 클롭(GER)
2016–2017	위르겐 클롭(GER)
2017–2018	위르겐 클롭(GER)
2018–2019	위르겐 클롭(GER)
2019–2020	위르겐 클롭(GER)

'빅클럽과 경쟁하지 않는' 강화 방침

1970년대 후반부터 1980년대까지 리버풀은 잉글랜드 최강의 클럽이었다. 1980년대 10시즌 동안 리그 우승 6회를 차지했고, 1970년대에도 5회의 우승을 차지했다. 20년 동안 11회로 절반 이상을 우승한 것이다. 또한 유러피언컵에서도 1976-77, 1977-78, 1980-81, 1983-84시즌에 우승을 차지했다. 이 시기의 리버풀은 잉글랜드 최강의 클럽인 동시에 유럽 최강의 클럽이기도 했다.

그런데 리버풀은 이 전성기에 두 가지 커다란 비극을 겪었다. 헤이젤 참사와 힐스버러 참사가 그것이다. 1984-85시즌 유러피언컵 결승전(대 유벤투스)은 '헤이젤 참사'로 더 알려져 있다. 벨기에의 헤이젤 스타디움에서 일어난 폭동이 발단이 된 사고로 39명이 사망하고 600명 이상이 부상을 입은 대참사였다. '훌리건'으로 불리던 당시 잉글랜드의 서포터는 국제적인 문제로 부상했고, 이 사건 때문에 리버풀은 7년간 UEFA

주최 경기 출장 정지 처분을 받았다.

1989년에는 96명이 사망하고 766명이 부상을 입은 '힐스버러 참사'가 일어났다. 이때 사망한 사람 중에는 훗날 클럽의 상징적 선수가 되는 스티븐 제라드의 사촌도 포함되어 있었다. 케니 달글리시 감독은 이 참사의 영향으로 건강이 나빠져 결국 사임하고 만다.

유럽에서 열리는 국제 대회에 참가하지 못하고 경기장도 보수에 들어간 리버풀은 1989-90시즌을 마지막으로 리그 우승을 하지 못하며 점차 전성기의 힘을 잃어 갔다. 여전히 프리미어리그의 강호이기는 했지만, 맨체스터 유나이티드에 맹주 자리를 내줬을 뿐만 아니라 첼시와 아스날에도 뒤처지게 되었다. 2004-05시즌에는 챔피언스리그 우승을 차지했지만, 1992년에 출범한 프리미어리그에서는 단 한 번의 우승도 하지 못했었다. 그러다가 2019-20시즌이 되어서야 30년 만에 리그 우승을 거머쥔다. 그 주역은 누가 뭐래도 위르겐 클롭 감독이다.

리버풀은 그전에도 명성을 날리던 감독들이 맡곤 했다. 프랑스 국가대표팀 감독을 역임한 제라르 울리에는 2000-01시즌에 FA컵과 리그컵, UEFA컵 3관왕을 차지했고, 라파엘 베니테즈는 염원하던 리그 우승 코앞까지 갔었다. 클롭 감독은 이들을 넘어서 챔피언스리그와 리그 우승에 성공했다. 그가 전임 감독들과 다른 점은 팀을 단계적으로 강화하는 방법을 갖고 있었다는 점이다. 그는 분데스리가에서도 비슷한 방법으로 성과를 냈었다.

Philosophy [두 차례의 참사]

클럽의 절정기에 '헤이젤 참사'와 '힐스버러 참사'를 겪었다.

클롭 감독이 이끌던 보루시아 도르트문트는 바이에른 뮌헨 1강 체제였던 분데스리가에서 선풍을 불러일으킨 바 있다. 팀 전력이나 보강 예산 모두 바이에른의 상대가 되지 못한 다른 클럽들 사이에서 도르트문트가 바이에른과 겨룰 만큼 힘을 얻는 과정은 리버풀의 사례와 매우 유사했다.

클롭은 '제2의 바이에른 뮌헨'이 되려고 하지 않았다. 바이에른과는 다른 축구를 지향하면서 다른 전술을 사용했다. 기본적으로는 현재의 리버풀과 같은 전술이다. 바이에른과 똑같은 스타일을 지향하면 선수 영입을 놓고 바이에른과 경쟁해야 하는데, 그래서는 자금력이 월등히 뛰어난 바이에른의 상대가 되지 못한다. 잘해야 바이에른의 2군 같은 팀이 될 뿐이다. 그래서 클롭은 바이에른과 경쟁할 필요가 없는 유형의 선수를 영입했다. 그가 고른 선수는 그다지 유명하지는 않지만 야심이 있고 발이 빠른 젊은 선수였다. 발이 빠른 선수는 기술이 뛰어난 선수에 비해 시장 가치가 그다지 높지 않다. 따라서 바이에른이 경쟁에 뛰어들지 않을 가능성이 높다. 도르트문트는 주력이 좋은 젊은 선수를 영입해서 그 주력을 적극적으로 활용하는 스타일로 바이에른에 대항했다.

프리미어리그는 분데스리가의 바이에른에 해당하는 맨체스터 유나이티드 외에도 중동 자금으로 급성장한 맨체스터 시티나 첼시, 아스날, 토트넘 홋스퍼 등 만만치 않은 강팀들이 즐비한 리그이자 전 세계의 스

Philosophy **[제2의 강화 방침]**

정점에 있는 클럽과 경쟁할 필요가 없는 선수를 영입해 성장한다.

타플레이어들이 집결하는 곳이기도 하다. 클롭 감독은 그런 상황에서도 도르트문트 시절처럼 경쟁할 필요가 없는 선수를 영입해 갔다. 그리고 정점에 있는 클럽과 똑같은 강화 방침을 채택하지 않은 것이 팀의 성장으로 이어졌다.

클롭 감독은 취임 후 사디오 마네, 조르지니오 바이날둠, 조엘 마티프를 보강했고, 2017-18시즌에는 모하메드 살라, 앤드류 로버트슨, 앨릭스 옥슬레이드 체임벌린을 영입했다. 지금은 모두 팀의 중심이 된 선수들이지만, 당시에는 아직 스타플레이어가 아니었다. 또한 쿠티뉴를 바르셀로나로 보내고 버질 반 다이크를 영입했다. 다른 빅클럽과 경쟁하지 않으면서도 팀 전술에 맞는 선수들을 착실히 갖춰 나간 것이다.

질서의 파괴와 혼돈의 도입

클롭 감독이 이끄는 리버풀 전술의 중심축은 롱패스와 전방 압박(게겐 프레싱)이다. 최대한 빨리 상대의 골문에 다가가는 수단으로 롱패스를 사용한다. 포워드인 모하메드 살라와 호베르투 피르미누, 사디오 마네는 모두 준족이고 1 대 1에 강하며, 세 명이 빠르게 연계해 슛까지 연결하는 조직력도 갖추고 있다. 현재 세계 최고의 스리톱이라 할 수 있다.

이 스리톱의 개인기를 살리려면 가급적 공간이 있을 때 공을 보내는 것이 상책이다. 아무리 세 선수가 뛰어나더라도 상대가 라인을 내려서 공간을 없앤 뒤에는 수비진을 무너뜨리기가 쉽지 않다. 롱패스를 사용해 세로로 빠르게 공격하는 것이 포워드의 능력을 최대한 활용한다는 의미에서도 이치에 맞는 전법이다.

롱패스는 숏패스보다 정확도가 떨어지기 때문에 패스를 차단당해

상대에게 공을 빼앗기는 경우도 종종 생긴다. 하지만 리버풀은 예상 범위 안에 있는 일이라고 보고 신경 쓰지 않는다. 먼저 상대 진영으로 공을 보내고, 차단당하더라도 세컨드 볼을 줍거나 즉시 압박을 가해 공을 되찾는다. 일단 빼앗았던 공을 금방 다시 빼앗긴 상대는 수비 태세를 제대로 갖추지 못한다. 공격할 때는 상대로부터 멀어져야 하는데, 이 상황에서 다시 수비로 전환하려면 포지션이 무너지기 때문이다. 공격과 수비는 있어야 할 포지션이 반대이기에 공을 빼앗은 직후에 다시 빼앗기면 타격이 크다. 따라서 롱패스는 직접적인 공격뿐만 아니라 공을 빼앗긴 뒤에 시작되는 전방 압박의 복선으로도 기능한다.

롱패스의 질도 높다. 반 다이크, 트렌트 알렉산더-아놀드, 로버트슨 그리고 골키퍼인 알리송 베커는 롱킥의 비거리가 길고 정확도도 높아서, 달려 나가는 포워드의 코앞으로 공을 보내준다. 옆에서 함께 달린 상대 수비수가 헤딩으로 차단하더라도 공을 멀리 튕겨내지는 못하며, 스리톱의 압력이 있기 때문에 동료에게 정확하게 보내는 것도 쉬운 일이 아니다. 설령 보냈더라도 즉시 리버풀의 미드필더가 공을 빼앗기 위해 달려든다. 리버풀의 미드필더는 공을 빼앗는 솜씨가 일품이며, 세컨드 볼을 회수하는 솜씨도 뛰어나다. 조던 헨더슨, 바이날둠, 옥슬레이드 체임벌린, 파비뉴, 나비 케이타 등은 모두 운동량이 풍부하고 볼 다툼에도 강하다. 공을 빼앗기지 않는 기술도 좋은, 공을 사냥하기 위한 인재다.

Philosophy **[롱패스]**

최대한 빨리 상대의 골문에 다가가는 것이 리버풀의 장기다.

롱패스와 전방 압박의 순환이 리버풀의 리듬이다. 상대에게 생각할 시간을 주지 않고, 공수의 질서를 잡지 못하게 한다. 리버풀이 의도하는 것은 질서의 파괴와 혼돈의 도입이며, 그렇게 되었을 때 위력을 발휘하는 인재를 모아서 훈련시키고 있다. 어떤 의미에서는 공격과 수비 사이에 경계선이 없다. 상대 진영으로 롱패스를 차 넣은 순간부터 수비가 시작되며, 전방 압박은 좀 더 효과적인 공격을 위한 작업이 된다. 리버풀은 이 리듬에 익숙하지만 상대는 그렇지 않다는 것이 리버풀에 큰 이점으로 작용한다.

예를 들어 사이드백인 로버트슨이나 알렉산더-아놀드는 동료가 공을 완전히 빼앗기도 전에 최전선으로 달려 나가는 경우도 있다. 아직 어느 쪽 공이 될지 알 수 없는 상황에서 앞으로 달려 나가는 것은 리스크가 큰 행동이다. 만약 상대의 공이 되었다면 자신의 포지션에 구멍이 뚫리기 때문이다. 그러나 동료가 공을 빼앗는다면 일찍 움직이기 시작한 만큼 찬스가 나올 가능성이 더 커진다. 그렇다면 리스크는 어떻게 줄여야 할까? 간단하다. 공을 빼앗겼다면 원래 위치로 돌아가면 된다. 전속력으로 올라갔다가 전속력으로 되돌아간다. 지극히 단순하지만, 공수의 경계를 긋지 않고 생각하는 습관을 갖고 있지 않다면 불가능한 행동이다.

롱패스와 전방 압박의 순환이 리버풀의 리듬이고, 그 리듬이 잘 만들어졌을 때 대항할 수 있는 팀은 전 세계적으로도 많지 않다고 할 수 있다. 그러나 리듬이 잘 맞지 않을 때도 당연히 생긴다. 아무리 리버풀이라 해도 90분 내내 똑같은 강도의 플레이를 계속하는 것은 불가능하고, 그래서도 안 된다. 롱패스+전방 압박이 리버풀다운 리듬이기는 하지만,

리버풀은 그렇지 않을 때의 '감춰진 얼굴'도 착실히 준비하고 있다.

2019-20시즌의 리버풀은 볼 점유형 패스워크를 도입했다고 평가받는다. 상대가 라인을 내려서 수비할 때의 대처법 중 하나다. 상대가 라인을 내려서 공간이 없어지면 롱패스의 효과가 반감되기 때문에 당연히 숏패스로 연결하면서 공격해야 하지만, 리버풀은 맨체스터 시티나 바르셀로나를 지향하는 팀이 아니다. 상대가 라인을 내렸을 경우 리버풀은 상대 수비 블록 앞쪽에서 패스를 돌린다. 그러나 수비 블록 안쪽으로 공격해 들어가는 일은 별로 없고, 오히려 주의 깊게 U자를 그리며 패스를 돌린다. 상대의 수비를 무너뜨리기 위해 패스워크를 하는 것이 아니라 상대를 끌어내기 위해 패스를 연결한다. 실제로 상대가 앞으로 나오더라도 그 순간 파고들기보다는 백패스로 도망칠 때가 많다. 때로는 골키퍼한테까지 공을 뺀다. 이런 빌드다운으로 상대가 수비 라인을 올리면 즉시 롱패스를 해서 평소의 리듬으로 이끌고 간다. 다시 말해 리버풀이 볼 점유 스타일로 변화한 것이 아니라 상대를 끌어내 공간을 비우기 위한 방편으로 공을 점유하는 것이다.

압박을 받으면 점점 더 뒤로, 심지어 골키퍼에게 공을 보내는 이유는 '차는' 것이 목적이기 때문이다. 공을 연결하는 것이 아니라 차는 것이 목적이라서 롱패스를 찰 수 있는 여유가 있는 위치까지 뒤로 보내는 것이다.

리버풀의 패스워크와 빌드업 수준은 결코 낮지 않다. 다만 볼 점유형

[전방 압박]

전방 압박과 롱패스의 순환은 리버풀만의 독특한 리듬이다.

인 바르셀로나나 맨체스터 시티, 레알 마드리드, 바이에른 뮌헨 등에 비해 기술이나 전술이 충분하지 않다고 할 수 있다. 빌드업으로 상대의 전방 압박을 완전히 벗겨낼 수 있을 만한 충분한 기술을 보유하고 있지 않으며, 그러기 위한 시스템도 갖추지 못했다. 아니, 애초에 그럴 생각이 없는 팀이다.

다만 세로로 공을 찰 수 없을 때의 우회로는 갖고 있다. 사이드백에서 사이드백으로 측면을 크게 전환하는 것이다. 알렉산더-아놀드와 로버트슨은 반대편 사이드백에게 공을 보낼 수 있을 정도의 강력한 킥력을 보유하고 있다. 전방 압박은 공 주변에 사람을 집중시켜서 빼앗는 수비 전술이기 때문에 공과 반대쪽 측면의 사이드백에게는 일단 마크가 붙지 않는다. 따라서 단번에 그곳으로 공을 보내면 상대는 후퇴하면서 수비 진용을 재정비할 수밖에 없다. 가령 좌측의 로버트슨에서 우측의 알렉산더-아놀드로 패스가 연결되면 알렉산더-아놀드는 자유로운 상태로 20~30미터를 드리블하며 공을 운반할 수 있다. 사이드백끼리의 스케일이 큰 측면 전환은 리버풀다운 전방 압박 회피 방법이다.

'혼전'만 있는 것이 아닌 강력함

종 패스가 나온 순간부터 전방 압박을 가동시키는 것이 리버풀의 특징이다. 상대가 공을 완전히 확보했다면 무턱대고 돌진한다고 해도 공을 쫓아다니기만 할 뿐이다. 또한 롱패스 이후에는 진용이 느슨해지기 쉬우며, 그러다가 상대의 역습을 제대로 얻어맞을 수도 있다. 그래서 리버풀은 전방 압박이 효과적이 아닐 때의 수비 방법도 준비해 두었다.

공이 상대 진영에 있지만 전방 압박이 쉽지 않은 상황에서는 스리톱이 페널티 에어리어 폭 정도로 나란히 서서 라인을 만들고, 그 뒤에 같은 폭으로 미드필더 세 명이, 다시 그 뒤로는 포백이 자리를 잡는 방식이다. 이때 윙어의 수비 방식이 눈에 띈다. 윙어인 살라와 마네는 바깥쪽으로의 패스 코스를 차단하는 포지션을 잡게 된다. 예를 들어 상대의 좌측 센터백이 공을 가지고 있다면 우측 윙어인 살라는 센터백이 대각선 왼쪽 방향으로 패스하는 코스를 차단하는 역할을 한다. 따라서 상대의 좌측 사이드백이 자유롭더라도 그곳으로는 패스를 연결할 수 없다. 사이드백이 내려가면 패스할 수도 있지만, 그럴 경우에는 살라가 공과 함께 이동하면서 사이드백의 앞에 설 수 있다. 만약 사이드백이 앞쪽으로 달리면 그곳은 리버풀의 우측 사이드백(알렉산더-아놀드)이 수비하는 지역이다.

바깥쪽으로 연결하는 패스를 차단하는 수비를 하면 중앙으로 연결하면 되는 게 아닌가 생각할 수 있지만, 그곳에도 공을 빼앗는 능력이 뛰어난 미드필더가 기다리고 있다. 게다가 미드필더가 공을 빼앗는다면 스리톱을 최전선에 남겨놓고 있는 리버풀은 효과적인 단거리 역습을 시도할 수 있다.

다만 빌드업이 우수한 팀은 중앙에서 패스를 받자마자 원터치로 패스해 바깥쪽으로 연결시키기도 한다. 그러면 자유로운 상태로 기다리고 있는 사이드백에게 공이 가고, 그곳을 기점으로 공격이 전개된다. 이럴 경우 일단 미드필더 세 명이 공 방향으로 이동해 대처하지만, 계속 이런 식으로 공이 연결될 때는 스리톱 중 한 명을 내려 4-3-3에서 4-4-2로 변화시킨다. 이것이 이른바 제2단계다. 수비 블록은 조금 낮아지지만 미드필더 네 명이 가로폭을 커버할 수 있기 때문에 안정감은 높아진다.

제3단계는 포워드를 한 명 더 내린 4-5-1이다. 톱에 남는 선수는 센터포워드인 피르미누가 아니라 살라다. 4-5-1은 4-4-2보다 더 자신의 진영과 가까운 쪽에 블록을 쌓는 형태가 된다. 상대가 라인을 높이는 것을 허용하지만, 반대로 역습은 용이해진다. 따라서 최전선에는 가장

스피드가 뛰어난 살라를 남기고 수비력이 좋은 피르미누를 미드필더의 측면으로 이동시키는 것이다.

리버풀은 리드하고 있을 때 4-4-2 혹은 4-5-1로 이행해 수비적으로 전환하는 경우가 적지 않다. 90분 동안 전방 압박을 하기는 힘들고, 이를 시즌 내내 유지하는 것도 체력이 많이 필요한 일이다. 그래서 자신들이 잘하는 리버풀 스타일의 전법이 있지만 그렇지 않을 때의 전법도 준비해 놓고 있는 것이다.

클롭 감독은 도르트문트를 7시즌 동안 지휘하면서 3년차와 4년차에 2연속 분데스리가 우승을 차지했고, 5년차에는 챔피언스리그 준우승을 달성하며 황금시대를 구축했다. 그러나 7년차에 리그 7위를 기록하자 해임되고 만다. 한때 강등권까지 순위가 떨어질 만큼 고전한 시즌이었다. 이렇게 갑작스럽게 추락한 것은 에이스 스트라이커 로베르토 레반토프스키를 라이벌인 바이에른에 빼앗긴 탓이 크다. 롱패스의 주 타깃이었던 레반토프스키가 빠지자 롱패스는 쉽게 차단당했고, 그 결과 팀의 간판 전술인 롱패스와 전방 압박의 순환이 단절되고 말았다. 도르트문트의 전술을 분석한 다른 팀들이 라인을 낮추고 수비를 단단히 하면서 예상치 못한 패배가 많아진 이유도 있다.

공간이 사라지면 공격의 위력이 반감하는 것은 과거 3시즌의 리버풀에서도 마찬가지였지만, 레반도프스키만이 타깃이었던 도르트문트 때와 달리 리버풀에는 살라와 마네, 피르미누 세 명이 타깃인 까닭에

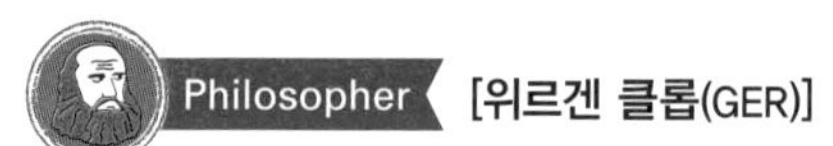

[위르겐 클롭(GER)]

압박이 효과적이 아닐 때의 수비 전술도 준비하는 책사.

롱패스의 위력을 유지할 수 있었다. 이 뿐만 아니라 미드필더진이나 전체 선수들의 수준도 높았기 때문에 큰 부진에 빠지는 일이 없었다. 여기에 피르미누의 '가짜 9번' 역할처럼 상대가 라인을 내렸을 때 효과적으로 공략하기 위한 아이디어도 추가되었다.

본래 혼전을 중심으로 하는 전술인데다, 심지어 혼전을 잘하는 팀도 많은 프리미어리그에서 예상치 못한 패배를 당하는 일이 거의 없어진 이유는 앞에서 이야기했듯이 곤란할 때의 대책도 갖춰 놓은 덕분일 것이다.

정신적 사회주의자

4-4-2 포메이션에서 미들 지역을 압박하는 전술은 분데스리가 시절부터 클롭 감독이 펼치는 수비 전술의 기반이었다. 클롭 감독은 감독 또는 스포츠 디렉터로서 샬케와 호펜하임, 레드불 잘츠부르크, RB 라이프치히를 지휘한 랄프 랑닉의 영향을 받았다.

랑닉 역시 1980년대 말부터 밀란을 이끌었던 아리고 사키 감독의 전술에서 큰 영향을 받았다. 사키의 4-4-2를 기반으로 한 강도 높은 수비 전술은 '프레싱(압박)' 또는 '존 프레싱(지역 압박)'으로 불리며 한 시대를 풍미했다.

사키의 압박은 수비 라인을 극단적으로 높은 위치에 두고 포워드부

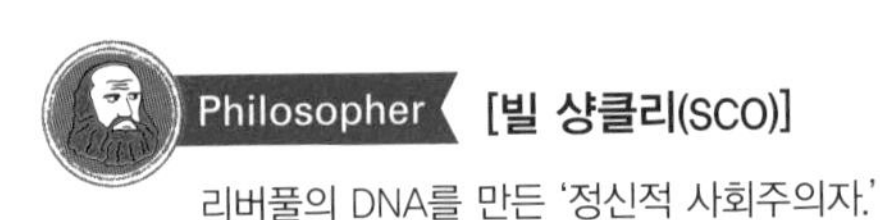

[빌 샹클리(SCO)]

리버풀의 DNA를 만든 '정신적 사회주의자.'

터 수비수까지의 거리를 좁힘으로써 수비의 강도를 높이는 것으로, 수비의 개혁을 공격력 증강으로 직결시켰다는 점에서 현재 리버풀의 원류였다고 할 수 있다.

그런데 좀 더 거슬러 올라가면 사키가 1980년대의 리버풀로부터 커다란 영향을 받았음을 알 수 있다. 사키는 자신이 아이디어를 얻은 원천으로 '1950년대의 부다페스트 혼베드(헝가리), 1970년대의 아약스(네덜란드), 1980년대의 리버풀'을 꼽았는데, 형태의 측면에서는 가장 최근의 팀인 리버풀을 그대로 복제했다.

빌 샹클리 감독의 리버풀은 기존 선수들의 개성에 맞춰 역할을 할당하는 것이 아니라 필드를 구획 짓고 각 지역에서 공격과 수비를 담당하는 형태를 만들었다. 기존에는 미드필더에게 플레이메이커, 공격형 미드필더, 수비형 미드필더 같은 역할을 분담시켰는데, 리버풀은 우측, 좌측, 중앙 우측, 중앙 좌측으로 플레이 지역을 나눠서 공격과 수비를 부담시켰다. 플레이메이커니까 수비를 하지 않아도 되는 축구가 아니라, 모든 선수가 자신이 맡은 지역에서 공격과 수비 양쪽에 모두 책임을 졌다. 어떤 의미로는 기계적이지만, 철저한 평등 시스템이라는 측면에서는 획기적인 시도였다.

당시의 잉글랜드는 전통적으로 탄광(울버햄튼 원더러스)이나 항만(에버튼) 지역 팀이 강했다. 다시 말해 축구는 노동자 계급의 스포츠였으며, 팀에서 특권 계급을 만들지 않고 평등하게 땀을 흘리며 하드워킹을 하는 방식과 잘 맞았다고 생각한다. 이런 시스템을 만든 샹클리는 자신을 '정신적 사회주의자'라고 말했다.

샹클리에서 밥 페이즐리, 조 페이건으로 계승된 리버풀은 앞에서 이

야기했던 황금시대를 구축했는데, 그 DNA는 뜻밖에도 클롭에게로 계승되었다. 리버풀의 서포터들이 클롭을 이렇게까지 지지하는 이유 중 하나는 그들을 감동시키는 것을 구현하는 지휘관이기 때문이다.

샹클리는 안필드의 라커룸에서 필드로 이어지는, 보기 싫어도 볼 수 밖에 없는 장소에 한 문장이 적힌 플레이트를 박아 넣었다.

THIS IS ANFIELD

안필드는 '사자의 소굴'로 평가받는 박력 만점의 경기장이다. 서포터들의 뜨거운 열정에 부응하는 뜨거운 플레이가 상대팀을 두려움에 떨게 만들고, 리버풀 선수들에게 용기를 북돋아준다. 강할 뿐만 아니라 격렬하고 거친, 클롭의 말을 빌리면 '헤비메탈'적인 플레이 스타일이야말로 안필드에 어울리는 플레이다.

샹클리는 어느 날 팀의 유니폼을 상의부터 하의까지 전부 새빨갛게 물들이기로 결정하고, 그 모습을 회장에게 보여주며 이렇게 말했다고 한다.

"어떻습니까? 무시무시하지요?"

상대를 떨게 만드는 리버풀은 록보다는 헤비메탈적인 뜨거운 플레이 스타일이 잘 어울린다.

History of
Liverpool
[리버풀 연표]

1970년대 후반부터 1980년대에 걸쳐 유러피언컵을 4회 우승한 것에서 알 수 있듯이, 이 시기의 리버풀은 유럽 최강이었다.

1950~60 년대
▶ 절정기를 거친 뒤 2부 리그 강등

[감독]
빌 샹클리(SCO)

[주요 선수]
로저 헌트(ENG)/이안 캘러한(ENG)/고든 밀른(ENG)/레이 클레멘스(ENG)/존 토샥(WAL)

1970~1980 년대
▶ 유럽 최강 시대

[감독]
밥 페이즐리(ENG)
조 페이건(ENG)
케니 달글리시(SCO)

[주요 선수]
케빈 키건(ENG)/케니 달글리시(SCO)/그래엄 수네스(SCO)/이안 러시(WAL)/마크 로렌슨(IRL)/브루스 그로벨라(ZIM)/존 올드리지(IRL)/존 반스(ENG)/피터 비어슬리(ENG)/앨런 핸슨(SCO)/필 닐(ENG)/데이비드 페어클러프(ENG)

2000 년대
▶ 프리미어리그만 우승하지 못하다

[감독]
제라르 울리에(FRA)
라파엘 베니테즈(ESP)

[주요 선수]
제이미 캐러거(ENG)/스티븐 제라드(ENG)/디트마 하만(GER)/마이클 오언(ENG)/사비 알론소(ESP)/피터 크라우치(ENG)/해리 키웰(AUS)/사미 히피아(FIN)/로비 파울러(ENG)/페르난도 토레스(ESP)

2010 년대 ~ 현재
▶ 챔피언스리그 우승/프리미어리그 제패

[감독]
브랜든 로저스(NIR)
위르겐 클롭(GER)

[주요 선수]
모하메드 살라(EGY)/호베르투 피르미누(BRA)/사디오 마네(SEN)/버질 반 다이크(NED)/트렌트 알렉산더-아놀드(ENG)/앤드류 로버트슨(SCO)/알리송 베커(BRA)/조던 헨더슨(ENG)/조르지니오 바이날둠(NED)/앨릭스 옥슬레이드 체임벌린(ENG)/파비뉴(BRA)/나비 케이타(GUI)/아담 랄라나(ENG)/조엘 마티프(CMR GER)

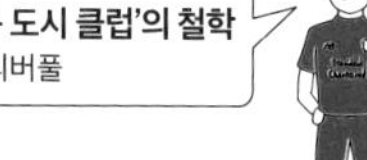

'항구 도시 클럽'의 철학

II

나폴리

축구 신동도 매료시킨 열정과 반항심

SSC 나폴리

Società Sportiva Calcio Napoli.

창단 년도	1926년
회장(소유자)	아우렐리오 데 라우렌티스(ITA)
본거지	이탈리아 나폴리
홈구장	산 파올로(수용 인원 55,000명)
메인스폰서	Lete: 음료수 회사(ITA)
	MSC 크루즈: 크루즈 회사(ITA)
우승 기록	리그 2회 / 컵 6회 / 유로파리그&UEFA컵 1회

역대 감독(최근 10시즌)

2010–2011	왈테르 마자리(ITA)
2011–2012	왈테르 마자리(ITA)
2012–2013	왈테르 마자리(ITA)
2013–2014	라파엘 베니테즈(ESP)
2014–2015	라파엘 베니테즈(ESP)
2015–2016	마우리치오 사리(ITA)
2016–2017	마우리치오 사리(ITA)
2017–2018	마우리치오 사리(ITA)
2018–2019	카를로 안첼로티(ITA)
2019–2020	카를로 안첼로티(ITA) / 젠나로 가투소(ITA)

목소리가 크고 정력 넘쳐 보이는 나폴리인

살아 있는 동안 한 번쯤은 나폴리에 가 봐야겠다고 생각하고 있지만, 아직 한 번도 가 본 적이 없다. 지금까지 취재를 위해 전 세계의 수많은 도시를 방문했기 때문에 사람들은 내가 여행을 좋아한다고 생각하는데, 사실 나는 집 밖으로 나가는 것을 별로 좋아하지 않는다. 일 이외의 순수한 해외여행은 거의 한 적이 없다.

이탈리아 방문도 거의 북부 도시에 집중되었다. 밀라노나 토리노는 여러 번 갔다 왔지만, 남쪽으로는 로마까지만 가 봤다. 로마는 두세 번 정도 갔다. 사실 남쪽이라기보다는 한가운데이지만, 그래도 북부와는 조금 분위기가 달랐다. 중앙역을 나오는데 어떤 글씨가 적힌 종이 상자를 든 사람이 많이 보였다. "돈을 적선해 주세요"라고 적혀 있는 모양이었다. 그런데 동행하던 베테랑 카메라맨이 종이 상자를 툭 치고 지나가는 게 아닌가.

"왜 친 거야?"

"그게 말이야, 멈춰 서서 돈을 주려고 하면 상자 밑으로 손을 빼서 지갑을 훔쳐 가거든."

다 알고 있으니 허튼 수작 하지 마라는 경고를 한 것이었다. 한번은 집시에게 둘러싸인 적도 있었다. 신호를 기다리고 있는데 하늘하늘한 옷을 입은 아주머니들이 나를 둘러싸더니 몸을 만졌다. '큰일 났다. 이러다 소매치기 당하겠어.' 이런 생각이 든 나는 신호도 무시하고 경보를 하듯이 빠르게 걸어서 뿌리치는 데 성공했다. 그래도 굉장히 기분이 나빴다. 둘 다 1990년대에 경험했던 이야기이고 현재는 다를 것이라 생각한다. 다만 대체로 남쪽으로 갈수록 가난하고 치안도 나빠지는 경향은 이탈리아에만 국한된 것은 아니었다.

로마가 그랬으니 남부의 나폴리는 더 심할 거라고 생각했던 것도 맞다. 그렇다고 그것이 나폴리에 가지 않았던 이유는 아니다. 단순히 일이 없었을 뿐이다. 일이 있을 때는 더 치안이 나쁜 곳에도 갔다. 1980년대 말이었다면 나폴리에 갈 일이 있었겠지만, 그 무렵에는 아직 이 일을 하고 있지 않았기 때문에 갈 기회가 없었던 것이다.

그 시기, 디에고 마라도나가 있을 때 이 일을 했다면 나폴리에 갔을 것이다.

나폴리는 간 적이 없지만, 나폴리 사람들이라면 본 적이 있다. 비야레알에 온 나폴리 사람들은 내가 상상했던 바로 그 모습이었다. 모두

[나폴리를 보고 나서 죽어라]

나폴리 만 일대의 아름다움을 강조한 이탈리아의 속담.

목소리가 컸고, 왠지 정력이 넘쳐 보이는 얼굴이었다. 개인적으로 생각하는 '나폴리 얼굴'의 전형은 클라우디오 젠틸레인 것 같다. 그는 이탈리아가 1982년 월드컵에서 우승했을 때 에이스 킬러로 활약했다. 하지만 그는 나폴리에서 뛴 적이 없고, 나폴리 사람도 아니다. 리비아의 트리폴리 출신이다. 그럼에도 개인적으로 젠틸레는 나폴리풍 얼굴이라고 생각한다. 실제로 비야레알에서 만난 나폴리 사람들의 얼굴은 젠틸레와 비슷했다. 아마도 일본인이 생각하는 이탈리아인의 얼굴은 나폴리인이 아닐까 싶다.

남성 패션지 〈LEON〉 모델로도 유명한 목소리 크고 활기찬 이탈리아인 지롤라모 판체타는 16세까지 나폴리의 유스 클럽에서 뛰었다고 한다. 그도 약간 젠틸레 스타일의 얼굴이다. 이탈리아 북부는 분위기가 완전히 다를 뿐 아니라, 일반적으로 일본인이 생각하는 이탈리아인의 이미지도 아니다.

작은 도시 비야레알에 몰려온 나폴리 사람들은 상상했던 대로 시끄러웠다. 경기장 밖에 자동차가 도착하자 나폴리 사람들이 우르르 몰려와 둘러쌌다. 나폴리의 회장이 왔는지 회장을 칭송하는 노래인지 뭔지를 부르기 시작했다.

경기장에서도 경기가 시작되기 전까지는 얌전하게 있었는데, 경기 도중에 철망으로 몰려들어 철망을 부수는가 하면 10명 정도는 스탠드에서 필드로 내려갔다. 부상자는 나오지 않은 것 같지만, 나중에 텔레비전에서 보니 워밍업 중인 선수 위로 사람이 떨어진 일도 있었다고 한다. 부상자가 없었다고 해도 그저 운이 좋았을 뿐, 정말로 위험천만한 상황이다.

어쨌든 기운이 넘치고, 항상 왁자지껄 떠든다. 이런 에너지가 넘치는 사람들이 300만 명이나 살고 있는 도시는 대체 어떤 느낌일까 하는 생각이 든다.

세기의 대천재도 빨려 들어가는 열정

그런 분위기의 나폴리에 마라도나가 온 것은 1984년이다.

나폴리가 바르셀로나에 지급한 이적료는 1,300만 달러로 추정되는데 당시로서는 사상 최고액이었다. 사실 나폴리는 마라도나를 영입할 수 있는 규모의 클럽이 아니다. 세리에A에서 우승한 적도 없었고, 전 시즌 순위도 12위였다. 그럼에도 영입할 수 있었던 이유는 아마도 경쟁 상대가 적었기 때문일 것이다. 물론 세기의 대천재에게 영입 경쟁이 없었을 리는 없지만, 당시 마라도나의 가치는 조금 떨어진 상태였다. 아니, 가치가 떨어졌다기보다 쉽사리 영입에 나서기가 어려웠다.

마라도나는 바르셀로나의 프런트와 마찰을 빚고 팀을 떠났다. 파울 브라이트너의 은퇴 경기에 출장하는 것을 금지당하자 이에 항의해 크리스털 트로피를 부숴고, 마지막 경기가 된 코파 델 레이 결승전에서는 난투극의 도화선이 되었다. 0 대 1로 패한 직후 마라도나가 아틀레틱

빌바오의 한 선수를 무릎차기로 쓰러뜨렸고, 이를 신호로 양쪽 선수들이 뒤섞여 난투를 벌이는 일이 발생했다. 이 일로 마라도나는 3개월 출장 정지 징계를 받았으며, 안 그래도 얼어붙어 있었던 조셉 루이스 누네스 회장과의 관계도 돌이킬 수 없이 악화되었다.

사실 빌바오의 난투에는 복선이 있었다. 1983-84시즌 라리가에서 마라도나는 안도니 코이코에체아의 태클에 큰 부상을 입었고, 이 때문에 바르셀로나는 우승을 놓치고 말았다. 당시 라리가에서 마라도나를 마크하는 선수들은 수비를 한다기보다 마라도나의 다리를 걷어차는 데 열중했으며, 그중에서도 빌바오는 특히 그런 경향이 심했다.

바르셀로나에서 보낸 두 시즌 동안 마라도나에게는 좋은 일이 없었다. 획득한 타이틀은 코파 델 레이뿐이었고, 바이러스성 간염에 걸렸을 뿐만 아니라 코이코에체아에게 하마터면 선수 생활이 끝날 수도 있었던 위험한 태클을 당했다. 코카인을 배운 것도 바르셀로나 시절이었다.

마라도나가 처음 나폴리에 모습을 드러내는 날, 헬리콥터를 타고 스타디오 산 파올로에 내린 그를 7만 명의 팬이 맞이했다고 한다.

마라도나를 영입한 다다음 시즌인 1986-87 시즌에 나폴리는 클럽 역사상 최초로 세리에A 우승을 차지했으며, 코파 이탈리아도 우승해 더블을 달성했다. 남부 지방의 클럽이 스쿠데토를 차지한 것 자체가 획기적인 일이었다. 이 순간, 마라도나는 단순한 운동선수를 초월해 나폴리와 이탈리아 남부를 상징하는 영웅이 되었다. 수 주일에 걸쳐 축하 행사가 열렸으며 건물 벽에는 거대한 초상화가 그려졌다.

그리고 마라도나는 1986년 월드컵에서 아르헨티나를 우승으로 이끌며 명실상부한 세계의 슈퍼스타가 되었다.

만신창이의 반항아

당시 축구 클럽들은 탄광이나 항구 도시에 만들어지는 것이 상식이었다. 물론 산이나 바다가 축구에 영향을 끼치는 것은 아니지만, 그곳에 모여 사는 사람들은 돈이 없어도 열정은 넘쳤기 때문이 아닐까 생각한다. 축구 클럽을 강하게 만드는 것은 그곳에 사는 사람들의 열정이기 때문이다.

나폴리도 약한 팀은 아니었다. 1967-68시즌에는 2위를 차지했고, 디노 조프, 조세 알타피니, 오마르 시보리 같은 유명 선수들이 활약했다. 다만 가장 인기가 높았던 선수는 골문에 자물쇠를 걸어 잠근 사내도, 펠레의 라이벌이었던 브라질 사람도, 아르헨티나에서 온 발롱도르 수상자도 아닌 나폴리 출신의 플레이메이커 안토니오 줄리아노였다고 한다.

1970-71, 1973-74시즌에는 3위, 1974-75시즌에는 2위, 1980-81시즌에는 3위에 오르는 등 우승에 가까이 다가간 적도 있다. 다만 마라도

나가 오기 직전에는 잔류권을 다툴 만큼 부진에 빠져 있었다. 그런 상황이었기에 설마 선수 한 명이 이렇게까지 상황을 뒤바꿔 놓으리라고는 그 누구도 생각하지 못했을 것이다. 물론 치로 페라라, 페르난도 데 나폴리 같이 이탈리아 국가대표가 되는 실력파도 있었고, 마라도나에 이어 카레카와 알레망도 브라질에서 왔다. 그러나 마라도나가 없었다면 더블도 UEFA컵 우승(1988-89)도 불가능했다.

마라도나는 기술 측면에서 전무후무한 천재다. 오렌지든 골프공이든 둥글게 뭉친 종이든, 공 모양이기만 하면 자유자재로 다뤘다. 순발력도 엄청나서, 일본 국가대표로서 보카 주니어스 시절의 마라도나를 상대한 경험이 있는 가네다 노부토시는 "갑자기 눈앞에서 사라지더라"라는 말을 했다. 공을 빼앗으려고 움직이자 순간 이동이라도 한 것처럼 눈앞에서 마라도나가 사라졌다는 것이었다.

어떤 의미에서 마라도나와 나폴리는 서로 잘 어울렸다고 할 수 있다. 어떻게 된 일인지, 이 세기의 천재는 항상 본인과는 어울리지 않을 만큼 변변치 않은 팀에서 플레이했다. 펠레는 분명히 위대했지만, 주위에는 항상 뛰어난 팀 동료가 있었다. 알프레도 디 스테파노에게도 프란시스코 헨토와 페렌츠 푸스카스가 있었고, 요한 크루이프가 뛰었던 곳은 토털 축구를 추구한 아약스였다. 리오넬 메시나 크리스티아누 호날두도 이미 토대를 확립한 명문 클럽에서 플레이하고 있다. 슈퍼스타는 마치 케이크 위에 올려놓은 딸기처럼 이미 완성된 토대 위에 자리 잡기

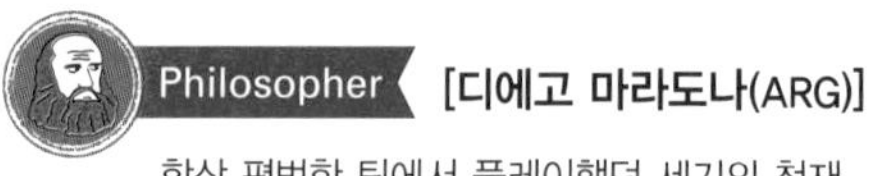

항상 평범한 팀에서 플레이했던 세기의 천재.

마련이다.

반면 마라도나는 항상 만신창이가 될 정도로 플레이하면서 평범한 팀을 거의 혼자만의 힘으로 끌어 올렸다. 1986년의 아르헨티나와 나폴리는 양쪽 모두 우승할 만한 팀이 아니었다. 그들이 승리할 수 있었던 이유는 마라도나밖에 없었다. 물론 축구는 팀 스포츠이므로 혼자서 이길 수는 없으며 팀 동료들의 협력이 없이는 아무것도 이룰 수 없다. 그렇더라도 두 팀에서 마라도나의 존재는 절대적이고 결정적이었다.

마라도나의 자서전에 관여한 저널리스트 세르히오 레빈스키는 이렇게 말했다.

"마라도나의 전성기는 나폴리 시절이 아니라 1979년의 U-20 월드컵이다."

일본에서 개최되었던 U-20 월드컵에서 아르헨티나의 경기력은 압도적이었다. 그리고 마라도나는 라몬 디아스 등 정예들이 모인 국가대표팀에서 팀 동료들의 지원을 받으며 즐겁게 플레이했다. 분명 이 시점에 마라도나는 이미 세계 최고의 선수였는지도 모른다. 선수로서의 정점은 나폴리 시절이겠지만, 세리에A도 월드컵도 마라도나에게는 이를 악물고 팀을 이끌고 가야 하는 핸디캡 매치였다. 혼자서 어떻게든 해야 하는 상황이 계속되었고 실제로 혼자서 어떻게든 해냈지만, 그것이 최고 상태의 마라도나였는가 하면 그렇지 않을지도 모른다.

다만 어떤 팀이든 마라도나가 있으면 원맨 팀이 되는 것은 피할 수 없었다. 바르셀로나도 루이스 수아레스와 네이마르가 있지만 결국 메시의 그늘에 가려졌던 것과 비슷하다. 나폴리는 마라도나에게 지나치게 의존했지만, 그는 의존을 받으면 더 힘을 내는 유형이기도 했다. 레알 마드리드나 바이에른 뮌헨에 있었다면 또 다른 마라도나를 볼 수 있었을지도 모른다. 그래도 마라도나에게는 고군분투가 어울리는 측면도 있다.

사람들이 보내 온 열정도 마라도나의 에너지가 되었다. 마라도나는 자신이 '반항아'임을 자각하고 있었다. 이탈리아 북부 사람들로부터 차별받아 온 나폴리 사람들의 선두에 서서 싸우는 것은 그의 성향과도 잘 맞았을 것이다. 여기에 마피아와의 관계도 있다. 마라도나는 이미 코카인을 상습적으로 사용했고, 밤의 유흥도 바르셀로나 시절부터 계속하고 있었다. 그렇다 보니 당연히 나폴리의 마피아와 관계를 맺게 되었다. 마라도나도 마피아를 이용했지만, 마피아도 마라도나를 이용했다. 하루는 조직의 보스가 한밤중에 갑자기 마라도나의 집을 찾아와 그를 자동차에 태우고 어딘가로 갔다고 한다. 자동차가 광장에 도착하자 기다리고 있던 엄청난 인파가 마라도나를 축복해주었다. 마피아 보스가 자신의 권위를 과시하기 위해 마라도나를 데려와 사람들 앞에 세웠던 것이다.

나폴리 사람들에게 마라도나는 영웅이자 긍지이기도 했다. 자신들을 깔보던 사람들을 향한 통렬한 복수의 깃발이었다.

강렬한 도시에 군림한 강렬한 슈퍼스타. 정말 지나칠 정도로 잘 어울리는 조합이 아닌가?

분열과 도망을 이겨낸 그까짓 것 정신

1989-90시즌, 나폴리는 두 번째 스쿠데토를 차지했다. 이제 1990년 이탈리아 월드컵에서 아르헨티나가 우승한다면 모든 것이 완벽했다.

그러나 마라도나는 여전히 만신창이였다. 부상을 안고 있어 만족스러운 플레이를 할 수 없었지만, 늘 그렇듯이 최선을 다해서 팀을 견인했다. 브라질과의 경기에서는 슛의 집중 포화를 견뎌낸 다음 그전까지 아무것도 할 수 없었던 마라도나가 클라우디오 카니자에게 건곤일척의 패스를 연결해 1 대 0으로 승리했다. 혼자서 수비수 전원을 끌어들인 다음 포위망을 돌파한 장면은 매년 연말이면 아르헨티나의 텔레비전에서 방송되고 있다고 한다. 자국 개최 대회에서 우승했던 1978년도, 마라도나가 눈부신 빛을 발했던 1986년도 아닌, 1990년에 브라질을 상대로 거둔 기적적인 승리야말로 아르헨티나 사람들을 감동시키고 자신들의 정체성을 확인하게 하는 장면이었던 것이다.

문제는 4강전이었다. 그때까지 마라도나를 앞세운 아르헨티나의 자이언트 킬링은 하나의 거대한 오락이었다. 그런데 4강전에서 아르헨티나와 맞붙은 상대는 이탈리아였고, 경기장은 나폴리의 홈구장인 산 파올로였다. 이탈리아의 언론은 "이탈리아인이라면 모두 하나가 되어서 아주리를 응원해야 한다"라고 주장했는데, 마라도나는 그 위선을 날카롭게 비판했다.

"이제 와서 갑자기 모두가 나폴리 사람도 이탈리아인이라고 말하기 시작한다. 지금까지 계속 끔찍한 차별을 당했던 도시의 사람들에게 말이다."

경기 당일, 산 파올로에서 아르헨티나 국가가 연주될 때 야유는 들리지 않았다. 그리고 아르헨티나는 승부차기까지 간 끝에 이탈리아를 물리치고 결승전에 진출했다. 이탈리아는 실망에 빠졌고, 나폴리 사람들의 처지는 미묘해졌다. 마라도나가 자신들을 분열시켰다고 느낀 이탈리아인들은 결승전에서 아르헨티나 국가가 연주될 때 거대한 야유를 보냈다. 남부의 상징이었던 마라도나이기에 분열의 선동자로 간주된 것이다.

결승전에서 서독과 맞붙은 아르헨티나는 안드레아스 브레메에게 페널티킥 득점을 허용해 0 대 1로 패했다.

1990-91시즌이 시작되자 언론은 마피아와 마라도나의 관계를 폭로했고, 매일같이 스캔들을 보도했다. 그리고 1991년 3월, 삼프도리아

Philosophy **[분열의 선동자]**

1990년 월드컵에서 마라도나가 한 말이 이탈리아를 분열시켰다.

와의 경기가 끝난 뒤 실시된 도핑 검사에서 양성 반응이 나왔다. 15개월 출장 정지 처분을 당한 나폴리의 영웅은 도망치듯 이탈리아를 탈출했다. 마라도나와 나폴리의 간부는 "월드컵에 대한 보복이다"라고 반발했지만, 코카인을 사용했던 것이 사실인 만큼 공허한 반론이었다.

나폴리와 마라도나의 밀월은 7년 만에 끝이 났다. 그 후에도 몇 차례 신기에 가까운 플레이를 보여주기는 했지만, 마라도나의 전성기는 나폴리에서 시작되어 나폴리에서 막을 내렸다. 역사를 통틀어도 손꼽힐 정도의 대천재였지만, 찬란하게 빛난 시기는 의외로 짧았다.

마라도나가 떠난 나폴리는 불꽃이 사그라진 것처럼 약체가 되었다. 1994년에는 마라도나의 후계자였던 지안프랑코 졸라, 마라도나와 최고의 콤비를 이루었던 카레카, 수비를 지탱했던 페라라, 뛰어난 포워드 다니엘 폰세카가 팀을 떠났다. 1997-98시즌에는 단 2승밖에 거두지 못하고 강등되었으며, 다시 세리에C까지 떨어졌다.

하지만 나폴리는 3부 리그에서도 세리에A의 어지간한 클럽보다 많은 관중을 불러 모았고, 5만 1,000명이라는 세리에C 신기록도 달성했다. 항구 도시의 열정까지 사그라지지는 않았던 것이다. 그리고 곧 아우렐리오 데 라우렌티스 회장이 클럽을 재건해 세리에A로 복귀하는 데 성공했다. 앞에서 이야기했던 비야레알에서 나폴리 사람들의 열렬한 환영을 받은 그 회장이다. 그 후 나폴리는 라파엘 베니테즈와 마우리치오 사리 같은 개성적인 감독의 지휘 아래 이탈리아의 강호로서 완전히 부활하지만, 이것은 별개의 이야기다. 마라도나와 함께했던 열광과 혼돈의 나폴리는 그 시절에만 존재했을 뿐이다.

History of

Napoli

[나폴리 연표]

현재는 이탈리아의 강호로 완전히 부활에 성공했지만, 디에고 마라도나가 몸담았던 1980~1990년대 전반과는 별개의 이야기이라고 할 수 있다.

1960~1970 년대

▶ **세리에A의 단골 상위권**

[주요 선수]

디노 조프(ITA)/조세 알타피니(BRA ITA)/오마르 시보리(ARG ITA)/안토니오 줄리아노(ITA)

1980~1990 년대

▶ **세리에A 우승 2회&UEFA컵 우승**

[주요 선수]

디에고 마라도나(ARG)/치로 페라라(ITA)/브루노 조르다노(ITA)/페르난도 데 나폴리(ITA)/카레카(BRA)/알레망(BRA)/지안프랑코 졸라(ITA)/다니엘 폰세카(URU)

2000 년대 ~ 현재

▶ **세리에C에서 완전 부활**

[회장]

아우렐리오 데 라우렌티스(ITA)

[감독]

왈테르 마자리(ITA)

라파엘 베니테즈(ESP)

마우리치오 사리(ITA)

카를로 안첼로티(ITA)

[주요 선수]

모르간 데 산치스(ITA)/에세키엘 라베치(ARG)/마렉 함식(SVK)/왈테르 가르가노(URU)/에딘손 카바니(URU)/파비오 콸리아렐라(ITA)/고란 판데프(MKD)/곤살로 이과인(ARG)/라울 알비올(ESP)/페페 레이나(ESP)/칼리두 쿨리발리(SEN)/드리스 메르텐스(BEL)/조르지뉴(ITA)/크리스티안 마지오(ITA)

'항구 도시 클럽'의 철학

III

마르세유

골대를 향해 일직선으로

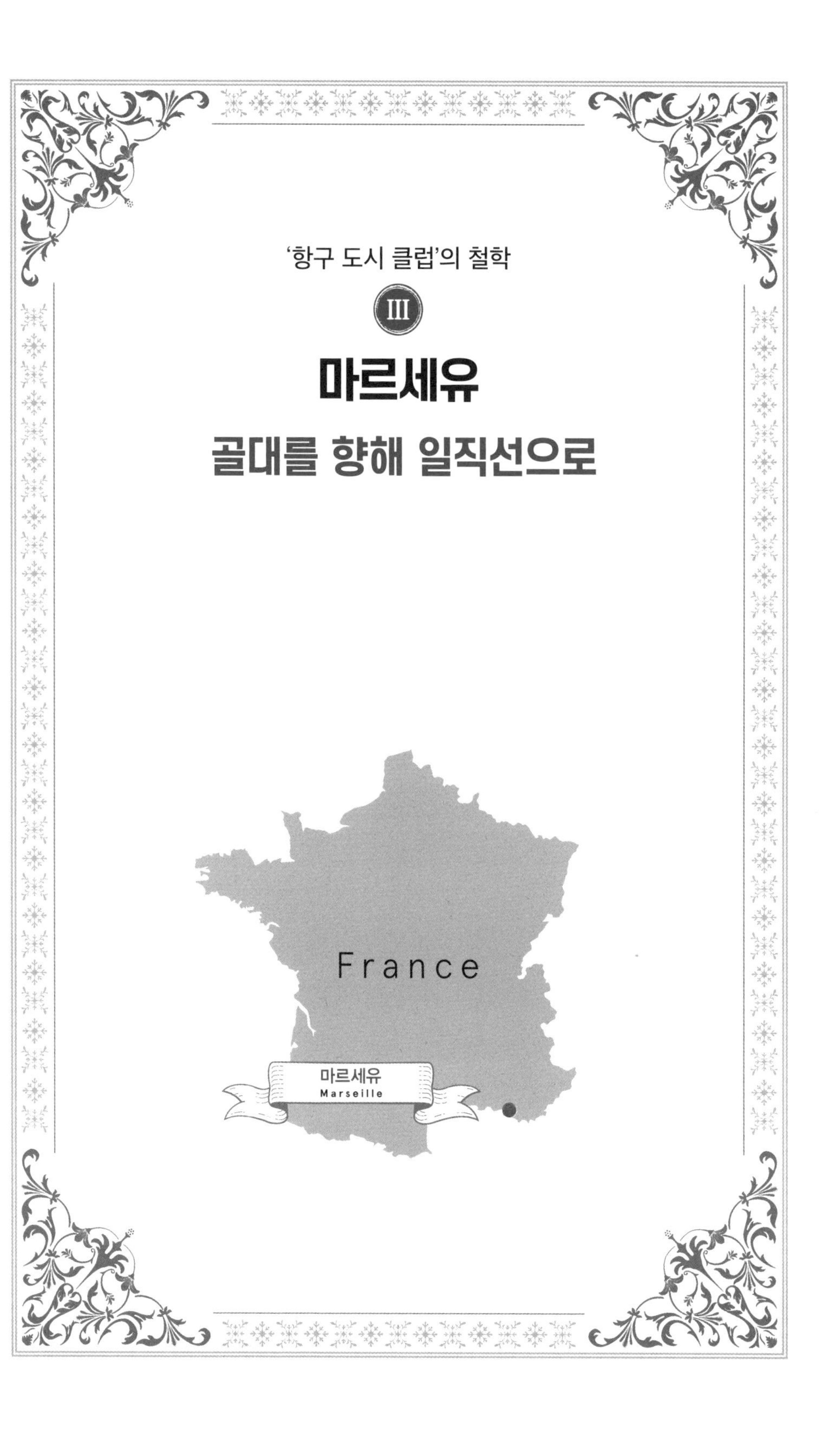

올랭피크 드 마르세유

Olympique de Marseille

창단 년도	1899년
회장(소유자)	자크-앙리 에로(FRA)
본거지	프랑스 마르세유
홈구장	오랑주 벨로드롬(수용 인원 67,000명)
메인스폰서	Uber Eats: 온라인 음식 배달 서비스(USA)
우승 기록	리그 9회 / 컵 10회 / 리그컵 3회 챔피언스리그 1회

역대 감독(최근 10시즌)

2010-2011	디디에 데샹(FRA)
2011-2012	디디에 데샹(FRA)
2012-2013	엘리 봅(FRA)
2013-2014	엘리 봅(FRA) / 조세 아니고(FRA)※임시
2014-2015	마르셀로 비엘사(ARG)
2015-2016	마르셀로 비엘사(ARG) / 미첼(ESP) / 프랑크 파시(FRA)
2016-2017	프랑크 파시(FRA) / 루디 가르시아(FRA)
2017-2018	루디 가르시아(FRA)
2018-2019	루디 가르시아(FRA)
2019-2020	안드레 빌라스보아스(POR)

하늘에서 내린 '빵의 비'

마르세유를 두 번째로 방문했을 때였다. 역에서 나와 비탈길을 내려가자 관광지이기도 한 항구가 나왔다. 그 오래된 항구를 정면에서 바라볼 수 있는 'OM 카페'는 언제나 사람들로 붐볐다.

OM 카페의 OM은 말할 필요도 없이 올랭피크 드 마르세유의 애칭이다. OM은 이 도시의 사람들에게 특별한 클럽이다. 대체로 자기 동네의 축구 클럽은 다 특별하지만, OM은 그중에서도 더 특별한 클럽이다.

OM 카페에서 크루아상을 주문하고 기다리는데 머리 위에서 무엇인가가 떨어졌다. 빈 옆자리에 툭 떨어져 있는 종이봉투 안을 들여다보니 빵 두 개가 들어 있었다.

"이게 뭐지?"

마침 크루아상과 커피를 들고 온 점원도 '뭐지?' 하는 표정이었다. 문득 뒤를 돌아보자 호텔 3층에서 어떤 남성이 손을 흔들고 있었다.

뭐? 저기에서 던졌다고?

아무래도 호텔의 창문에서 던진 빵인 모양이다. 점포 앞 테이블에 앉아 있기는 했지만, 그래도 호텔 창문까지의 거리는 약 30미터 정도는 됐다. 떨어뜨린 것이 아니라 힘껏 던진 것이 분명했는데, 왜 던졌는지는 물론 알 길이 없다. 그 남성은 호텔 창문에서 "미안!" 하고 말했다. 이거 어떡하지? 종이봉투를 들고 이렇게 손짓하자 남성은 몸짓으로 "먹어도 돼"라고 대답했다. 이럴 줄 알았으면 크루아상은 주문하지 않는 건데….

이 일화는 여기에서 끝이며 후일담은 없다. 그날 이후로 나에게 마르세유는 '하늘에서 빵이 내려오는 도시'가 되었고, 그 인상은 지금까지도 바뀌지 않았다. 하늘에서 빵이 내려오는 일은 두 번 다시 일어나지 않았지만, 무슨 일이 일어나더라도 이상하지 않은 도시라는 생각에는 변함이 없다.

세 번째로 방문한 마르세유. 택시를 탔는데 운전기사가 수다쟁이였다. 이탈리아계라고 했다. 이야기를 나누다 OM에 관해 물어보니 "마피아의 팀이지"라고 대답했다. 그런데 어쩐지 자랑스러워하는 말투다. 여담이지만 프랑스의 택시업계와 매춘업계는 우두머리가 같다고 한다. 예전에는 거리에 있는 매춘부들에게서 '상납금'을 징수하는 역할을 택시 운전기사가 맡았었다고도 한다.

과거에 지방의 축구 클럽이라고 하면 탄광 또는 항구 도시가 대부분

Philosophy [빵이 내리는 도시]

그만큼 마르세유는 무슨 일이 일어나도 이상하지 않은 도시다.

이었다. 마르세유는 나폴리와 함께 대표적인 항구 도시라고 할 수 있다. OM은 이탈리아의 리보르노, 삼프도리아, 그리스의 AEK 아테네와 우호 관계여서, 이들 클럽의 깃발이 OM의 홈구장인 오랑주 벨로드롬에 게양될 때도 있다. 전부 항구 도시이며 분위기도 비슷한 곳들이다. 개방감 넘치는 새하얀 벨로드롬에서는 그리스의 느낌이 물씬 풍긴다.

항구 도시의 팬들은 좋게 말하면 활력이 넘치고, 나쁘게 말하면 성격이 급하고 거칠다. 마피아 같은 느낌이라고나 할까?

"대체 누구와 교섭을 해야 하지?"

비셀 고베에서 뛰었던 미카엘 라우드럽의 이적 후보지로 OM이 부상했을 때 일본의 교섭 담당자가 OM과 접촉하려고 하는데, 누구와 교섭을 해야 하는지 알 수 없는 상황에 빠졌다. 보통은 테크니컬 디렉터나 제너럴 매니저 혹은 회장과 하지만, OM의 조직은 복잡기괴했다. 아니, 어떻게 보면 조직이 없는 것이나 마찬가지였다. 지위와 권한이 반드시 같지도 않아서, 과거에 강화부에 있었던 홍보부장이 진짜 권력자인 경우도 있었다. 직함에 권한이 따라오는 것이 아니라 사람에게 권한이 따라오는, 외부에서 봤을 때는 뭐가 뭔지 알 수가 없는 '조직'이었다.

"파리 생제르맹 선수에게 두려움의 대상은 언론이지만, 마르세유의 선수에게 두려움의 대상은 서포터야."

PSG의 팬인 동료 기자가 이런 말을 한 적이 있다. 수도 파리에는 언론사가 집중되어 있다. 전국구 언론은 전부 파리에 있으며, 유일하게 전국에 발간되는 스포츠 신문인 〈레퀴프〉, 발롱도르의 주관사로 유명한 〈프랑스풋볼〉도 파리에 있다. PSG는 항상 언론의 과도한 기대와 가혹한 비판에 노출되어 있는 셈이다. 한편 마르세유는 좀 더 직접적이다.

경기에 패하면 화가 난 서포터들이 선수의 자동차를 부수려고 몰려온다. 이렇게 심리적으로도 물리적으로도 타격을 받게 되니 서포터가 두려울 수밖에 없다. 항구 도시는 무섭다.

불도저 회장의 마피아색 주입

마르세유의 역사는 유능한 회장들이 만들어 왔다.

OM은 1899년에 창설되었는데, '올램피크'는 그리스인에게 경의를 표하는 의미로 붙인 명칭이라고 한다. 25세기나 이전에 건너온 사람들을 잊지 않았다니, 참으로 의리가 깊다. 축구 부문이 생긴 때는 1900년으로, 그전까지는 럭비가 주력이었다. 클럽의 표어가 된 그 유명한 Droit Au But(골대를 향해 일직선으로)는 럭비에서 유래한 것이라고 한다.

1920년대부터 30년대에 황금기를 맞이하지만 그 후 2부 리그로 강등되었는데, 이때 마르셀 르클레르 회장이라는 구세주가 등장한다. 1965년에 취임한 르클레르는 팀을 즉시 1부 리그에 복귀시켰고, 1968-69시즌 쿠프 드 프랑스 우승과 1970-71, 1971-72시즌 리그 2연속 우승을 달성했다. 특히 1971-72시즌에는 쿠프 드 프랑스도 우승해

2관왕을 차지했다.

당시의 에이스는 '달마티아의 독수리' 요시프 스코블라르였다. 구 유고슬라비아 출신의 크로아티아인인 스코블라르는 서독의 하노버에서 활약한 뒤 마르세유로 왔다. 아니, 하노버가 '강탈'당했다고 말해야 할지 모르겠다. 스코블라르는 OM에서 뛰고 싶었지만 하노버가 이적 허가를 주저하고 있었는데, 르클레르 회장이 와서 데려갔다고 하니 말이다.

"왼발 아웃사이드로 슛을 하는 척하다 오른발 인사이드로 슛을 하고, 헤딩으로 득점을 올릴 수도 있으며 드리블도 잘한다. 프랑스 리그 최고의 스트라이커다."

스코블라르는 월드컵 득점 기록을 보유한 쥐스트 퐁텐이 이렇게 말했을 정도의 실력자였다. 3시즌 연속 득점왕을 차지했고, 1971-72시즌에는 유럽 최다 득점(44골)으로 유러피언 골든슈를 수상했다. 이 44골은 아직도 리그1 기록으로 남아 있다.

유러피언컵에는 두 차례 진출했는데, 1970-71시즌에는 2회전에서 아약스에 패했고 1972-73시즌에는 1회전에서 유벤투스에 무릎을 꿇었다. 참고로 아약스는 1971-72, 1972-73시즌의 챔피언이며, 유벤투스는 1972-73시즌에 준우승을 차지했다.

이처럼 유럽의 강호라고 부르기에는 미묘한 성적이지만 프랑스 자국 내의 지위는 확고했다. 그러나 리그에서 2시즌 연속 우승을 달성하

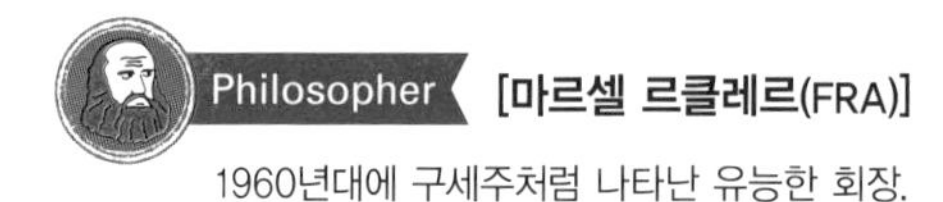

[마르셀 르클레르(FRA)]

1960년대에 구세주처럼 나타난 유능한 회장.

며 절정을 맞이했던 1972년에 르클레르 회장이 횡령 혐의로 기소되어 퇴임한다. 르클레르를 잃은 뒤로 OM에는 불운이 계속된다. 1974년에는 브라질 국가대표 자이르지뉴와 파울루 세자르를 영입해 전 시즌의 12위에서 2위로 부상했지만, PSG와의 쿠프 드 프랑스 8강전에서 자이르지뉴가 부심을 폭행해 2년 출장 정지를 당하는 바람에 자동으로 계약이 종료되었다. 1975-76시즌에는 쿠프 드 프랑스 우승을 차지했지만, 1979-80시즌에는 결국 2부 리그로 강등되어 4시즌이 지난 뒤에 다시 1부 리그에 복귀할 수 있었다.

두 번째, 그리고 최대의 불도저 회장은 베르나르 타피였다. 그는 그때까지와는 차원이 다른 대보강을 감행하면서 1992-93시즌 OM을 그토록 염원하던 유럽 챔피언에 등극시켰다. 그러나 국내 리그에서 승부조작을 한 것이 발각되어 팀은 2부 리그로 강등되었고 자신도 체포되었다. 천국에서 지옥으로 굴러 떨어진 것이다.

타피는 이 클럽을 이야기할 때 절대 빼놓을 수 없는 인물이다. 자수성가한 실업가이자 정치가, 가수, 배우 그리고 텔레비전 사회자이기도 한 그야말로 괴물 같은 존재다. 나치 독일의 지배 아래 있었던 1943년에 파리 교외의 노동자 가정에서 태어난 그는 공업고등학교를 졸업하고 병역을 거쳐 텔레비전 영업 사원, 가수, F3 카레이서 등 여러 직업을 전전했다. 그리고 컨설팅 회사에 취직했다 독립한 뒤로는 파산 직전의 기업을 인수해 재건시킨 다음 되파는 수법으로 부를 쌓았다. 경제 불황이라는 소용돌이 한가운데에 있었던 1980년대에 타피는 맨손으로 성공한 입지전적인 인물이었지만, 일부에서는 그를 희대의 사기꾼이라고 부르기도 했다.

1984년에는 자전거 로드레이스 팀을 결성하고 슈퍼스타인 베르나르 이노와 그렉 레몽을 영입해 둘 다 투르 드 프랑스에서 우승시켰으며, 2년 후인 1986년에 마르세유 시장의 요청으로 OM 회장에 취임했다.

추악한 소문을 향해

타피 회장이 처음으로 영입한 선수는 서독의 센터백 칼 하인츠 푀르스터로 상당히 견실한 보강이었다. 그 다음으로 프랑스 국가대표였던 '장군' 알랭 지레스와 활동적인 스트라이커 장 피에르 파팽을 영입했다. 또한 프랑스 국가대표팀 감독이었던 미셸 이달고를 스포츠 디렉터로 초빙했다.

그 뒤로도 계속 보강이 이어졌다. 아베디 펠레, 클라우스 알로프스, 에릭 칸토나, 장 티가나, 카를로스 모제르, 크리스 워들, 엔조 프란세스콜리, 드라간 스토이코비치, 디디에 데샹, 바실 볼리, 마르셀 데사이, 루디 푈러, 알렌 복시치, 파비앵 바르테즈…. 타피 회장 체제에서 1988-89시즌에 첫 리그 우승을 차지한 OM은 그 후 5시즌 연속 우승을 달성했다. 마지막으로 우승한 1992-93시즌은 승부 조작 사건으로 타이틀을 박탈당하지만, 이 시즌에는 염원이었던 UEFA 챔피언스리그의 트로피를 들어 올렸다.

OM은 프랑스에서 가장 인기 있는 클럽이었다. 과거형으로 말한 이유는 중동 자본 투입으로 단숨에 메가 클럽이 된 PSG에 추월당했기 때문이다. 그전까지는 OM이 리그1의 중심이었다. 리옹이 리그에서 7시즌 연속 우승을 달성하면서 OM의 4시즌 연속 우승(5시즌 연속 우승이었으나 1회는 박탈) 기록을 경신한 뒤에도 가장 인기 있는 클럽이라는 지위는 흔들리지 않았는데, 이 또한 타피 회장 체제였던 7시즌 덕분이었다. 매년 스타플레이어가 가세해 압도적인 공격력으로 승리를 거듭하면서 유럽 챔피언이라는 꿈을 향해 빠르게 달려가는 과정에는 압도적인 스릴감과 화려함이 있었다.

화젯거리도 끊이지 않았다. 1990년, 타피는 스포츠계의 거대 기업 아디다스를 인수했다. 그리고 독일을 지휘해 이탈리아 월드컵에서 우승한 프란츠 베켄바워 감독을 영입했다(아디다스와 '관련'된 것으로 추측하기도 한다). 베켄바워는 본래 현장에서 지휘봉을 잡을 생각이 없었다고 하는데, 본인 말로는 '자신도 모르는 사이에' 감독이 되었다. 개막하자마자 2주 만에 전임자인 제라르 질리가 사임해 버린 탓이다. 그러나 질리는 리그 2연속 우승을 달성한 감독이었고, 사임한 제9라운드 시점에도 OM은 무패로 선두를 달리고 있었다. 다시 말해 사임할 이유가 전혀 없었기 때문에 타피가 사임시켰다고 보는 편이 타당할 것이다.

베켄바워 감독으로 교체된 뒤 OM의 성적은 하락하기 시작했고, 벨로드롬에는 질리를 원한다는 외침이 울려 퍼졌다. 베켄바워는 1월에

[베르나르 타피(FRA)]

클럽에 마피아색을 주입했으며, 희대의 사기꾼으로도 불렸다.

벨기에의 전술가 레몽 후탈스에게 감독 자리를 넘기고 스포츠 디렉터로 돌아갔다. '황제'의 커리어에서 이 OM 시절만큼 영문도 모른 채 폭풍에 휩쓸리듯 지나간 시기는 없었는지도 모른다.

두 차례의 감독 교체와 상관없이 OM은 1990-91시즌에 리그 3연속 우승을 달성했고, 유러피언컵에서도 결승전까지 진출했다. 8강전에서는 유러피언컵 3회 연속 우승에 도전하는 밀란과 만났다. 당시의 밀란은 아리고 사키 감독이 지휘하고, 프랑코 바레시, 파올로 말디니, 프랑크 레이카르트, 루드 굴리트, 마르코 판 바스턴을 보유한 슈퍼 팀이었다. 밀란의 홈에서 열린 1차전은 1 대 1로 끝났고, 벨로드롬에서 열린 2차전은 OM이 1 대 0으로 앞선 채 경기가 진행되고 있었다. 그런데 88분에 갑자기 조명이 꺼지는 사고가 발생했다. 두 팀 선수들은 일단 라커룸으로 철수했는데, 밀란이 그대로 경기를 포기했기 때문에 기록상으로는 3 대 0이 되었다.

밀란의 압박은 당시 주목받는 최첨단 전술이었다. 이에 맞서는 OM은 파팽, 워들, 펠레의 스리톱이 전광석화처럼 공격을 퍼부었고, 미드필더진도 밀란 못지않게 격렬한 몸싸움을 감행했다. 극한까지 템포를 올린 박진감 넘치는 경기가 전개되었던 것이다.

건곤일척의 일전에서 승리한 OM은 4강전에서도 승리하면서 결승전에 진출, 츠르베나 즈베즈다와 맞붙었다. 그런데 이 경기는 이미 승패가 결정되어 있었다는 소문이 있다. 타피가 매수공작을 했다는 루머였다.

타피 회장에게 볼리는 행운의 선수였는지도?

그러나 그 소문이 거짓말이었는지 아니면 뭔가 착오가 있었던 것인지 경기는 지루하기 짝이 없는 전개 속에서 0 대 0으로 끝나며 승부차기에 돌입했고, 결국 승부차기에서 츠르베나가 승리해 우승을 차지했다.

그리고 1992-93시즌, OM은 염원하던 유럽 챔피언이 되었다. 밀란을 상대한 결승전에서 볼리의 헤딩슛으로 1 대 0 승리를 거둔 것이다. 2년 전의 결승전에서 후탈스 감독은 부상을 입은 볼리를 교체하려 했는데, 스탠드에 있던 타피 회장으로부터 무선으로 지령이 들어왔다고 한다. 펠레가 "왜 교체를 하지 않는 겁니까?"라고 추궁하자 후탈스는 "저 양반이 바꾸지 말라는군"이라고 대답했다는 일화가 있다. 볼리는 타피에게 행운의 선수였는지도 모른다.

OM과 타피 자신을 파멸로 몰아넣은 승부 조작은 밀란과의 결승전을 앞두고 벌어진 발랑시엔과의 경기에서 있었다. 발랑시엔의 선수 세 명을 매수한 것인데, 리그 우승을 위해 승점을 따내려는 목적보다는 챔피언스리그 결승전을 앞두고 주력 선수의 부상을 막으려는 의도가 컸다고 한다. 다만 타피는 예전부터 강압적인 수법을 사용해 왔고, 매수공작이나 약물 사용 등 추악한 소문도 끊이지 않았다.

OM의 승부 조작과 타피 파이낸스의 횡령 사건이 겹치면서 타피는 국회의원의 불체포 특권을 박탈당하고 기소되었다. 정치가로서의 생명이 끝난 타피는 1996년 클로드 를루슈 감독의 영화 〈남과 여: 사용 설명서〉에 배우로 출연했고, 2000년에는 연극 〈뻐꾸기 둥지 위로 날아간 새〉의 주연을 맡았다. 그리고 2002년에는 OM의 스포츠 디렉터로 취임했지만 곧 사임했다.

타피 회장의 시대는 폭풍우처럼 지나갔다. OM에는 오명이 남았지만, 이 시기에 팀이 강하고 화려했던 것만큼은 틀림없으며, 프랑스의 최고 인기 클럽이 되기도 했다. 지금도 OM의 인기가 높은 것은 타피 시대의 OM에 매료된 팬이 많기 때문이다.

단기 집중형 문화에서 비롯된 카리스마의 남용

세 번째 불도저는 로베르 루이드레퓌스다. 조금 긴 이름에서도 짐작할 수 있듯이 그는 명가의 자제였다. 그 점에서는 타피와 대조적이지만, 프로필을 보면 닮은 측면도 없지 않다.

루이드레퓌스는 16세에 트럼프 카드 기술을 배우는 고등학교에 들어갔다. 그다지 우수한 학생은 아니었지만, 훗날 이 기술은 큰 도움이 된다. 20세 때는 부모의 뜻에 따라 고등학교를 자퇴하고 이스라엘군 캠프에 갔으며, 4개월 동안 키부츠에서 생활했다. 키부츠는 유대인 공동체 운동의 장대한 실험 농장으로 유명했다. 22세에는 하버드 비즈니스 스쿨에 입학했고, 파리로 돌아온 뒤에는 부모의 원조를 거부하고 포커

[로베르 루이드레퓌스(FRA)]

아디다스의 CEO였던 세 번째 불도저.

로 벌어들인 돈을 학자금으로 사용했다고 한다. 그는 이때 파리의 고급 카지노에서 인맥도 쌓았다.

루이드레퓌스는 1996년에 OM의 필두 주주가 되었는데, 이것은 그가 아디다스의 CEO였기 때문이다. 본래 축구에 흥미가 있어서, 이전에는 알랭 프로스트(F1 드라이버)의 소개로 AS 생테티엔에 투자하려 한 적도 있었다. 타피는 1992년에 이미 아디다스로부터 손을 뗀 상태였고, 추락한 실적을 회복시킨 사람은 루이드레퓌스 그룹의 로베르 루이드레퓌스였다. 각국 리그의 유력 클럽과 계약을 맺었는데, 프랑스에서는 OM을 아디다스의 광고탑으로 선정했다.

루이드레퓌스는 OM의 회장은 아니지만 오너로서 그룹 경영에 관여했고 로랑 블랑, 파브리치오 라바넬리, 로베르 피레스, 크리스토프 뒤가리 같은 스타 선수의 영입을 추진했다. 그는 바이에른 뮌헨의 울리 회네스 회장에게 도박을 가르치며 친밀한 관계를 쌓았다. 2006년 독일 월드컵을 유치할 때 사용된 뇌물의 자금원이었다는 말도 있다. 타피처럼 눈에 띄지는 않지만, 영향력은 타피보다도 컸다. 다만 루이드레퓌스 시절의 OM은 2005년 UEFA 인터토토컵에서 우승했을 뿐이고, 리그 우승도 UEFA컵도 아깝게 놓쳤다. 2009-10시즌에 데샹 감독이 지휘하면서 오랜만에 리그 우승을 달성했지만, 루이드레퓌스는 이때 이미 백혈병으로 타계한 뒤였으며 그의 유언으로 뒤를 이은 아내 마르가리타가 오너가 되었다. 그리고 현 시점에서는 이것이 마지막 리그 우승이다.

Droit Au But(골대를 향해 일직선으로). 이것은 목표를 향해 전진하라, 맹렬히 돌진하라는 의미로도 해석할 수 있지만, OM의 강화 방침은 언제나 단기 집중형이었다. 불도저 회장과 오너는 강력하게 보강을 추진

해 타이틀을 획득했다. 그러나 한편으로 항상 성급함이 느껴졌고, 정점에서 내려오는 속도도 빨랐다. 프랑스 굴지의 명문 클럽치고는 꽤 많은 강등을 경험할 만큼 부침이 심했다.

"OM을 응원하느냐고? 안 해. 약하잖아. PSG하고 붙으면 파리를 응원하지. 내 동료들도 다 그래."

이탈리아계 택시 기사는 이렇게 말했다. 그 무렵, OM은 마르셀로 비엘사 감독의 지휘 아래 리그 1위를 달리고 있었다.

"그런데 OM이 이대로 우승하면?"

"물론 응원해야지! 내 말 들어 봐. 우리하고 OM의 관계는 남녀 관계하고 똑같아. 관계를 갖고 나면 기분이 좋잖아? 타이틀을 땄다면 응원하지. 뭐라도 상관없으니 타이틀만 따면 돼. 못 따면 꽝이고. 좋은 플레이를 하든 말든 알 바 아니야. 마지막에 정상을 차지하느냐가 중요하지."

너무나도 노골적이다. 팬들이 이런 식이니 클럽도 그런 식인 것인지, 아니면 클럽이 그런 식이니 팬들도 이런 식인 것인지…. 어쨌든 OM의 팬들은 타이틀에 굶주려 있다. 천천히 토대부터 쌓아가는 원대한 여정은 아마도 마르세유 사람들에게 전혀 공감을 얻지 못할 것이다. 정면에서 성큼성큼 헤치고 들어가 트로피를 쟁취하는 것이 그들의 방식이다.

OM의 역대 감독 중에는 야심적인 전술가들의 이름도 보인다. 벨기에의 '여우' 후탈스, 압박 전법의 선구자였던 토미슬라브 이비치, 화려함보다 내실을 추구한 하비에르 클레멘테, 젊은 나이에 주목받았던 알

[단기 집중형]

항상 성급한 탓에 성적의 부침이 심하다.

랭 페렝, '플랫 3'의 필립 트루시에, 현재는 '제2의 무리뉴'로 불리는 안드레 빌라스보아스가 감독을 맡고 있다. 전술도 스타일도 제각각이지만, 하나같이 특색이 강한 감독들이다. 단기적으로 눈부신 결과를 만들어내는 마법사 같은 감독들이기에 그런 즉효성 있는 카리스마를 기대하는 것이리라. 너무 운에 기대는 점은 부정하기 힘들지만, 항상 분쟁이 끊이지 않고, 팬들은 변덕쟁이다. 하지만 열정은 어느 곳보다 뜨겁고, 무엇보다도 승리에 굶주려 있다. 마른 나무에 꽃을 피울 다음 감독은 과연 누가 될 것인지….

2016년 8월, 미국인인 프랭크 맥코트가 OM을 인수했다. 야구단인 로스앤젤레스 다저스의 오너였던 인물이다. 그는 웨스트햄으로 보냈던 디미트리 파예를 다시 영입하는 등 보강도 착착 진행하고 있다.

처음 마르세유를 방문했을 때, 벨로드롬에는 그 이름처럼 자전거 경기용 뱅크가 남아 있었다. 1920년경 프랑스의 최고 인기 스포츠는 자전거 경기와 복싱이었다. 축구장 몇 곳에 뱅크라는 이름이 붙어 있는 것은 그 영향이다. 그러나 1998년 프랑스 월드컵이 개최될 때 경기장이 개장하면서 뱅크도 사라졌다. 두 번째로 방문했을 때의 벨로드롬은 스탠드 너머로 석회질 산들이 아름답게 보이는 개방적인 경기장으로 변해 있었다.

세 번째로 방문했을 때는 지붕이 설치되어 있었다. 벨로드롬에 무슨 지붕이냐고 생각했는데, 물결치는 구름처럼 스탠드를 뒤덮고 있는 지붕을 보니 매우 멋있었다. 구름의 흰색과 하늘·바다의 파란색의 조화. 클럽은 항상 음습하지만, 이곳에 올 때마다 그 상쾌함에 다시 속아 넘어가고 만다.

History of

Marseille

[마르세유 연표]

1992-93시즌에 염원하던 챔피언스리그 우승을 차지했지만, 리그1에서의 승부 조작이 발각되어 인터컨티넨탈컵의 출전권을 박탈당했다.

1960~1970 년대

▶ **절정기를 거쳐 2부 리그 강등**

[회장]
마르셀 르클레르(FRA)

[주요 선수]
요시프 스코블라르(CRO)/로저 마그누손(SWE)/재키 노비(FRA)/자이르지뉴(BRA)/파울루 세자르(BRA)

1980~1990 년대

▶ **리그 5연속 우승&CL 우승**

[회장]
베르나르 타피(FRA)
로베르 루이드레퓌스(FRA)

[SD]
미셸 이달고(FRA)

[감독]
프란츠 베켄바워(GER)
레몽 후탈스(BEL)

[주요 선수]
칼 하인츠 푀르스터(GER)/알랭 지레스(FRA)장 피에르 파팽(FRA)/아베디 펠레(GHA)/클라우스 알로프스(GER)/에릭 칸토나(FRA)/쟝 티가나(FRA)카를로스 모제르(BRA)/크리스 워들(ENG)/엔조 프란세스콜리(URU)/드라간 스토이코비치(SRB)/디디에 데샹(FRA)/바실 볼리(FRA)/ 마르셀 데사이(FRA)/루디 푈러(GER)/알렌 복시치(CRO)/파비앵 바르테즈(FRA)/로랑 블랑(FRA)/파브리치오 라바넬리(ITA)/로베르 피레스(FRA)/크리스토프 뒤가리(FRA)

2000 년대 ~ 현재

▶ **전술가의 남용**

[감독]
토미슬라브 이비치(CRO)
하비에르 클레멘테(ESP)
알랭 페렝(FRA)
필립 트루시에(FRA)
안드레 빌라스보아스(POR)

[주요 선수]
나카타 고지(JPN)/디디에 드로그바(CIV)/프랑크 리베리(FRA)/가엘 지베(FRA)/스티브 만단다(FRA)/사미르 나스리(FRA)/아템 벤 아르파(FRA)/루초 곤잘레스(ARG)/페르난도 모리엔테스(ESP)/가브리엘 에인세(ARG)/라사나 디아라(FRA)/앙드레피에르 지냐크(FRA)/사카이 히로키(JPN)/바페팀비 고미스(FRA)/파트리스 에브라(FRA)/루이스 구스타보(BRA)/디미트리 파예(FRA)/케빈 스트로트만(NED)

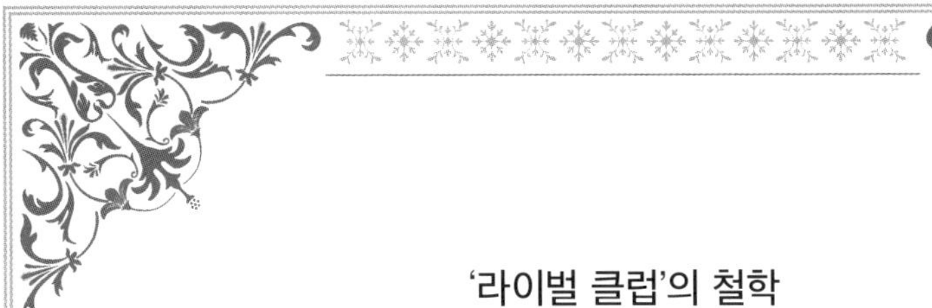

'라이벌 클럽'의 철학

인테르×밀란

전통을 중시하는 코스모폴리탄 vs 혁신성 넘치는 안티테제

FC 인테르나치오날레 밀라노

Football Club Internazionale Milano S.p.A.

창단 년도　1908년
회장(소유자)　스티븐 장(CHN)
본거지　이탈리아 밀라노
홈구장　주세페 메아차※산시로
(수용 인원 80,018명)
메인스폰서　PIRELLI: 타이어 제조사(ITA)
우승 기록　리그 18회 / 컵 7회
챔피언스리그 3회
유로파리그&UEFA컵 3회
클럽 월드컵&인터콘티넨털컵 3회

역대 감독(최근 10시즌)

2010-2011　라파엘 베니테즈(ESP)
레오나르두 아라우주(BRA)
2011-2012　지안 피에로 가스페리니(ITA)
클라우디오 라니에리(ITA)
안드레아 스트라마키오니(ITA)
2012-2013　안드레아 스트라마키오니(ITA)
2013-2014　왈테르 마자리(ITA)
2014-2015　왈테르 마자리(ITA)
로베르토 만치니(ITA)
2015-2016　로베르토 만치니(ITA)
2016-2017　프랑크 더 부르(NED)
스테파노 피올리(ITA)
스테파노 베키(ITA)임시
2017-2018　루치아노 스팔레티(ITA)
2018-2019　루치아노 스팔레티(ITA)
2019-2020　안토니오 콘테(ITA)

AC 밀란

Associazione Calcio Milan S.p.A

창단 년도　1899년
회장(소유자)　파올로 스카로니(ITA)
본거지　이탈리아 밀라노
홈구장　주세페 메아차※산시로
(수용 인원 80,018명)
메인스폰서　Fly Emirates: 항공 회사(UAE)
우승 기록　리그 18회 / 컵 5회
챔피언스리그 7회
컵위너스컵 2회
클럽 월드컵&인터콘티넨털컵 4회

역대 감독(최근 10시즌)

2010-2011　마시밀리아노 알레그리(ITA)
2011-2012　마시밀리아노 알레그리(ITA)
2012-2013　마시밀리아노 알레그리(ITA)
2013-2014　마시밀리아노 알레그리(ITA)
클라렌스 세도르프(NED)
2014-2015　필리포 인자기(ITA)
2015-2016　시니사 미하일로비치(SRB)
크리스티안 브로키(ITA)
2016-2017　빈첸초 몬텔라(ITA)
2017-2018　빈첸초 몬텔라(ITA)
젠나로 가투소(ITA)
2018-2019　젠나로 가투소(ITA)
2019-2020　마르코 지암파올로(ITA)
스테파노 피올리(ITA)

문호를 열고 싶은가, 열고 싶지 않은가

본래 둘은 같은 클럽이었다. 그러다 밀란 크리켓 앤 축구 클럽에서 인테르가 독립하면서 밀란과 인테르가 분리되었다.

인테르가 독립한 이유는 외국인 선수 영입에 대한 의견이 달랐기 때문이다. FC 인테르나치오날레 밀라노라는 팀명은 '세계에 문호를 연다'라는 의미에서 지은 것이다. 1928년 국수주의자 무솔리니가 암브로시아나로 명칭을 바꾸게 했지만, 팬들의 반응이 좋지 않았기 때문에 1932년에 암브로시아나 인테르로 인테르라는 명칭을 부활시켰다.

이 시기의 인테르에는 주세페 메아차라는 이탈리아 역사상 최고의 천재가 뛰고 있었다. 홈구장 명칭의 주인이기도 한 메아차는 인테르와 밀란, 유벤투스라는 이탈리아 3대 클럽에서 모두 플레이했지만, 커리어

 Philosopher **[주세페 메아차(ITA)]**

이탈리아 3대 클럽에서 전부 뛰었던 이탈리아 역사상 최고의 천재 선수.

의 절정기를 보낸 곳은 인테르였다. 17세에 데뷔하자마자 세리에A에서 우승 3회, 득점왕 3회를 달성했으며, 이탈리아가 1934년과 1938년 월드컵에서 연속 우승할 때 중심 선수로 뛰었다. 몸집은 크지 않았지만 매우 민첩했고, 타의 추종을 불허하는 테크닉과 정확하기 이를 데 없는 슈팅 능력을 갖춘 데다 패스 능력까지 뛰어났다. 이탈리아의 저널리스트 중에는 "펠레보다 위다"라고 말하는 사람도 있을 정도였다. 하프라인부터 드리블을 해서 단독으로 득점하는 스페셜리스트였으며, 드리블로 골키퍼를 제치고 골을 넣는 것이 특기였다. 점프력도 뛰어나서 공중전에 강했고 아크로바틱한 플레이도 잘했다. 선수 생활 말기에는 미드필더로서 게임을 만들어가는 걸출한 플레이메이커로서의 일면도 보여준 만능 공격수였다.

밀란은 1901, 1906, 1907년에 인테르보다 먼저 스쿠데토를 차지했지만, 그 뒤로는 한동안 우승을 추가하지 못하며 인테르에 역전당하게 된다. 밀란이 다시 세리에A에서 우승한 때는 '그레놀리(Gre-No-Li)'라고 불렸던 스웨덴 국가대표 세 명을 영입한 뒤인 1950-51시즌이었다. 군나르 그렌과 군나르 노르달, 닐스 리스홀름은 1948년 런던 올림픽 금메달의 중심 멤버였다. 그레놀리의 활약으로 밀란은 1956-57, 1958-59시즌에도 우승을 차지한다.

'세계에 문호를 연' 인테르가 이탈리아인 메아차의 활약으로 황금기를 맞이하고 외국인 선수의 영입에 반대했던 밀란은 스웨덴 삼총사

[그레놀리(SWE)]

밀란에 스쿠데토를 안긴 스웨덴 국가대표 삼총사.

를 영입해 스쿠데토를 차지한 것이 아이러니하게 느껴지기는 하지만, 밀란과 인테르는 밀라노의 2대 클럽으로 오늘날까지 패권을 다투고 있다.

같은 도시에 연고지를 둔 클럽끼리의 로컬 더비는 세계 어디에나 있다. 레알 마드리드 대 아틀레티코 마드리드, 맨체스터 유나이티드 대 맨체스터 시티, 리버 플레이트 대 보카 주니어스 등, 빅클럽끼리의 로컬 더비도 상당히 많은 편이다. 다만 홈구장까지 같은 경우는 거의 들어본 적이 없다. 인테르에는 아레나 치비카라는 홈구장이 있었지만, 노후화되면서 1948년부터 산시로를 밀란과 같이 사용하게 되었다. 이후에 주세페 메아차라는 이름이 정식 명칭이 되었지만, 지금도 지명에서 유래한 명칭인 산시로라고 부르는 사람이 많다.

빗장으로 연결되어 있었던 청흑과 적흑

카테나치오

‘카테나치오’가 유럽 축구를 석권하던 1960년대를 대표하는 팀이 바로 밀란과 인테르다.

먼저 유럽을 제패한 쪽은 밀란이었다. 밀란은 1962-63시즌 유러피언컵에서 이탈리아 클럽으로는 최초로 우승을 차지했다. 인테르는 1963-64, 1964-65시즌에 2회 연속 우승을 달성했다. 그리고 1968-69시즌 밀란이 다시 한번 챔피언의 자리에 오름으로써 밀라노의 두 라이벌은 이 시점에 각각 2회 우승으로 동률을 기록하게 된다.

이 시기 밀란의 감독은 네레오 로코, 인테르의 감독은 엘레니오 에레라였으며 두 클럽 모두 그 시대를 대표하는 명장이 지휘관이었다.

1961년에 밀란의 감독으로 취임한 로코는 1961-62시즌 세리에A를 제패했고, 1962-63시즌에는 유러피언컵 우승을 차지했다. 그 후 밀란을 떠나 토리노의 감독이 되지만 1967년에 밀란으로 돌아와 1967-68시즌 세리에A 우승, 1968-69시즌 유러피언컵 우승을 달성한다. 처음 취임했을 때와 똑같은 흐름으로 유럽의 정점에 선 것이다.

로코 감독은 약소 클럽의 상투적인 전술이었던 카테나치오를 도입했다. 카테나치오는 '빗장'이라는 의미인데, 수비수의 배후에서 좌우로 커버링을 하는 선수(리베로)의 움직임이 빗장을 연상시키는 데서 유래했다. 다시 말해 카테나치오는 곧 리베로 시스템을 가리킨다. 그 후 이탈리아식의 견고한 수비 전반을 가리키게 되었지만, 본래는 리베로와 한 세트였다.

리베로가 등장하기 전까지는 수비 인원의 수를 공격해 들어오는 선수의 수와 동일하게 맞추는 것이 기본이었다. WM 시스템이 유행했던 당시, 포워드 5명에 대해 스리백과 두 명의 하프백으로 수비했다. 공 근처에서는 대인 방어로 수비하고, 공에서 멀어짐에 따라 마크를 명확히 하지 않으면서 커버링했다. 그러나 자유로운 커버링백인 리베로가 등장하자 좀 더 대인 마크에 집중할 수 있게 되었다. 커버링은 리베로가 해주기 때문이다.

로코 감독이 밀란에 도입한 포메이션은 지금 방식으로 표현하면 1-4-2-3이라고 할 수 있을 것이다. 리베로가 '1'이고, 그 앞에 네 명의 대인 마크 담당이 선다. 그리고 중원에 두 명, 최전방에 스리톱이 서는 구성이다. 이 포메이션은 유럽을 처음 제패한 1962-63시즌과 두 번째로 제패한 1968-69시즌 모두 기본적으로 다르지 않다. 대인 마크 담당 수는 상대에 따라 변화를 줬지만, 리베로는 항상 있었다. 경기 운영은 두 미드필더가 중심이었는데, 1962-63시즌에 우승했을 때는 지안니 리베라와 디노 사니였다.

사니는 훗날 JSL 시절 요미우리 클럽에서 요나시로 조지 감독의 헤드

코치를 맡았던, 일본과도 인연이 있는 인물이다. 펠레가 존경했다고 하는 사니는 명목상 요나시로 감독의 보좌 역할이었지만 실질적인 감독이라고 할 수 있었다. 브라질에서 귀화해 일본 국가대표로 활약했던 루이 라모스에게 플레이메이커의 길을 걷도록 지도한 사람도 사니였다.

리베라는 이탈리아 역사상 최고의 플레이메이커일 것이다. 밀란은 15세에 알레산드리아에서 프로 선수로 데뷔한 그를 10번 유니폼을 준비해 놓고 영입했다. 작고 마른 체격에 특별히 빠르지는 않았지만, 테크닉이 발군이었고 무엇보다 축구 센스가 타의 추종을 불허했다. 안드레아 피를로와 비슷한 유형으로, 우아함의 극치였다.

WM(3-2-2-3)에서 후방에 리베로를 증원시킨 형태이기 때문에 그만큼 전방 인원이 부족해진다. 이에 최전선의 세 명을 변함없이 유지하면서 예전에는 네 명이었던 중원에 두 명만 두는 것이 로코 방식의 특징이었다. 1968-69시즌에 중원에서 리베라와 짝을 이뤘던 지오반니 로데티는 하드워커였고, 창의적인 부분은 리베라가 혼자서 담당했다. 로코 방식의 카테나치오는 리베라가 있었기에 성립했다고 말할 수 있을 듯하다. 피지컬 엘리트가 아닌 리베라의 운동량과 수비를 대신 부담시키기 위해 로코 감독은 주위에 하드워커를 배치했다.

하드워커의 반대말은 '마에스트로'다. 특수한 기능을 보유한 장인이며, 장인의 허드렛일을 해 줄 하드워커가 필요하다. 밀란의 경우에는 리베라가 마에스트로였는데, 이런 분업제는 이탈리아 국가대표팀에서도

이탈리아어로 '빗장'이라는 뜻이며, 리베로 시스템을 가리킨다.

오랫동안 토대가 되었다.

1968-69시즌 챔피언스리그 결승전에서 밀란은 요한 크루이프와 피트 케이저르가 있는 아약스를 4 대 1로 격파했다. 밀란의 카테나치오는 수비뿐만 아니라 공격도 강력했다. 우측 윙어인 쿠르트 함린은 스웨덴의 역대 베스트 플레이어 중 한 명이다. 센터포워드인 안젤로 소르마니는 산투스의 명선수 페페의 교체 선수로 뛰다가 이탈리아로 건너와 '하얀 펠레'로 불린 브라질 선수이다. 좌측에는 기교와 득점력을 겸비한 피에리노 프라티가 있었다. 유러피언컵 결승전에서 해트트릭을 기록한 선수는 디 스테파노와 푸스카스, 프라티 3명뿐이다.

리베로+대인 마크로 견고하게 수비하고, 하드워커의 도움을 받는 리베라가 최전선의 세 명에게 잇달아 결정적인 패스를 공급하는 것이 밀란의 기본적인 전술이었다.

한편, 인테르도 카테나치오를 채용했지만 밀란과는 형태가 조금 달랐다. 인테르를 지휘했던 에레라는 축구 역사에서도 손꼽히는 명감독이다. 아르헨티나에서 태어났지만 프랑스에서 선수 생활을 했고, 스페인의 아틀레티코 마드리드와 바르셀로나에서 감독으로 성공을 거뒀으며, '그란데 인테르'로 불린 위대한 팀을 만들어냈다.

에레라 감독의 카테나치오는 독특했다. 리베로를 기용하고 상대 팀 공격수를 빠짐없이 대인 마크하는 것까지는 밀란과 같다. 리베라의 역할을 루이스 수아레스 미라몬테스가 담당한 것도 같았다. 그러나 전방의 구성은 밀란과 달랐다. 포워드는 좌우 비대칭으로, 우측의 자이르 다 코스타는 우측 측면을 위아래로 움직였지만 좌측의 마리오 코르소는 정해진 포지션 없이 유격대처럼 신출귀몰하게 움직였다. 그리고 센

터포워드에는 아우렐리오 밀라니, 그 후방에는 공격형 미드필더격인 산드로 마촐라가 있었다.

뭔가 종잡을 수 없는 포메이션인데, 사실 이것은 1958년 월드컵과 1962년 월드컵에서 연속 우승한 브라질 국가대표팀의 포메이션과 거의 같다고 할 수 있다. 브라질의 4-2-4와 다른 점은 리베로의 유무 정도다. 가린샤의 역할을 자이르가, 포워드와 미드필더의 혼합형이었던 마리우 자갈루의 역할을 코르소가 했다. 플레이메이커인 지지의 역할은 수아레스가 맡았다. 다만 플레이 스타일은 브라질과 정반대였다. 공격적인 브라질과는 대조적으로 인테르는 견고한 수비를 기반으로 한 역습이 전매특허였다.

라인을 내릴 때는 거의 전원이 수비했다. 우측 윙어인 자이르, 좌측의 코르소도 내려와서 공간을 채웠다. 한편 역습으로 전환했을 때는 포지션에 상관없이 유리한 위치에 있는 선수가 달려 나갔다. 좌측 사이드백인 지아친토 파케티는 '공격하는 풀백'으로 시대를 앞서 나간 존재였다. 공수 분업 체제인 밀란과 다른 점은 전원 공격 전원 수비라는 토털 축구적인 사고방식이었을 것이다.

인테르의 방식은 이탈리아 국가대표팀에 이식되었다. 리베로+대인마크. 미드필더 한 명은 플레이메이킹을 하는 사령탑이고, 다른 한 명은 사령탑을 보좌한다. 그리고 스트라이커 두 명과 워킹윙어 한 명이 있다. 예를 들어 사령탑은 리베라, 마촐라, 잔카를로 안토뇨니, 주세페

[엘레니오 에레라(ARG)]

그란데 인테르를 지휘한 축구 역사상 손꼽히는 명감독.

잔니니에게 계승되었다. 공격의 핵심인 윙킹윙어로는 프랑코 카우시오, 브루노 콘티, 로베르토 도나도니가 유명하며, 공격형 레프트백도 파케티에서 안토니오 카브리니, 파올로 말디니로 잘생긴 외모까지 계승되어 갔다.

1982년 스페인 월드컵에서도 이 구성으로 우승했으며, 자국에서 개최된 1990년 월드컵까지도 거의 이 형태였다. 참고로, 이때는 인테르의 라이벌인 밀란이 지역 방어로 유럽을 석권하던 시기였다.

'카테나치오'에 대한 안티테제

1986년, 실비오 베를루스코니가 밀란을 인수하면서 '그란데 밀란'의 시대가 시작된다.

베를루스코니 회장은 당시 무명이었던 아리고 사키를 감독으로 임명했다. 그리고 사키 감독은 축구 전술의 역사에 결정적인 쐐기를 박아 넣었다. 얇은 플랫라인, 포워드부터 수비수까지의 간격을 좁혀서 끊임없는 압박을 실현했다. 1970년대 네덜란드 국가대표팀이 보여줬던 압박에 1980년대를 석권했던 리버풀의 지역 방어를 조합해 그때까지 본 적이 없었던 혁신적인 플레이 스타일을 만들어낸 것이다.

사키의 전술은 그때까지 이탈리아가 쌓아 올렸던 카테나치오에 정면으로 맞서는 안티테제라고 할 수 있다. 리베로를 폐지하고, 대인 방

[아리고 사키(ITA)]

지역 방어와 압박을 조합한 혁신적인 스타일을 창출했다.

어를 버렸으며, 속인적인 역할을 없앴다. 이탈리아다움을 구성하고 있었던 요소를 모조리 부정해 버린 것이다. 사키의 새로운 플레이 스타일에 강렬한 알레르기 반응이 일어난 것은 당연한 현상이었다고도 할 수 있다. 이는 사키가 이탈리아 국가대표팀 감독이 된 뒤에도 마찬가지였으며, 그가 퇴임하자 후임인 체사레 말디니 감독이 즉시 전통적인 수법으로 회귀했을 정도다. 그러나 한편으로 사키 감독과 밀란이 만들어낸 결과에는 설득력도 있었다.

사키 감독이 취임한 1987-88시즌, 밀란은 불과 2패만을 거두며 스쿠데토를 차지했다. 이어진 1988-89시즌에는 챔피언스리그 우승을 차지했으며, 1989-90시즌도 제패하면서 2회 연속 우승을 달성했다. 프랑코 바레시, 말디니, 도나도니, 프랑크 레이카르트, 루드 굴리트, 마르코 판 바스텐을 보유한 이 시기의 밀란이야말로 축구 역사상 최강팀이었다는 의견도 적지 않다.

사키가 이탈리아 국가대표팀 감독에 취임하고 파비오 카펠로가 후임 감독이 되자 밀란은 더욱 높이 날아오른다. 1991-92시즌에는 세리에A 무패 우승을 달성했으며, 그 기세를 몰아 3시즌 연속 우승까지 달성한다. 챔피언스리그도 1992-93시즌부터 3년 연속 결승전에 진출했고, 1993-94시즌에는 크루이프 감독이 이끄는 전성기의 바르셀로나를 4 대 0으로 완파하며 우승했다.

그러나 카펠로의 밀란에는 전 감독인 사키 시절만큼의 선진적인 면모는 없었다. 수비 라인은 조금 내려갔고, 이에 따라 압박의 강도도 조금은 완화되었다. 다시 말해 현재의 수비 전략에 가까운 만큼 안정적으로 승리할 수 있게 되었다.

이 시기의 밀란은 세계적인 톱 클럽이자 동경의 대상이었다. 유능한 회장과 화려한 선수진, 현대적인 전술과 훈련. 세리에A가 세계 최고의 리그였던 시대이기도 했다.

밀란의 새로운 스타일의 특징은 '강도'다. 콤팩트하게 수비하고, 좁은 장소로 몰아넣어 공을 빼앗고 재빨리 역습을 펼친다. 공을 다툴 때의 강도뿐만 아니라 플레이의 템포 자체가 빠르고 강도도 높았다. 사키 시대 밀란의 다른 클럽과는 차원이 다른 높은 플레이 강도는 강렬한 인상을 남겼고, 훗날 독일의 랄프 랑닉의 손에 재현되었으며 위르겐 클롭에게 계승되었다.

재미없는
코스모폴리탄

밀란이 세계를 석권하고 있던 무렵, 라이벌인 인테르의 상황은 어땠을까?

인테르도 1988-89시즌에 스쿠데토를 차지하는 등 여전히 강한 팀이었다. 유벤투스의 황금시대를 구축했던 지오반니 트라파토니 감독의 지휘 아래 독일 국가대표인 로타어 마테우스와 안드레아스 브레메, 유스 출신이자 이탈리아 국가대표팀의 주력인 왈테르 젠가, 주세페 베르고미, 리카르도 페리 등을 보유했고, 최전선에는 라몬 디아스와 알도 세레나가 활약했다.

밀란의 전성기였고, 나폴리에 디에고 마라도나가 있었던 이 시기에 우승을 했으니 인테르가 강한 팀이었던 것만은 틀림없다. 다만 새로운 점은 전혀 없었다. 리베로를 둔 3-5-2 포메이션이 포백의 플랫 라인과 함께 당시의 주류 시스템이던 것은 맞지만, 결국은 이탈리아의 전통을 답습한 형태에 불과했다. 혁신성이라는 측면에서는 밀란에 크게 미치

지 못했던 것이다. 트라파토니 감독은 밀란처럼 혁신성을 추구하기보다는 전통의 힘을 중요시했다.

다만 그렇다 보니 팬들 사이에서 '재미가 없다'는 반응이 나오는 것은 어쩔 수 없었다. 승리 지상주의자인 이탈리아의 팬들에게서 이런 반응이 나왔다는 것이 상당히 흥미롭다. 결국 인테르는 트라파토니를 해임하는데, 그 뒤로 인테르의 방향성은 상당히 모호해지고 만다. 1997-98시즌에 바르셀로나로부터 호나우두를 영입하고 1999-2000시즌에는 라치오에서 크리스티안 비에리를 영입해 강렬한 투톱을 완성했지만 우승에는 실패했다. 그 후에도 유명 감독과 스타플레이어를 계속 보강했지만 밀란과 유벤투스에 번번이 밀리며 우승을 차지하지 못했다.

그러던 인테르가 마침내 세리에A 우승을 차지한 것은 2005-06시즌이었다. 로베르토 만치니 감독이 이끄는 인테르는 3위로 리그를 마쳤지만, 리그 종료 직후에 '칼초폴리 사건'이 발각되었다. 이 사건으로 유벤투스와 밀란의 승점이 대폭 삭감되면서 인테르의 순위가 상승해 이 시즌의 챔피언으로 인정된 것이다. 참으로 맥 빠지는 형태의 우승이기는 했지만, 이것이 세리에A 5시즌 연속 우승의 시작이었다.

유벤투스가 2부 리그로 강등되고 밀란도 팀 재건에 어려움을 겪었다고는 하나, 그래도 5시즌 연속 우승은 역시 위업이라고 할 수 있다. 이 무렵의 인테르는 이름 그대로 인터내셔널한 진용을 갖추고 있었다. 골키퍼는 브라질에서 온 줄리우 세자르였고, 수비수에는 각각 주장과 부주장을 맡은 아르헨티나인 하비에르 사네티와 콜롬비아인 이반 코르도바가 있었다. 두 남아메리카인이 팀의 리더였다는 말이다. 여기에 마이콘과 막스웰이라는 브라질인 사이드백도 있었다. 사실 2007-

08시즌의 인테르에 이탈리아인 수비수는 마르코 마테라치뿐이었다. 미드필더들의 국적은 더 다양했다. 데얀 스탄코비치(세르비아), 루이스 피구(포르투갈), 파트리크 비에라(프랑스), 에스테반 캄비아소(아르헨티나) 등으로, 이탈리아인은 한 명도 없었다. 포워드도 즐라탄 이브라히모비치(스웨덴)와 아드리아누(브라질) 등 외국인들이 포지션을 차지하고 있었으며, 이탈리아인은 마리오 발로텔리뿐이었다.

인테르는 3시즌 연속 우승을 달성했지만 챔피언스리그에서 부진한 성적을 낸 만치니 감독을 해임하고 2008-09시즌 조세 무리뉴를 새 감독으로 맞이했다. 무리뉴 감독은 2008-09시즌에 리그 4시즌 연속 우승, 2009-10시즌에는 리그 5시즌 연속 우승뿐만 아니라 그토록 염원하던 챔피언스리그 우승과 코파 이탈리아 우승까지 차지하며 이탈리아 클럽 역사상 첫 트레블을 달성했다.

2009-10시즌에는 사무엘 에토와 웨슬리 스네이더가 가세하고, 디에고 밀리토가 중요한 순간마다 골을 넣었다. 견고한 수비에서 시작된 역습은 그란데 인테르의 재현이었다.

바이에른 뮌헨과의 결승전, 인테르의 선발 라인업에 이탈리아인은 단 한 명도 없었다. 아르헨티나인이 네 명(월터 사무엘, 캄비아소, 사네티, 밀리토)으로 가장 많았고, 브라질인이 세 명(줄리우 세자르, 마이콘, 루시우)이었으며, 그 밖에는 크리스티안 키부(루마니아), 스네이더(네덜란드), 에토(카메룬), 고란 판데프(북마케도니아)로 구성되어 있었다. 인테르나치오날레(국제적)라는 이름에 걸맞은 라인업이었던 것이다. 남아메리카인이 일곱 명이나 있었지만 그렇다고 플레이가 남아메리카 스타일인가 하면 그렇지도 않은, 그야말로 코스모폴리탄적인 팀이었다.

History of
Inter Milan
[인테르 연표]

희대의 명장 엘레니오 에레라의 지휘 아래 1963-64, 1964-65시즌 연속으로 유러피언컵 우승을 차지한 팀은 '그란데 인테르'로 불렸다.

1930 년대
▶ **세계에 문호를 개방**

[주요 선수]
주세페 메아차(ITA)

1960 년대
▶ **그란데 인테르**

[감독]
엘레니오 에레라(ARG)

[주요 선수]
루이스 수아레스 미라몬테스(ESP)/자이르 다 코스타(BRA)/마리오 코르소(ITA)/아우렐리오 밀라니(ITA)/산드로 마촐라(ITA)/지아친토 파케티(ITA)

1980~1990 년대
▶ **여전히 리그의 강호**

[감독]
지오반니 트라파토니(ITA)

[주요 선수]
로타어 마테우스(GER)/안드레아스 브레메(GER)/왈테르 젠가(ITA)/주세페 베르고미(ITA)/ 리카르도 페리(ITA)/라몬 디아스(ARG)/알도 세레나(ITA)/호나우두(BRA)/크리스티안 비에리(ITA)/이반 사모라노(CHI)/로베르토 바조(ITA)/디에고 시메오네(ARG)/유리 조르카에프(FRA)/알바로 레코바(URU)

2000~2010 년대
세리에A 5시즌 연속 우승&챔피언스 리그 우승

[감독]
로베르토 만치니(ITA)
조세 무리뉴(POR)

[주요 선수]
줄리우 세자르(BRA)이반 코르도바(COL)/하비에르 사네티(ARG)/마이콘(BRA)/막스웰(BRA)/마르코 마테라치(ITA)/데얀 스탄코비치(SRB)/루이스 피구(POR)/파트리크 비에라(FRA)/에스테반 캄비아소(ARG)/즐라탄 이브라히모비치(SWE)/아드리아누(BRA)/마리오 발로텔리(ITA)/사무엘 에토(CMR)/웨슬리 스네이더(NED)/디에고 밀리토(ARG)/월터 사무엘(ARG)/루시우(BRA)/크리스티안 키부(ROU)/고란 판데프(MKD)

History of
A.C. Milan
[밀란 연표]

1986년에 실비오 베를루스코니가 밀란을 인수하고 아리고 사키가 감독으로 취임하면서 '그란데 밀란'의 시대가 시작되었다.

1950 년대
▶ **그레놀리**

[주요 선수]
군나르 그렌(SWE)/군나르 노르달(SWE)/닐스 리스홀름(SWE)

1960 년대
▶ **카테나치오**

[감독]
네레오 로코(ITA)

[주요 선수]
지안니 리베라(ITA)/디노 사니(BRA)/지오반니 로데티(ITA)/쿠르트 함린(SWE)/안젤로 소르마니(BRA)피에리노 프라티(ITA)

1980~1990 년대
▶ **압박 혁명**

[회장]
실비오 베를루스코니(ITA)
[감독]
아리고 사키(ITA)
파비오 카펠로(ITA)
알베르토 자케로니(ITA)

[주요 선수]
카를로 안첼로티(ITA)/프랑코 바레시(ITA)/파올로 말디니(ITA)/로베르토 도나도니(ITA)/알레산드로 코스타쿠르타(ITA)/프랑크 레이카르트(NED)/루드 굴리트(NED)/마르코 판 바스턴(NED)/데메트리오 알베르티니(ITA)/즈보니미르 보반(CRO)/마르셀 데사이(FRA)/조지 웨아(LBR)/데얀 사비체비치(MNE)/로베르토 바조(ITA)/토마스 헬베그(DEN)/올리버 비어호프(GER)/레오나르두 아라우주(BRA)/마시모 암브로시니(ITA)

2010 년대 ~ 현재
▶ **챔피언스리그 2회 우승**

[감독]
카를로 안첼로티(ITA)

[주요 선수]
알레산드로 네스타(ITA)/젠나로 가투소(ITA)/루이 코스타(POR)/클라렌스 세도르프(NED)/안드레아 피를로(ITA)/안드리 셰브첸코(UKR)/필리포 인자기(ITA)/히바우두(BRA)/카카(BRA)

'라이벌 클럽'의 철학

II

벤피카×포르투

'비슷한 선수들'을 뒤섞어서 '차이'를 만들어낸다

SL 벤피카

Sport Lisboa e Benfica

창단 년도	1904년
회장(소유자)	루이스 필리페 비에이라(POR)
본거지	포르투갈 리스본
홈구장	이스타디우 다 루스 (수용 인원 65,647명)
메인스폰서	Fly Emirates: 항공 회사(UAE)
우승 기록	리그 37회 / 컵 26회 리그컵 7회 챔피언스리그 2회

역대 감독(최근 10시즌)

2010–2011	조르제 제주스(POR)
2011–2012	조르제 제주스(POR)
2012–2013	조르제 제주스(POR)
2013–2014	조르제 제주스(POR)
2014–2015	조르제 제주스(POR)
2015–2016	루이 비토리아(POR)
2016–2017	루이 비토리아(POR)
2017–2018	루이 비토리아(POR)
2018–2019	루이 비토리아(POR) 브루누 라지(POR)
2019–2020	브루누 라지(POR)

FC 포르투

Futebol Clube do Porto

창단 년도	1893년
회장(소유자)	조르제 누누 핀투 다 코스타(POR)
본거지	포르투갈 포르투
홈구장	이스타디우 두 드라강 (수용 인원 50,033명)
메인스폰서	MEO: 통신 회사 'altice'의 서비스명(NED)
우승 기록	리그 29회 / 컵 17회 / 챔피언스리그 2회 유로파리그&UEFA컵 2회 클럽 월드컵&인터콘티넨털컵 2회

역대 감독(최근 10시즌)

2010–2011	안드레 빌라스보아스(POR)
2011–2012	비토르 페레이라(POR)
2012–2013	비토르 페레이라(POR)
2013–2014	파울로 폰세카(POR) 루이스 카스트루(POR)※임시
2014–2015	훌렌 로페테기(ESP)
2015–2016	훌렌 로페테기(ESP) 루이 바로스(POR)※임시 조세 페세이로(POR)
2016–2017	누누 에스피리투 산투(POR)
2017–2018	세르지우 콘세이상(POR)
2018–2019	세르지우 콘세이상(POR)
2019–2020	세르지우 콘세이상(POR)

‘지식’과 ‘일용품’이라는 두 개의 가방

벤피카는 포르투갈에서 가장 팬이 많은 클럽이다. 2012년에 UEFA에서 조사한 바에 따르면 포르투갈 국민의 47퍼센트가 벤피카의 팬이라고 한다. 유럽에만 550만 명의 팬이 있으며, 옛 식민지인 모잠비크와 앙골라에 600만 명, 미국과 캐나다에 100만 명 등 세계적으로도 수많은 팬을 보유하고 있다. 또한 세계에서 유료 회원(소시오)의 수가 가장 많은 클럽으로도 알려져 있다.

홈구장인 이스타디우 다 루스는 1980년대에 13만 5,000명까지 수용했던 세계 최대급 경기장이었다(2003년에 6만 5,647명 규모로 재개장했다). 이 ‘빛의 경기장’에서는 킥오프 전에 클럽의 심벌인 독수리가 상공을 날아다닌다. 다리에 홍백색 테이프를 감은 독수리는 아래에 있는 군중을 두려워하지 않고 관심도 보이지 않는 고고한 모습을 보여준 뒤 필드에 있는 횃대로 돌아간다.

벤피카의 전성기는 1950~70년대였다. 그중에서도 유럽 챔피언이 되었던 1960-61, 1961-62시즌이 절정기였을 것이다.

1959년 여름, 클럽의 역사를 바꿀 사나이가 벤피카를 찾아왔다. 마우리시우 비에이라 데 브리토 회장은 포르투를 리그 우승으로 이끌었던 벨라 구트만을 초빙하기 위해 "이것으로 원하는 선수를 마음껏 사시오"라며 백지수표를 내밀었다. 그러나 새로운 감독이 영입한 선수는 제르마누와 주제 아우구스투뿐이었다. 둘 다 벤피카에 황금기를 불러온 중요한 선수이기는 했지만, 아무리 그래도 수가 너무 적었다. 그러나 구트만은 자신이 포르투에서 획득했던 트로피를 벤피카에도 안긴 뒤 회장에게 이렇게 말했다고 한다.

"좋은 선수는 돈으로 살 수 있지만 좋은 팀은 돈으로 살 수 없습니다."

구트만은 40년 전에 등장한 '조세 무리뉴'다. 실제로 당시 벤피카에서 뛰었던 선수들은 무리뉴가 포르투를 이끌고 선풍을 일으켰을 때 자연스럽게 구트만을 떠올렸다고 한다.

"저건 구트만이 40년 전에 했었던 것이오."

당시의 중심 선수였던 안토니우 시모에스는 인터뷰에서 두 감독의 유사성을 지적했다.

구트만은 축구 역사상 최초의 스타 감독이었는지도 모른다. 40년이 넘는 커리어에서 20개가 넘는 팀을 지휘했는데, 여기에는 벤피카와 포르투, 밀란 등 유럽의 클럽뿐만 아니라 브라질의 상파울루, 우루과이의 페냐롤도 포함된다. UEFA가 주관하는 유러피언컵과 남미 축구 연맹

[벨라 구트만(HUN)]

축구 역사상 최초의 스타 감독.

이 주관하는 코파 리베르타도레스에서 모두 결승전에 진출한 감독이기도 하다.

오스트리아 헝가리 제국 시대에 태어난 구트만은 헝가리의 명문 클럽인 MTK에서 선수 활동을 시작한 뒤 오스트리아의 하코아 빈으로 이적했다. 하코아는 유럽 전역의 유대인 운동선수를 모은 클럽으로, 유대인들로부터 열광적인 지지를 받는 강력한 종합 스포츠클럽이었다. 작가인 프란츠 카프카도 하코아의 열렬한 팬이었다고 한다.

1926년, 하코아는 미국 원정을 떠난다. 당시 미국에서 축구는 야구에 버금가는 인기 스포츠였기 때문에 하코아와 미국 리그 선발팀의 경기를 보러 4만 명이 넘는 관중이 경기장을 가득 채웠다고 한다. 구트만은 그대로 미국에 남아 NY 하코아의 중심 선수로 뛰었고, 그 후 '스피크이지'의 경영에 뛰어들어 큰 재산을 축적했다. 스피크이지는 금주령이 실시되고 있던 미국에서 유행한 불법 술집을 뜻한다. 표면적으로는 레스토랑이나 댄스홀로 영업을 하면서 몰래 술을 제공했는데, 당연히 이런 장사는 수입이 짭짤했다.

그러나 대공황이 일어나는 바람에 구트만은 재산을 모두 잃고 유럽으로 돌아가게 되었다. 하코아 빈에서 감독으로 커리어를 시작한 그는 네덜란드의 엔셰데(현재의 FC 트벤터)에서 첫 타이틀을 획득한 뒤 헝가리의 우이페슈트에서 리그 우승과 미트로파컵(중부 유럽컵) 우승을 차지하며 화려한 출발을 한다. 그러나 제2차 세계대전이 발발하자 유대인인 구트만은 형과 함께 강제 수용소에 수용되고 만다. 형은 수용소에서 사망했지만 구트만은 탈출에 성공해 스위스로 망명한 듯한데, 이후의 행적은 알려진 것이 없다.

전쟁이 끝난 뒤 구트만은 1946년 루마니아의 마카비라는 클럽을 지휘했는데, 보수는 '채소'였다. 물자가 부족한 세상이었기 때문에 구트만 본인이 채소로 지급해 줄 것을 원했다고 한다. 그리고 1947년에는 헝가리의 강호 키슈페스트의 감독으로 취임한다. 키슈페스트에는 1950년대의 '디에고 마라도나'인 당시 21세의 페렌츠 푸스카스가 있었다. 구트만이 지휘한 시즌에 푸스카스는 32경기에서 50골을 집어넣었다. 그러나 천재 푸스카스와의 작은 분쟁을 계기로 구트만은 감독을 사임하고 키슈페스트를 떠난다. 한 경기에서 구트만이 수비수에게 지시를 내렸는데, 푸스카스는 동료에게 "신경 쓰지 마"라고 말했다. 자신의 지시가 실행되지 않은 것을 본 구트만은 경기 도중에 벤치에서 관중석으로 올라가 한동안 경마 신문을 읽었다고 하며, 이윽고 경기장을 떠나 그대로 돌아오지 않았다.

구트만은 축구에 관해서는 타인의 간섭을 용납하지 않는 사람이었다. 그런데 푸스카스가 전임 감독인 푸스카스 시니어의 아들이었기 때문에 이 부자와 싸운들 승산이 없음을 알고 떠난 것으로 추측된다.

"감독은 두 개의 가방을 가지고 있어야 한다. 하나는 축적한 지식이 들어 있는 가방이고, 다른 하나는 언제라도 즉시 그곳을 떠날 수 있도록 일용품을 챙긴 가방이다."

이는 구트만이 남긴 유명한 말이다. 그는 실제로 상대가 회장이라 해도 간섭을 용납하지 않았고 간섭을 배제할 수 없을 때는 미련 없이 클

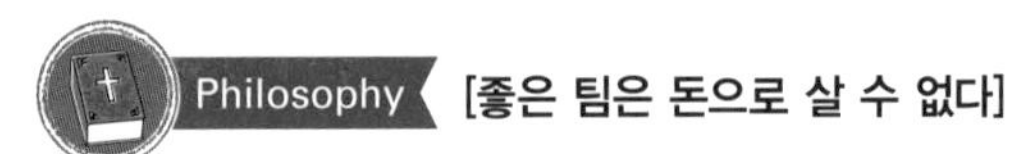

[좋은 팀은 돈으로 살 수 없다]

포르투에서 온 구트만은 벤피카의 회장에게 이렇게 말했다.

럽을 떠났다. 그런 탓인지 같은 팀에서 세 시즌을 보낸 적이 없다. 지금은 3년만 계속 지휘해도 장기 집권이지만, 당시에는 10년 동안 같은 클럽을 지휘하는 감독이 드물지 않았기 때문에 구트만은 매우 보기 드문 부류였다. 어디를 가더라도 타이틀을 따냈지만, 한 곳에 오래 머무는 일은 없었다. 이것도 무리뉴와의 공통점이다.

1953년에 밀란을 지휘했을 때는 1위를 달리고 있었음에도 해임당했다.

"범죄자도 동성애자도 아닌데 해임당했네. 모두들 잘 있으시게나."

당시 동성애자라는 것이 해고 사유에 해당되었는지 어떤지는 알 수 없지만, 기자들 앞에서 이렇게 말하고 떠났다. 클럽의 간부와 무엇인가 트러블이 있었던 것은 틀림없다. 그 후 구트만은 계약서를 작성할 때 "팀이 1위라면 해고당하지 않는다"라는 조항을 꼭 집어넣게 했다.

개화 후 판매라는 '포르투 모델'

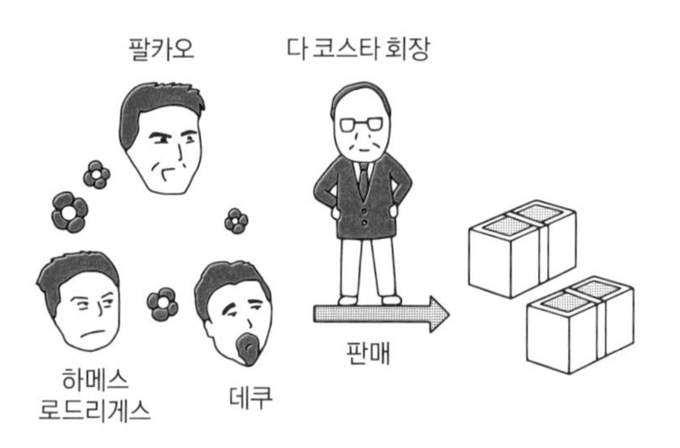

조세 무리뉴는 입지전적 인물이다. 선수로서 화려한 실적을 올리지 못한 그는 체육 교사로 일하면서 코치나 스카우트로 일했는데, 그러다 스포르팅에서 보비 롭슨 감독의 통역을 맡았던 것이 성공의 계기가 되었다는 이야기는 너무나도 유명하다.

여담이지만, '제2의 무리뉴'로 불렸던 안드레 빌라스보아스도 롭슨에게 편지를 쓴 것이 계기가 되어 롭슨의 밑에서 일하게 되었으며, 역시 선수로서 이렇다 할 실적을 올리지 못했음에도 포르투의 감독이 되어 수많은 기록을 갈아치우고 리그 우승을 차지했다. 롭슨 밑에서 일할 때는 무리뉴의 동료였고, 첼시와 인테르에서는 무리뉴 감독의 스태프였다. 무리뉴와 빌라스보아스라는 재기발랄한 무명의 천재를 등용해 출세시켰다는 사실에서 롭슨의 넓은 도량을 엿볼 수 있다.

구트만은 포르투에서 벤피카로 갔지만, 무리뉴는 반대로 벤피카에서 감독 생활을 한 뒤 포르투로 자리를 옮겼다. 다만 구트만처럼 팀을 우승시킨 것은 아니고 2000-01시즌 성적은 벤피카 사상 최악인 6위였다. 사실 무리뉴는 9경기 만에 사임하고 팀을 떠났다. 신임 회장이 선수 기용에 간섭할 것을 예측하고 자신을 신뢰하는지 확인코자 계약기간 연장을 요청했지만 회장이 이를 거부하자 곧바로 사임한 것이다. 이런 처세는 구트만과 판박이이며, 감독으로서 타이틀을 모조리 획득하면서도 '4년차는 없는' 것 또한 똑같다.

벤피카에서 나온 무리뉴는 우니온 데 레이리아에서 좋은 성적을 낸 뒤 2001-02시즌 도중(1월)에 포르투의 감독으로 취임했다. 무리뉴는 부진에 허덕이던 팀을 5위에서 3위로 끌어 올린 뒤 "다음 시즌에는 타이틀을 획득하겠다"라고 선언했는데, 이 선언은 언론들의 비웃음을 샀다. 포르투는 그만큼 구제불능 상태로 여겨졌다.

그러나 무리뉴는 자신의 선언을 실현시켰다. 2002-03시즌, 리그에서 벤피카를 승점 11점 차이로 앞서며 우승을 차지했고, 타사 드 포르투갈(컵대회)의 트로피도 들어 올렸으며, UEFA컵에서도 셀틱을 물리치고 우승했다.

2003-04시즌에도 여유 있게 리그 우승을 차지했을 뿐만 아니라 챔피언스리그 우승까지 달성했다. 모나코와의 결승전은 누구도 예상치 못했던 다크호스끼리의 대결이었지만, 결승전에 오르는 과정에서 맨체스터 유나이티드와 올랭피크 리옹, 데포르티보 라코루냐를 격파했다. 이후 무리뉴는 2시즌 만에 포르투를 떠나 신천지인 첼시로 향했는데, 그 뒤로 더 큰 성공 스토리가 있었다는 사실은 모두 잘 알고 있을 것이다.

포르투갈 제2의 도시 포르투의 축구 클럽인 FC 포르투는 1893년에 창단했다. 1904년에 창단한 벤피카보다 창단 시기가 약간 빠르다. 초대

회장인 안토니우 니콜라우 달메이다는 포트와인 수출업자로, 영국으로 출장을 갔다가 축구에 푹 빠져서 포르투를 만들었다. 그러나 아내가 축구를 싫어했기 때문에 일단 운영을 중단했는데, 1906년에 조세 몬테이로 다 코스타가 회장직을 계승하면서 운영을 재개하기에 이르렀다.

최초의 황금시대는 유러피언컵에서 첫 우승을 차지한 1986-87시즌이다. 결승전에서 바이에른 뮌헨에 역전승을 거뒀는데, 알제리의 전설적인 선수인 라바 마제르가 77분부터 1골 1어시스트를 기록해 경기를 뒤집었다. 이때 동점골을 넣은 힐킥은 유러피언컵 역사에서 손꼽히는 명장면 중 하나다. 마제르는 아프리카 최우수 선수에 선정되었지만, 당시 아프리카인에게는 발롱도르 수상 자격이 없었기 때문에 1987년의 발롱도르는 루드 굴리트에게 돌아갔다. 현재 기준이었다면 마제르가 수상했을지도 모른다.

그 후 마제르는 인테르로 이적할 예정이었지만 최종 단계인 메디컬 체크에서 이상이 발견되어 취소되었고, 이에 아약스의 요한 크루이프 감독이 영입을 시도했지만 클럽 간부가 정보를 누설하는 바람에 이 또한 성사되지 못했다. 크루이프는 이 일로 클럽 간부에게 불신감을 느끼고 바르셀로나로 떠나게 된다.

포르투가 1950~60년대에 압도적인 강력함을 자랑하던 벤피카와 경쟁할 수 있는 전력을 갖춘 것은 1970년대가 되어서다. 그리고 1980년대 이후에는 두 팀의 상황이 역전되는데, 그 결정적인 계기는

[카네이션 혁명]

1974년에 포르투갈에서 일어난 군사 쿠데타.

1974년의 카네이션 혁명이었다. 1933년부터 안토니우 살라자르의 독재 정권 아래에서 잇따른 전쟁이 계속되면서 포르투갈 경제가 피폐해져 서유럽의 최빈국으로 전락하자 청년 장교들이 궐기해 정권을 탈취했다. 거의 사망자가 발생하지 않은 무혈 혁명으로, 혁명의 상징이었던 꽃에서 이름을 딴 카네이션 혁명으로 불리게 되었다. 40년 동안 계속된 독재 정권 아래에서는 벤피카가 국가를 대표하는 클럽이었다. 독재국가에서 수도의 클럽이 압도적인 강력함을 보여주는 것은 스페인의 레알 마드리드와 비슷한 현상이다.

그리고 1982년 조르제 누누 핀투 다 코스타가 회장으로 취임한 것도 하나의 전기였다. 16세부터 포르투의 회원이었을 만큼 골수팬인 그는 20세에 클럽의 사무 업무를 시작해 롤러하키 부문의 책임자가 되었다. 그 후 클럽 내부의 세력 다툼으로 일단 클럽을 떠나지만, 1976년에 축구 부문으로 복귀해 1977-78시즌에 19년 만의 리그 우승을 이뤄냈다. 그리고 1982년에 제33대 회장이 된 그는 조세 마리아 페드로투 감독과 콤비를 이루어 황금시대의 토대를 쌓아 나갔으며, 페드로투가 병으로 물러나자 아르투르 조르제 감독을 발탁해 1986-87시즌의 첫 유러피언컵 우승을 이뤄냈다.

1994-95시즌부터는 보비 롭슨, 안토니우 올리베이라, 페르난두 산토스로 감독이 계속 바뀌는 가운데서도 리그에서 5시즌 연속 우승을 달성했다. 축구뿐만 아니라 핸드볼과 농구, 롤러하키, 수영 등 온갖 종목에서 눈부신 성과를 내면서 포르투는 1995년에 5종목에서 챔피언이 되었다.

조세 무리뉴 감독이 지휘했던 찬란한 두 시즌 이후에도 포르투의 기

세는 꺾이지 않았다. 2010-11시즌에는 안드레 빌라스보아스 감독의 지휘 아래 유로파리그 우승을 달성했고, 국내 리그에서는 승점 21점 차이로 우승, 16연승, 무패 우승 등 온갖 기록을 갈아치웠다. 회장 핀투 다 코스타는 세계 최다인 60개의 트로피를 수집했으며, 그 수를 계속 늘리고 있다.

핀투 다 코스타 회장의 공적은 이것만이 아니다. 유망한 선수를 발탁해 포르투에서 개화시킨 뒤 판매함으로써 거액의 이익을 내는 운영 모델을 만들어냈다. 이 클럽에서 개화한 다음 이적한 선수는 수없이 많다. 라다멜 팔카오(→아틀레티코 마드리드), 히카르두 콰레스마(→인테르), 데쿠(→바르셀로나), 히카르두 카르발류(→첼시), 안데르송 올리베이라(→맨체스터 유나이티드), 크리스티안 로드리게스(→아틀레티코), 지에구(→베르더 브레멘), 하메스 로드리게스(→모나코), 헐크(→제니트 상트페테르부르크), 페페, 다닐루, 카세미루(→레알 마드리드), 페르난두(→맨체스터 시티), 니콜라스 오타멘디(→발렌시아), 알렉스 산드루(→유벤투스) 등등…. 2019-20시즌에는 나카지마 쇼야를 영입했다.

포르투는 포르투갈 국내의 강호로 군림하면서도 빅클럽으로 가려는 젊은 선수들의 등용문이 되고 있다.

풀리지 않는 구트만의 저주

리스본에는 벤피카 외에도 스포르팅이 있으며, 벨레넨세스라는 클럽도 있다(딱 한 번 리그 우승을 차지했다). 포르투에는 보아비스타라는 FC 포르투의 라이벌이 있다. 그리고 같은 도시 클럽끼리의 로컬 더비도 각각 존재한다. 다만 포르투갈을 양분하는 빅클럽은 벤피카와 포르투이며, 두 팀의 대결은 우 클라시쿠(엘 클라시코)로 불린다.

수도 리스본은 인구 54만 명, 주변 도시권을 합치면 300만 명이 사는 대도시이며, 포르투의 인구는 160만 명에 불과하다. 그러나 우 클라시쿠의 종합 전적은 95승 60무 88패로 포르투가 우위에 있다(2020년 2월 현재). 다만 이는 핀투 다 코스타가 회장으로 취임한 1980년대에 맹렬한 속도로 따라잡아 역전시킨 결과이며, 1950~60년대에는 벤피카의 지배가 계속되었다. 이 시기의 벤피카는 10년 동안 리그 우승 8회를 차지했으며, 1960-61시즌과 1961-62시즌에는 구트만 감독의 지휘 아래 유러피언컵 트로피를 연속으로 들어 올렸다.

유러피언컵은 1955-56시즌에 시작되었는데, 제1회부터 제5회까지

는 레알 마드리드가 타이틀을 독점하고 있었다. 그런 상황에서 레알 마드리드의 지배 구도를 처음으로 깬 팀이 벤피카였다. 벤피카는 1960-61시즌에는 바르셀로나, 1961-62시즌에는 레알 마드리드를 결승전에서 격파했다. 1960-61시즌 결승전에서는 숨 막히는 격전 끝에 3 대 2로 승리했는데, 마우리시우 비에이라 데 브리토 회장은 종반에 바르셀로나가 맹공을 개시했을 때 심장 발작으로 쓰러지고 말았다. 경기가 끝나고 선수들이 라커룸으로 돌아오니 마사지 테이블 위에 회장이 누워 있었다. 그 모습을 본 마리우 콜루나가 회장에게 타월을 부치며 바람을 쐬어 주자 눈을 뜬 회장은 트로피를 보더니 "나의 벤피카……. 나의 벤피카가 챔피언이……. 이제 죽어도 여한이 없군"이라고 말했다. 실제로 회장은 이때의 심장 발작이 원인이 되어서 얼마 후 세상을 떠났다.

1961-62시즌의 결승전 상대는 레알 마드리드였다. 전반전은 3 대 2로 레알 마드리드가 앞선 채 종료되었는데, 푸스카스가 전반전에 이미 해트트릭을 기록하며 벤피카와 구트만의 앞을 가로막았다. 하프타임의 로커룸에서 구트만은 위대한 푸스카스에게 완전히 압도당한 선수들 앞에 서서 조용히 입을 열었다.

"자, 다시 한번 레알 마드리드에 관해 확인하고 넘어가자고. 내 말 잘 들어. 재네들은 다리가 두 개야. 머리는 하나고, 심장도 하나고, 폐도 하나고…"

너희와 전혀 다를 것이 없는 인간이라는 말을 하고 싶었던 것이리라.

Philosophy [디 스테파노는 죽었어]

1961-62시즌 유러피언컵 결승전에서 구트만이 남긴 명언.

그리고 마지막에는 이렇게 소리쳤다.

"재네는 노인네들이야! 제대로 뛰지도 못하는 노인네들이라고! 디스테파노는 죽었어!"

흥분한 선수들은 필드로 일제히 뛰쳐나갔다. 이때 구트만은 선수 한 명을 잡더니 이렇게 말했다.

"네가 디 스테파노를 마크하도록 해. 오늘 같은 컨디션의 푸스카스는 절대 못 막아. 하지만 대부분의 패스는 디 스테파노한테서 오니까, 그놈만 지워 버리면 푸스카스도 지워질 거야."

후반전, 푸스카스는 정말로 지워졌다. 그전에 디 스테파노가 지워져 버렸기 때문이다. 그리고 경기는 5 대 3, 벤피카의 역전승으로 끝났다.

이듬해에 구트만은 늘 그렇듯이 프런트와 대립하다가 벤피카를 떠났다. 훗날 유명해진 '구트만의 저주'를 남기고.

"앞으로 100년 사이에 포르투갈 클럽이 유럽 챔피언에 오르는 날이 오기는 하겠지. 하지만 그게 벤피카는 절대 아닐 거야."

그 후 벤피카는 다섯 차례나 결승전에 진출했지만 단 한 번도 이기지 못했다. 1989-90시즌에 밀란과 결승전을 치를 때는 경기 전에 에우제비우가 구트만의 묘지 앞에서 눈물을 흘리며 "이제 용서해 주십시오"라고 빌었지만, 프랑크 레이카르트에게 결승골을 허용해 0 대 1로 패했다.

구트만의 말처럼, 훗날 포르투갈 클럽이 유럽 챔피언의 자리에 오르기는 했지만 그 주인공은 벤피카가 아닌 포르투였다.

과연 벤피카가 저주의 유효 기간인 100년이 지나기 전에 유럽 챔피언이 될 수 있을지 귀추가 주목된다.

닮은꼴 감독이 완성시킨 창과 방패

벤피카 역사상 최강의 팀은 구트만이 지휘했던 1960-61, 1961-62시즌의 팀이다. 포르투 역사상 최강의 팀은 무리뉴가 지휘했던 2003-04시즌의 팀이다. 이 두 팀이 시공을 초월해 우 클라시쿠에서 맞붙는다면 과연 어떻게 될까?

구트만의 벤피카는 강력한 공격진을 보유하고 있었다. 당시는 포워드가 다섯 명이었는데, 우측 윙어는 '포르투갈의 가린샤' 아우구스투였다. 준족에 테크닉도 발군이어서 득점과 어시스트 양쪽에서 대활약을 한 선수다. 좌측 윙어 또한 명선수인 시모에스였고, 센터포워드는 조세 아구아스, 인사이드포워드는 마리우 콜루나와 에우제비우의 모잠비크 콤비가 있었다.

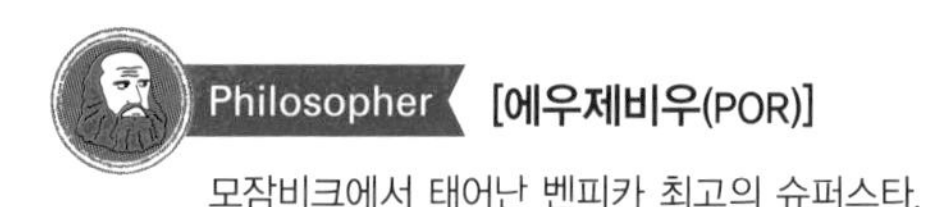

[에우제비우(POR)]

모잠비크에서 태어난 벤피카 최고의 슈퍼스타.

콜루나는 벤피카 역사상 최고의 선수다. 모잠비크에서는 육상 높이뛰기 선수이기도 했다. 매우 영리할 뿐만 아니라 신체 능력도 발군이었고, 나아가 정신적인 기둥 역할까지 했다. 팀의 두뇌이자 폐, 심장이었던 것이다. 콜루나는 경기가 열세일 때는 수비를 지원하고, 공을 가지고 있을 때는 드리블로 단숨에 적진을 돌파해 흐름을 바꾸는 등 절대적인 영향력을 발휘했다.

처음으로 유럽 챔피언이 된 1960-61시즌 결승전, 에우제비우는 팀에 합류한 지 얼마 되지 않았을 때였기 때문에 벤치에 앉아 있었다. 그는 12일 동안 사람들 몰래 어촌에 숨어 있던 비밀 병기였다. 스포르팅과 에우제비우 쟁탈전이 벌어질 것을 예측한 구트만이 선수를 쳐서 숨겨놓은 것인데, 거의 납치 감금이나 다름없었다.

본래 에우제비우가 소속되어 있었던 모잠비크의 클럽은 스포르팅과 협력 관계였다. 그래서 스포르팅은 마음에 드는 선수가 있으면 우선적으로 계약을 맺을 수 있었는데, 스포르팅이 눈치 채기 전에 벤피카가 에우제비우를 데려가 버린 것이다. 사실 구트만은 리스본의 이발소에서 우연히 상파울루의 스카우트를 만나기 전까지 에우제비우라는 선수의 존재를 알지 못했다. 그런데 자신이 상파울루의 감독이었을 때 선수로 뛰었던 그 스카우트에게서 에우제비우 이야기를 듣고 모잠비크로 날아가 에우제비우와 계약을 맺었다.

에우제비우는 격이 다른 스트라이커였다. 벤피카 최고의 슈퍼스타이며, 축구 역사에서도 펠레나 디 스테파노, 푸스카스에 비견되는 선수라고 할 수 있다. 균형 잡힌 체격과 폭발적인 스피드, 탁월한 볼 컨트롤, 무엇보다도 차원이 다른 슛의 정확성과 위력을 갖췄다. 1965년에 발롱

도르를 수상하기도 한 그는 크리스티아누 호날두가 등장하기 전까지 포르투갈 역사상 최고의 스타였다.

무리뉴가 이끈 포르투는 벤피카의 전성기로부터 무려 40년 후의 팀인 만큼 전술 측면에서는 훨씬 높은 수준이다. 무리뉴는 종종 승리 지상주의자라는 비아냥거림을 받기도 하지만, 포르투 시절은 이후와는 조금 성격이 달랐다. 바르셀로나에서 어시스턴트 코치로 있을 때의 감독이었던 루이 판 할의 영향을 강하게 받은 까닭에 바르셀로나의 향기가 느껴지는 팀이었다. 바르셀로나 시절의 무리뉴는 종종 '통역'으로 불렸지만, 실제로는 판 할과 무리뉴가 콤비를 이뤄서 팀을 만들어냈다. 그러므로 판 할의 스타일이라기보다는 바르셀로나 시대에 자신이 함께 만들어냈던 방식을 포르투에 맞춰서 변형시킨 것이라고 할 수 있다.

먼저, 필드 플레이어 10명을 매우 콤팩트하게 배치했다. 센터백인 조르제 코스타와 히카르두 카르발류에게 높은 라인을 유지하게 했다. 조르제 코스타는 건장한 센터백이었지만 스피드는 그다지 빠르지 않았다. 그래서 하이 라인에는 적합하지 않았지만 히카르두 카르발류의 스피드로 커버했다. 또한 코스티냐를 앵커에, 다이아몬드형의 꼭대기에 위치하는 공격형 미드필더에는 브라질에서 귀화한 데쿠를 배치했다.

투톱은 남아프리카의 베니 맥카시와 브라질의 데를레이였다. 챔피언스리그 결승전에서 선제골을 넣은 카를로스 알베르토는 미래의 스타 후보였지만 포르투 스타일에 적응하지 못해 브라질로 돌아갔다. 모

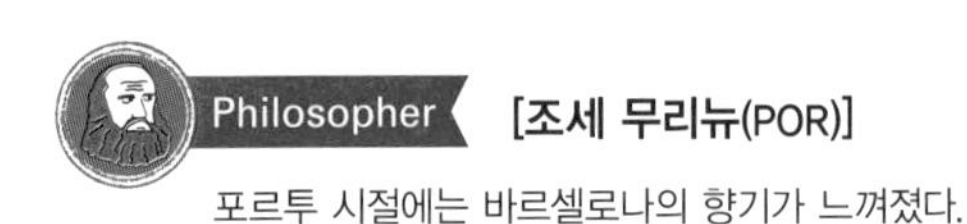

[조세 무리뉴(POR)]

포르투 시절에는 바르셀로나의 향기가 느껴졌다.

나코와의 결승전에서 강렬한 인상을 남겼지만 그 후 별다른 활약 없이 사라졌다.

콤팩트한 진용에서의 압박은 이 팀의 특징이었는데, 한편으로 볼 점유율도 훌륭했다. 패스워크의 확실함과 유려함은 바르셀로나를 연상시켰으며, 뛰어난 기술은 포르투갈의 특징이기도 했다. 득점력이라는 측면에서는 그다지 폭발력이 없었지만 공을 지배하면서 '승리에 가까운' 상태에서 플레이를 계속할 수 있었다. 그래서 챔피언스리그를 우승한 2003-04시즌에는 조별 리그에서 레알 마드리드에 한 경기 패했을 뿐이었다. 무승부도 많기는 했지만 어쨌든 패하는 일은 없었다. 항상 볼 점유와 압박을 바탕으로 우위에 서서 경기를 풀어 나갔다.

사람들은 견수속공이라고 말했지만, 이때의 포르투는 오히려 견수지공이었다. 패스워크를 통해 상대에게 주도권을 잡을 기회를 주지 않고 밀어 넣은 다음 전방 압박을 가했다.

40년이나 차이가 나기 때문에 두 팀이 직접 맞붙는다면 포르투가 유리한 것은 틀림 없는 사실이지만, 팀의 급이라는 측면에서는 구트만의 벤피카가 더 위다. 전성기의 에우제비우는 지금도 충분히 위협이 될 것이다. 다만 무리뉴의 포르투는 우승한 시즌에도 다크호스였다. 상당히 완성도가 높은 좋은 팀이기는 하지만 우승을 하리라고는 아무도 예상하지 못했다. 그러므로 벤피카가 더 급이 높다 해도 솔리드하면서 테크니컬한 포르투에 아무것도 못해 보고 패할 가능성도 있다.

호쾌한 공격력의 벤피카와 견실한 포르투. 두 팀은 컬러도 대조적이다. 닮은꼴 감독인 구트만과 무리뉴가 만들어낸 팀의 성격이 이처럼 대조적인 것은 두 클럽의 개성이 그만큼 강하다는 의미인지도 모른다.

History of
Benfica

[벤피카 연표]

벤피카의 전성기는 1950~70년대이며, 그중에서도 유럽 챔피언에 오른 1960-61, 1961-62시즌이었다.

1950~1960 년대

▶ 유러피언컵 2연속 우승

[회장] 마우리시우 비에이라 데 브리토
[감독] 벨라 구트만

[주요 선수] 제르마누(POR)/주제 아우구스투(POR)/안토니우 시모에스(POR)/마리우 콜루나(POR)/조세 아구아스(POR)/에우제비우(POR)

1970~1990 년대

▶ 구트만의 저주

[감독] 지미 헤이건(ENG)
스벤 예란 에릭손(SWE)

2000 년대 ~ 현재

▶ 재건~리그 4시즌 연속 우승

[감독] 호세 안토니오 카마초(ESP)
조르제 제주스(POR)

[주요 선수] 호세 안토니오 레예스(ESP)/파블로 아이마르(ARG)/앙헬 디 마리아(ARG)/하비에르 사비올라(ARG)/하비 가르시아(ESP)/하미레스(BRA)/루이장(BRA)/에제키엘 가라이(ARG)/엔소 페레스(ARG)/리마(BRA)/줄리우 세자르(BRA)/니콜라스 가이탄(ARG)/헤나투 산체스(POR)/에데르송(BRA)

History of
Porto

[포르투 연표]

회장 조르제 누누 핀투 다 코스타는 챔피언스리그를 포함해 세계 최다인 60개의 트로피를 수집했으며, 그 수를 계속 늘리고 있다.

1980 년대

▶ 최초의 황금시대

[회장] 조르제 누누 핀투 다 코스타(POR)
[감독] 조세 마리아 페드로투(POR)
아르투르 조르제(POR)

[주요 선수] 라바 마제르(ALG)/파울로 푸트레(POR)

1990 년대

▶ 리그 5시즌 연속 우승

[감독] 보비 롭슨(ENG)
안토니우 올리베이라(POR)
페르난두 산토스(POR)

[주요 선수] 비토르 바이아(POR)/조르제 코스타(POR)/도밍고스(POR)/세크레타리우(POR)/세르지우 콘세이상(POR)/자르데우(BRA)/즐라트코 자호비치(SVN)

2000 년대 ~ 현재

▶ 경이의 챔피언스리그 우승

[감독] 조세 무리뉴(POR)
안드레 빌라스보아스(POR)

[주요 선수] 히카르두 카르발류(POR)/파울루 페헤이라(POR)/마니시(POR)/코스티냐(POR)/데쿠(POR)/베니 맥카시(RSA)/데를레이(BRA)/카를로스 알베르토(BRA)/라다멜 팔카오(COL)/히카르두 콰레스마(BRA)/안데르송 올리베이라(BRA)/크리스티안 로드리게스(URU), 지에구(BRA), 하메스 로드리게스(COL)/헐크(BRA)/페페(POR)/다닐루(BRA)/카세미루(BRA)/페르난두(BRA)/니콜라스 오타멘디(ARG)/알렉스 산드루(BRA)/나카지마 쇼야(JPN)

'벼락부자 클럽'의 철학
I
맨체스터 시티
선진성과 논리적인 접근법으로
열은 청색의 실을 이어 나간다
England
맨체스터
Manchester

맨체스터 시티 FC

Manchester City Football Club

창단 년도	1880년
회장(소유자)	칼둔 칼리파 알 무바라크(UAE)
본거지	잉글랜드 맨체스터
홈구장	에티하드 스타디움(수용 인원 55,097명)
메인스폰서	ETIHAD AIRWAYS: 항공 회사(UAE)
우승 기록	리그 6회 / 컵 6회
	리그컵 7회
	컵위너스컵 1회

역대 감독(최근 10시즌)

2010–2011	로베르토 만치니(ITA)
2011–2012	로베르토 만치니(ITA)
2012–2013	로베르토 만치니(ITA) / 브라이언 키드(ENG)
2013–2014	마누엘 펠레그리니(CHI)
2014–2015	마누엘 펠레그리니(CHI)
2015–2016	마누엘 펠레그리니(CHI)
2016–2017	펩 과르디올라(ESP)
2017–2018	펩 과르디올라(ESP)
2018–2019	펩 과르디올라(ESP)
2019–2020	펩 과르디올라(ESP)

견원지간인 맨시티와 맨유의 공동 작업

맨체스터 시티에 대한 인식에는 세대 차이가 존재한다. 중동 자본이 유입되어 부자 클럽이 된 맨시티만을 아는 세대가 있고, 그보다 이전의 힘들었던 시기를 아는 사람들도 있다. 또한 그보다 더 오래전의 강호 맨시티를 기억하는 사람도 있을지 모른다.

맨시티는 1880년에 세인트 마크스 웨스트 고튼이라는 명칭으로 출발했으며, 현재의 맨체스터 시티로 개명한 시기는 1894년이다. 창단 시기는 맨체스터 유나이티드보다 2년이 늦지만, 1903-04시즌에 FA컵에서 첫 우승을 차지함으로써 맨유보다 먼저 타이틀을 획득했다. 한편 라이벌인 맨유는 1907-08시즌에 리그 우승을 차지하면서 첫 번째 황금기를 맞이하는데, 사실 이때의 중심 멤버는 맨시티에서 이적해 온 선수들이었다.

당시 리그보다 격이 높은 대회였던 FA컵에서 우승함에 따라 맨시티

는 성적 측면에서 맨유에 앞서 나갔다. 그런데 1903-04시즌 FA컵에서 우승할 때 선수들에게 규정보다 많은 보너스를 지급한 것이 원인이 되어 선수 17명이 1시즌 출장 정지 징계를 당하고 만다. 여기에 이사회 멤버 5명은 이미 추방 처분을 받은 상태였기 때문에 출자자를 잃은 맨시티는 자금이 바닥나 주력 선수를 싼 값에 팔기 시작했는데, 이 기회를 놓치지 않고 맨유가 맨시티의 스타 선수들을 모조리 사들였고 이것이 맨유의 리그 첫 우승으로 이어졌던 것이다.

당시의 슈퍼스타는 '웨일스의 마법사'로 불렸던 빌리 메레디스로 항상 이쑤시개를 입에 문 채 플레이했다. 탄광의 피드 포니(갱도에서 수레를 끄는 작은 말) 마부에서 축구 선수가 된 그는 탄광이 파업하자 맨체스터로 왔다. 맨시티에서 맨유로, 그리고 다시 맨시티로 이적한 다음 선수 생활을 마쳤으며, 훗날 맨체스터 센트럴이라는 맨체스터 제3의 클럽에서 잠시 코치 활동을 했다. 맨체스터 센트럴은 3만 4,000명을 수용할 수 있는 경기장을 보유했으며, 미래에는 맨시티, 맨유와 어깨를 나란히 하는 존재가 될 것이라는 야심을 품고 있었다. 리그 측이 '맨체스터에 클럽 세 개는 너무 많다'라고 판단하는 바람에 결국 그 야망을 이루지는 못했지만, 사실 당시 축구 리그가 '망할 위험이 있다'고 생각한 클럽은 재정적 측면에서 위험했던 맨유 쪽이었다고 한다.

메레디스는 선수 조합을 발족시킨 중심인물이기도 하다. 선수 조합 결성을 금지한 리그에서는 이에 반발한 메레디스 등에게 일시적인 출장 정지 징계를 내렸는데, 그는 이때 징계를 받은 동료들을 모아서 '아웃캐스트 FC'라는 명칭으로 비공식 경기를 실시해 큰 인기를 끌었다.

지금으로서는 도저히 생각할 수 없는 일이지만, 역사를 되돌아보면 축구 여명기에는 맨시티와 맨유가 공동 작업을 통해 맨체스터의 축구 열기를 끌어올렸다고 할 수 있다.

1923년, 맨시티는 하이드 로드에서 메인 로드로 홈구장을 이전했다. '북부의 웸블리'로 불리며, 8~10만 명에 이르는 수용 규모를 자랑하는 당시 세계 최대 규모의 경기장이었다. 그리고 1933-34시즌에 FA컵 우승을, 1936-37시즌에 첫 리그 우승을 달성한다. 한편 같은 시기 맨유는 3부 리그로 강등당할 위기에 처하는 등 사상 최악의 부진을 겪고 있었다. 또한 1941년에는 올드 트래포드가 폭격으로 파괴되는 바람에 제2차 세계대전이 끝난 뒤 재건할 때까지 맨시티의 홈구장을 빌려 쓰기도 했다. 여담이지만, 이 시기에 맨유로 와서 클럽을 다시 일으켜 세운 그 유명한 매트 버스비 감독도 맨시티 선수 출신이다.

맨유가 '버스비 베이비'라고 불린 젊은 선수들을 기용해 재기발랄한 플레이를 선보이며 인기를 회복했을 무렵, 맨시티 또한 강팀이었다. 1955-56시즌에는 FA컵 우승도 달성했다. 당시 맨시티는 '레비 플랜'이라 부르는 전술을 채용했다. 이른바 '가짜 9번' 전술로, 1953년에 웸블리 스타디움에서 잉글랜드 대표팀을 6 대 3으로 격파한 헝가리 대표팀의 전술을 남들보다 일찍 채용한 것이었다. 센터포워드인 돈 레비가 중원으로 내려가 상대 수비수를 끌어냈는데, 이는 헝가리의 난도르 히데그쿠티를 모방한 전술이었다.

맨시티의 '레비 플랜'은 맨유가 던컨 에드워즈 등 젊은 재능을 전면에 앞세워 적극적인 축구를 한 것과 대조적으로 냉정하고 이성적인 접근법을 보여줬다는 점에서 매우 흥미롭다. 붉은색의 맨유와 옅은 청색의 맨시티. 두 클럽의 상징색은 클럽의 성격을 그대로 보여주는 듯하다.

서포터의 비정상적이기까지 한 뒤틀린 애정

'붉은색'의 맨유가 잉글랜드 클럽으로는 최초로 유러피언컵을 제패한 1967-68시즌, 맨시티는 그런 맨유를 제치고 리그 우승을 달성했다. 이어서 1968-69시즌에는 FA컵 우승을 차지했고, 1969-70시즌에는 컵위너스컵 트로피를 들어 올렸다. 이 무렵 맨시티는 7년 동안 7개의 트로피를 획득했다.

같은 시기 맨유에는 조지 베스트, 보비 찰튼, 데니스 로가 있었지만, 맨시티에도 콜린 벨, 마이크 서머비, 프랜시스 리가 있었다. 맨유의 선수들만큼 유명하지는 않지만 전적도 전력도 맨유와 비슷했다.

벨은 맨시티의 찰튼이다. 만능 미드필더이며 잉글랜드 국가대표팀 주장도 역임한, 당대를 대표하는 명선수였다. 서머비는 '부저'라는 별명이 붙을 만큼 시끄러운 사내였지만, 재기 넘치는 공격수로서 맨유의 베스트와 유사했다. 이 두 명은 서로 죽이 잘 맞았던 듯 맨체스터에서 부티크를 공동으로 경영하기도 했다. 리는 로와 비슷한 유형의 골게터로,

'리 원 펜(Lee One Pen)'이라는 왠지 중국 이름 같은 별명이 있었다. 다만 중국인과는 상관이 없었고, 페널티킥 득점 시즌 기록을 보유했기 때문에 붙은 별명이었다. 또한 그 페널티킥도 자신이 얻어낸 것이 많았기 때문에 'Lee Won Pen'으로 불리기도 했다.

맨시티의 황금시대를 만들어낸 주역은 조 머서 감독과 그의 오른팔이었던 말콤 앨리슨 콤비였다. 맨유의 버스비와 지미 머피도 그렇지만, 이 무렵의 잉글랜드는 매니저(감독)와 코치가 이인삼각으로 협력해서 팀을 이끄는 것이 보통이었다.

머서는 현역 시절 아스날의 주장을 맡은 명선수였다. 한편 앨리슨은 웨스트햄에서 보비 무어에게 큰 영향을 끼친 수비수였다고 한다. 두 사람의 나이 차이는 13년이었는데, 뇌경색이 발병한 직후였던 머서로서는 젊고 활력이 넘치는 앨리슨이 필요했을 것이다. 이 콤비는 맨시티를 1년 만에 2부 리그에서 승격시켰고, 2시즌 뒤 리그 우승을 달성했다.

그러나 1969-70시즌에 컵위너스컵 우승으로 정점을 찍은 뒤 하강곡선을 그리기 시작한다. 명콤비였던 머서와 앨리슨 사이가 삐걱거리기 시작했고, 감독을 넘기려 하지 않던 머서에게 지친 앨리슨이 머서를 몰아내는 데 성공하지만 단기 집권으로 막을 내리고 만다. 1973-74시즌 최종 라운드에서 승리해 맨유를 2부 리그로 떨어뜨린 것은 분명 '쾌거'였지만, 문제는 맨시티의 순위도 14위였다는 점이다.

맨유처럼 강등을 당하지는 않았지만, 맨시티는 점차 힘을 잃고 중위권의 단골손님이 된다. 이에 황금시대를 경험한 팬들 사이에서 불만이 솟구쳤지만, 감독을 교체할 때마다 성적은 더 떨어졌다. 그리고 맨유가 이미 화려하게 부활에 성공한 1997-98시즌에는 2부 리그에서 3부 리

그로 떨어지는 수모를 겪었다.

1980~90년대의 맨시티 팬은 솔직히 말해 상당히 뒤틀려 있었다. 약진하는 맨유를 '오만한 벼락부자'라고 경멸하면서, 약해져 가는 맨시티를 끔찍이도 사랑했다. 세계적인 유명 클럽이 된 맨유와는 달리 맨시티는 우리 도시만의 클럽으로 남았다는 심리라고도 할 수 있다. 클럽에 쏟는 애정은 오히려 맨유보다도 위였다. 그러나 그 애정 때문에 클럽에 과격한 질타를 하게 되고, 팬의 압력을 제어하지 못한 클럽은 냉정함을 잃은 채 감독을 계속 바꿔 나가는 악순환이 벌어졌다.

암흑시대였던 1990년대의 영웅은 숀 고터였다. 영국령 버뮤다 제도 출신인 이 이색적인 스트라이커는 180경기에서 101득점을 기록했다. 주장 완장을 차고 맞이한 메인 로드에서의 마지막 지역 더비에서 고터는 맨유의 골문에 자신의 100번째 골을 넣었다. 괴로움으로 가득했던 시대에도 아주 가끔씩 두꺼운 구름 사이로 푸른 하늘이 보이기 마련인데, 고터는 바로 그런 존재였다.

맨시티 팬들에게 주말의 축구는 일상에 대한 위로가 될 수 없었다. 단조로운 일상을 보내고 맞이하는 주말에는 더욱 음울한 분위기에 휩싸였다. 그러다 가끔 카타르시스를 느끼는 날이 찾아올 때면 그때까지 쌓였던 울분과 분노는 거대한 열광에 저 멀리 날아가 버렸다. 그러면서 계속 맨시티를 응원했던 것이다. 맨시티의 서포터야말로 잉글랜드 축구팬의 뒤틀린 애정을 대표하는 존재라고 할 수 있을지도 모른다.

Philosopher [조 머서(ENG)]

코치인 말콤 앨리슨과 이인삼각으로 협력해 맨시티를 황금시대로 이끌었다.

지금은 새우 샌드위치를 먹는 데 열중

"맨체스터의 클럽은 시티뿐이지."

이는 리버풀 팬도 마찬가지다. 그들 또한 같은 도시에 있는 에버튼은 인정하지 않는다.

실제로 맨체스터에 가 보면 맨시티 팬이 많다는 느낌을 받는다. 세계적으로는 맨체스터 유나이티드가 도시는 물론 영국 전체를 대표하는 클럽이지만, 맨시티 팬들에게는 자신들이야말로 거품 같은 맨유 팬과는 다른 진짜 축구 팬이라는 자부심이 있다.

그랬던 분위기가 2007년부터 바뀌기 시작한다. 자금난에 빠진 맨시티가 오너를 공모한 결과, 타이의 총리였던 탁신 치나왓이 클럽을 인수했다. 그러나 맨시티의 구세주 탁신은 얼마 후 모국에서 자금을 동결당했고, 탁신에 이어서 UAE의 투자 그룹인 아부다비 유나이티드 그룹이 맨시티를 인수한다. 맨시티의 오너가 된 아부다비 유나이티드 그룹은 먼저 맨유로 가려고 했던 디미타르 베르바토프를 영입하려 했는데, 알

렉스 퍼거슨이 공항으로 베르바토프를 마중 나가 계약을 성사시키는 바람에 실패하고 만다. 그러나 그 뒤로도 전무후무한 수준의 대규모 보강을 계속했고, 결국 2011-12시즌에는 44년 만에 리그 우승을 달성하게 된다. 아이러니하게도 맨시티는 팬들이 그토록 싫어하는 맨유처럼 연이은 보강을 통해 부활을 이뤄냈다. 암흑시대였던 1990년대에 맨시티를 지탱했던 팬들이 그 모습을 보고 어떤 기분이었을지는 알 수 없다 다만 "맨유 팬이 자동차에 기름을 넣을 때마다 그게 우리의 전력 보강 자금이 된다고 생각하면 신이 나서 견딜 수가 없다니까"라고 말하는 맨시티 팬이 있는 것을 보면 여전히 어딘가 뒤틀려 있다는 생각이 든다.

"자, 새우 샌드위치의 시간이다! 새우 샌드위치나 먹으라고!"

과거에 맨시티 팬들은 맨유 팬들을 도발할 때 이런 노래를 불렀다. '새우 샌드위치'는 맨유의 주장이었던 로이 킨이 올드 트래포드의 낮은 열기를 한탄하며 "관중들은 경기보다 새우 샌드위치를 먹는 데 더 열중한다"라고 말한 것에서 유래했다. 그러나 지금은 맨시티가 부자 클럽이고, 새우 샌드위치를 먹는 쪽으로 돌아섰다. 맨시티는 그렇게도 싫어하던 맨유가 되어 버린 것이다.

20세기 초엽의 영광을 알고 있는 팬은 이제 거의 없을 것이다. 맨유와 어깨를 나란히 했던 1960~70년대도 먼 옛날의 이야기가 되어 버렸고, 하부 리그를 전전하던 1980~90년대조차도 젊은 팬들에게는 먼

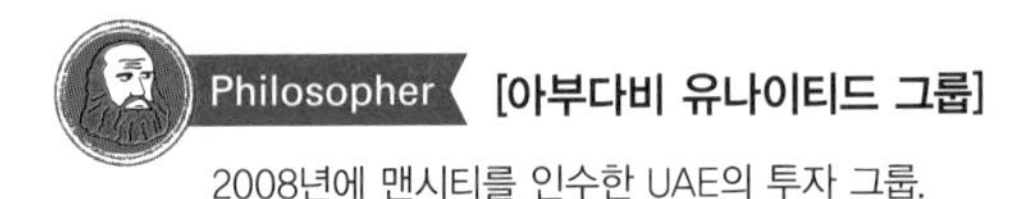

[아부다비 유나이티드 그룹]

2008년에 맨시티를 인수한 UAE의 투자 그룹.

나라 이야기처럼 생각될 것이다. 중동 자본이 유입된 이후의 맨시티는 이전의 맨시티와는 다른 클럽이 되었다. 그러므로 맨시티의 특징이나 철학을 한마디로 표현하기는 매우 어렵다.

다만 한 줄기 실 같은 것은 이어지고 있는지도 모른다. 맨유화된 맨시티를 예전으로 되돌렸다고는 할 수 없지만, 맨유와 다른 색을 입히는 데는 성공했다. 그 계기는 펩 과르디올라 감독의 취임이었다.

토털 축구의 성화 릴레이

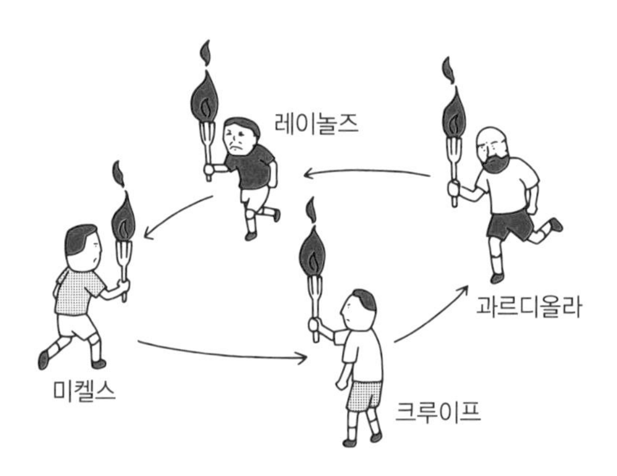

과르디올라가 바이에른 뮌헨 감독을 맡고 있었을 때, 나는 높은 확률로 그의 다음 행선지가 맨시티가 될 거라 생각했다. 당시 그런 글을 몇 번인가 쓴 적이 있다. 이는 맨시티가 치키 베히리스타인 등 바르셀로나 시절의 친구들을 간부로 영입하는 등 펩을 초빙하기 위한 준비를 진행했던 까닭도 있지만, 그 이상으로 펩과 맨시티 사이의 숙명적인 관계를 느꼈기 때문이다.

과르디올라는 바르셀로나의 육성 조직에서 순수 배양된, 말하자면 바르셀로나 원리주의자다. 원리를 만든 사람은 요한 크루이프이고 크루이프는 아약스 출신인데, 아약스는 '토털 축구의 아버지'인 리누스 미켈스가 그 원형을 만들었던 클럽이다.

그리고 미켈스에게도 모델이 있었다. 아약스를 네덜란드의 정상급 클럽으로 성장시킨 잭 레이놀즈라는 영국인이다. 레이놀즈는 훈련 방법과 육성 이론 등 이후 아약스의 기초를 다진 인물로 평가받는데, 선수 시절 맨시티 소속이었다. 공식 경기에 출장한 기록은 없지만 소속되었던 것은 틀림없다. 즉, 레이놀즈→미켈스→크루이프→과르디올라의 순서로 전달된 토털 축구의 성화가 과르디올라를 통해 그 출발점인 맨체스터 시티로 되돌아간 것이다. 이렇게 보면 100년에 걸친 장대한 성화 릴레이의 종착점으로 펩이 향할 곳은 맨시티밖에 없었다.

과르디올라 감독은 성화를 들고 맨시티에 왔다. 당시 맨시티는 이미 프리미어리그의 빅클럽이 되어 있었지만, 그때까지만 해도 맨유나 첼시와 차별화되는 명확한 맨시티 스타일은 없었다는 생각이 든다. 그것을 과르디올라가 가지고 왔다. 과르디올라가 가져온 플레이 스타일은 기본적으로 바르셀로나의 그것이었다. 다만 그의 스타일은 논리로 가득 차 있으면서도 반드시 여백이 남아 있었다. 바이에른 뮌헨과 바르셀로나의 차이도 바로 그 여백 부분이었다. 맨시티 역시 대체적으로 같은 축구를 하지만 바르셀로나와도 바이에른과도 달랐다.

구체적으로는 어태킹 서드가 다르다. 이 부분의 경우, 과르디올라는 선수의 개성을 최대한 살리기 위해 미리 여백으로 남겨 놓았다. 바이에른에서는 바르셀로나에서 거의 사용하지 않았던 하이크로스를 자주 활용했는데, 이는 센터포워드가 리오넬 메시냐 로베르트 레반도프스키냐의 차이라고 할 수 있다. 그리고 맨시티에서는 세르히오 아구에로와 가브리엘 제수스를 공격의 견인차로 활용했다.

빌드업은 과르디올라가 지휘했던 세 클럽 모두 거의 공통적이고, 볼 점유와 전방 압박의 조합도 마찬가지다. 네덜란드에서 유래한 토털 축구를 프리미어리그에서 가장 높은 수준으로 소화해낸 클럽은 틀림없

이 맨시티다. 과르디올라를 초빙한 이상 이것은 필연이기도 하지만, 맨시티라는 클럽이 본래 지니고 있었던 DNA와도 부합하는 측면이 있지 않을까?

1950년대에 '레비 플랜'을 시도한 맨시티의 선진성과 냉정하고 논리적인 접근법은 잉글랜드의 다른 클럽과는 차원이 달랐다. 또한 오랜 기간 맨유의 그늘에 가려지면서 형성된 냉소적인 정서는 독재 정권의 냉대를 받았던 바르셀로나의 정서와 겹치는 부분이 있을지 모른다. 토털 축구의 성화를 받아들일 토양이 마련되어 있었던 것이다.

리버풀에는 〈You'll Never Walk Alone〉이라는 너무나도 유명한 응원가가 있는데, 맨시티에는 〈Blue Moon〉이라는 응원가가 있다. 그리고 이 두 곡은 사실 리처드 로저스라는 작곡가의 곡이다. 〈Blue Moon〉은 1934년, 〈You'll Never Walk Alone〉은 1945년 작품으로, 둘 다 쓸쓸하면서도 다정하고, 고독하지만 한 줄기 서광은 보이는 그런 곡조다.

이 노래는 앞으로도 계속 불릴 것이다. 그리고 쓸쓸하면서도 다정한 이 노래를 부를 때마다 잊어서는 안 될 소중한 것을 떠올릴지도 모른다.

2019-20시즌, 맨시티는 재정적 페어플레이(FFP)를 위반한 혐의로 UEFA가 주관하는 대회에 참가하지 못하게 될 가능성이 생겼다. 만약 그렇게 된다면 거물 선수 몇 명은 팀을 떠날 것이라는 이야기도 나오고 있다. 맨시티는 스포츠 중재 재판소에 제소했지만, 최악의 경우 프

Philosophy [Blue Moon]

'한 줄기 빛'이 느껴지는 곡조의 노래. 맨시티의 응원가다.

리미어리그에서도 4부로 강등될 수 있다고 한다. 어쩌면 이것은 오일 머니라는 도깨비방망이를 손에 넣은 뒤로 경영을 방만하게 한 결과인지도 모른다.

중동 자본은 이제 유럽 축구계에 없어서는 안 될 존재가 되었다. 한편 카타르 월드컵 유치를 둘러싸고 FIFA와 UEFA의 간부가 연달아 체포되는 사건도 일어났는데, 이것 역시 그런 부작용이라고도 할 수 있다. 맨시티는 선명한 옅은 청색을 되찾을 수 있을 것인가.

(2020년 7월 CAS는 맨시티의 UEFA 주관 대회 참가 금지를 철회한다는 판결을 내렸다 - 옮긴이)

History of
Manchester City
[맨체스터 시티 연표]

타이의 총리였던 탁신 치나왓이 클럽을 인수한 2007년부터 맨체스터 시티의 방향성이 변화했다.

1900 년대
▶ 선수 조합 발족

[주요 선수]
빌리 메레디스(WAL)/잭 레이놀즈(ENG)

1950 년대
▶ 레비 플랜

[주요 선수]
돈 레비(ENG)

1960~1970 년대
▶ 황금시대

[감독] 조 머서(ENG)
[코치] 말콤 앨리슨(ENG)

[주요 선수]
콜린 벨(ENG)/마이크 서머비(ENG)/프랜시스 리(ENG)/데니스 로(SCO)

1980~1990 년대
▶ 암흑시대

[주요 선수]
숀 고터(BER)/나이얼 퀸(IRL)

2000 년대 ~ 현재
▶ 중동 자본 유입

[회장]
탁신 치나왓(THA)
[오너]
아부다비 유나이티드 그룹(UAE)
[감독]
로베르토 만치니(ITA)
마누엘 펠레그리니(CHI)
펩 과르디올라(ESP)

[주요 선수]
숀 라이트 필립스(ENG)/파울로 완초페(CRC)/가레스 배리(ENG)/호비뉴(BRA)/셰이 기븐(IRL)/카를로스 테베즈(ARG)/에딘 제코(BIH)/빈센트 콤파니(BEL)/에마뉘엘 아데바요르(TOG)/야야 투레(CIV)/조 하트(ENG)/콜로 투레(CIV)/사미르 나스리(FRA)/페르난지뉴(BRA)/세르히오 아구에로(ARG)/다비드 실바(ESP)/케빈 더 브라위너(BEL)/라힘 스털링(ENG)/르로이 사네(GER)/카일 워커(ENG)/가브리엘 제주스(BRA)

'벼락부자 클럽'의 철학

Ⅱ

파리 생제르맹

내실은 허약해도 겉모습만큼은 화려하게

파리 생제르맹 FC

Paris Saint-Germain Football Club

창단 년도	1970년
회장(소유자)	나세르 알 켈라이피(QAT)
본거지	프랑스 파리
홈구장	파르크 데 프랭스(수용 인원 48,712명)
메인스폰서	ALL – ACCOR LIVE LIMITLESS: 호텔 체인 '아코르 호텔즈'의 서비스명(FRA)
우승 기록	리그 9회 / 컵 13회 / 리그컵 9회 컵위너스컵 1회

역대 감독(최근 10시즌)

2010–2011	앙투안 콩부아레(FRA)
2011–2012	앙투안 콩부아레(FRA) / 카를로 안첼로티(ITA)
2012–2013	카를로 안첼로티(ITA)
2013–2014	로랑 블랑(FRA)
2014–2015	로랑 블랑(FRA)
2015–2016	로랑 블랑(FRA)
2016–2017	우나이 에메리(ESP)
2017–2018	우나이 에메리(ESP)
2018–2019	토마스 투헬(GER)
2019–2020	토마스 투헬(GER)

화려한 도시 파리의 비뚤어진 팬들

파리 생제르맹은 내가 가장 많이 본 유럽의 클럽이다. 1995년부터 3년 동안 파리에 살았기 때문이다. 황금시대의 끝자락, 혹은 그 여운이 남아 있었던 시기다. 그런데 파르크 데 프랭스를 셀 수도 없을 만큼 많이 갔음에도 딱히 기억에 남아 있는 것이 없다. 몇몇 장면은 선명하게 떠오르지만 기억에서 지워진 쪽이 훨씬 많다. 당시로서는 프로 리그가 출범한 지 3년 정도밖에 지나지 않은 나라에서 온 주제에 이런 말을 하는 것도 우습기는 하지만, PSG에는 역사가 없었다. 화려하지만 얄팍해서, 당시에 '플라스틱 같은 클럽이네'라는 생각을 했을 정도다.

파르크 데 프랭스의 프레스룸에 가면 나란히 줄을 서 있는 빨간 제복을 입은 여성이 런치 박스를 줬다. 버킨백처럼 생긴 아름다운 곡선의 런치 박스를 열면 샌드위치와 킷캣이 들어 있다. 초콜릿 쪽은 스니커즈나 비슷한 프랑스 제품으로 바뀌기도 했지만, 샌드위치만큼은 늘 똑같은 햄 앤 치즈였으며 항상 맛있었다. 음료수는 무제한으로 제공되었다.

하프타임에는 유로걸스라는 댄스 그룹이 등장해 춤을 췄다. 치어리더이니 어쩔 수 없다고는 하지만, 추운 한겨울에 레오타드만 입고 있는 것을 보니 조금 안쓰럽게 느껴지기도 했다. 당연한 말이지만 아무도 관심을 보이지 않았다.

컵위너스컵 우승 보고회는 시 청사에서 열렸다. 시 청사에는 그때 처음 가 봤는데, 외관도 실내도 굉장히 멋졌고 선수들도 양복을 말쑥하게 빼입고 있었다. 이처럼 PSG는 하나부터 열까지 멋을 중시했다. 다만 언제나 가벼웠다. 너무나도 텔레비전 방송국의 클럽스러운 느낌이었다.

프랑스 리그의 중계권을 소유하고 있는 케이블티비 방송국 카날 플뤼스가 PSG의 경영권을 쥔 시기는 1991년이다. 그리고 이때부터 PSG의 황금시대가 시작되었다. 1992년에는 조지 웨아가 왔고, 다비드 지놀라도 영입했다. 1993년에는 라이도 가세했다. 그 결과 1993-94시즌에 클럽 역사상 두 번째 리그 우승을 달성했고, 1995-96시즌에는 컵위너스컵 우승을 차지했다. 이는 프랑스의 클럽으로서는 마르세유의 챔피언스리그 우승에 이은 두 번째 UEFA 타이틀이었는데, 아버지 장 조르카에프에 이어 PSG에서 뛰게 된 유리 조르카에프의 활약이 원동력이었다. 이어서 다음 시즌에도 결승전까지 진출했지만, 이때는 호나우두를 보유한 바르셀로나에 패해 준우승에 그쳤다. 그리고 여기까지가 PSG의 황금시대였다. 이전에도, 그리고 이후로 한동안 부진이 계속되

1990년대의 PSG는 화려하지만 얄팍했다.

었다. '쨍하고 해 뜰 날이 오지 않는 상태'였던 것이다.

거의 매년 우승을 하거나 우승 경쟁을 하는 극히 일부 팀을 제외한 다른 대부분의 클럽 서포터에게 '쨍하고 해 뜰 날이 오지 않는 상태'는 아주 평범한 일상이다. 그리고 축구 클럽의 서포터는 이러쿵저러쿵 불평을 하면서도 계속 팀을 응원한다. 다만 PSG는 사정이 조금 달랐다. 프랑스 최고의 거물 스폰서가 붙어 있는 가장 부유한 클럽이고, 전 시즌에 두각을 나타낸 다른 팀 에이스급 선수를 헤드 헌팅으로 긁어모으면서도 우승 경쟁에조차 끼어들지 못했다. 덩치만 빅클럽이지 성적이 따르지 못했던 것이다. 그런 탓에 PSG의 팬들은 지방 군소 클럽의 서포터 이상으로 비뚤어져 있었다.

파리는 런던과 어깨를 나란히 하는 유럽 최고의 대도시다. 화려하고 아름답다. 그런 만큼 파르크 데 프랭스에서 볼 수 있는 비뚤어진 PSG 서포터들과의 괴리는 매우 컸다. 파리의 흉폭하고 더러운 부분이 모여 있는 듯한 느낌으로, 양갓집 자녀라면 부모에게 "저런 곳에 가면 안 돼"라고 주의를 받아도 이상하지 않은 수준이었다. 또한 대부분의 사람은 안 그래도 오락거리가 가득한 파리인데 딱히 강하지도 않은 축구 클럽에 돈을 쓸 이유가 어디 있느냐고 생각하고 있을지도 모른다.

물론 말은 이렇게 하지만 파리에도 축구를 좋아하는 사람은 많다. PSG 팬으로 알려진 유명인으로는 초기의 장 폴 벨몽도와 니콜라 사르코지, 인기 사회자인 나귀, 가수 아다모 등이 있으며, 리아나와 비욘세

Philosopher **[카날 플뤼스]**

1991년부터 PSG의 경영권을 쥔 프랑스의 케이블티비 방송국.

까지도 팬으로 알려져 있다.

카날 플뤼스가 대주주가 된 뒤로 표면상으로는 화려해졌다. 그러나 경기장의 모습은 크게 달라지지 않았으며, 오히려 겉모습과 내실의 괴리만 커졌는지도 모른다. 마르세유와의 르 클라시크는 두 팀 모두 하위를 전전하고 있더라도 열기가 뜨거운 더비이지만, 그만큼 문제도 빈발했다. 아니, 매번 문제가 일어났다. 한번은 화가 난 마르세유의 서포터가 좌석을 부수더니 그 파편을 차례차례 피치로 던졌는데, 코너킥을 차는 레오나르두 근처에 부메랑처럼 날아와 쑥쑥 꽂힌 적도 있었다. 폭행 상해 사건은 셀 수도 없이 많이 일어나 세계에서도 손꼽히는 시끄럽고 흉악한 더비였다.

파리 시의 생제르맹 배제

런던이 그렇듯이 파리에도 수많은 축구 클럽이 있다. 프로 클럽만으로 한정해도 라싱, 레드스타, 파리 FC, 스타드 프랑세, 아틀레틱 파리, 크레테유 등이 있었고 현재도 존재한다. 다만 런던에는 세계적인 강호라고 할 수 있는 아스날, 첼시, 토트넘 홋스퍼가 있고 웨스트햄 유나이티드나 풀럼도 있는 데 비해 파리에는 그런 강호 클럽이 없었다.

1896년에 창단한 라싱은 1980년대까지 파리를 대표하는 클럽이었으며, 엔조 프란세스콜리와 피에르 리트바르스키도 이곳에서 뛰었다. 그러나 1990년에 파산해 아마추어 리그로 강등된 뒤로는 다시 올라오지 못하고 있다. 라싱은 역사도 있고 에른스트 하펠, 라바 마제르, 루이스 페르난데스도 뛰었던 전통 있는 클럽이다. 본래라면 라싱이야말로 파리를 대표하는 클럽이어야 하지만, 그렇게 되지 못했다. 쿠프 드 프랑스에서 5회 우승을 차지했고 1936년 리그도 한 차례 제패한 적이 있지만 너무나 먼 과거의 영광일 뿐이며, 하부 리그에 머무른 기간이 너무 길었다. 오락거리가 부족할 일이 없는 파리에서 강하지 못한 클럽은 일부 마니아를 제외하고는 관심을 받지 못하는 것이다.

파리 FC는 1969년에 창단한 상당히 젊은 클럽인데, '파리에 빅클럽이 없다는 게 말이 되는가?'라는 이유에서 반쯤 강제적으로 만들어졌다. 그리고 이듬해 스타드 생제르맹과 합병해 PSG가 탄생했다. 창설할 때 레알 마드리드의 산티아고 베르나베우 회장의 조언으로 시민들로부터 자금을 모집했는데, 너무 젊고 급조된 클럽이었기에 클럽을 지탱해 줄 팬과의 관계를 만들어 나가지 않는다면 위태로울 수 있다고 생각한 듯하다.

1970-71시즌, PSG의 출발은 순조로웠다. 프랑스 국가대표인 장 조르카에프(유리 조르카에프의 아버지)의 활약으로 2부 리그 우승을 차지했고, 처음 맞이한 1부 리그에서는 16위에 그쳤지만 강등은 면할 수 있었다. 그러나 문제는 그 뒤에 발생했다. 파리 시가 부채를 메우기 위해 85만 프랑의 자금을 투입하는 조건으로 '파리 FC'로 개명할 것을 요구한 것이다. 그러나 PSG는 이 요구를 거부했고, 그 결과 자금 제공을 받지 못해 파리 FC와 PSG로 분열되고 만다. 이렇게 해서 파리 FC는 1부 리그에 남고 PSG는 3부 리그에 해당되는 아마추어 리그에서 다시 출발하게 되었다.

PSG 혹은 스타드 생제르맹의 훈련장은 생제르맹앙레에 있는데, 사

Philosophy **[파리에 빅클럽이 없다는 게 말이 되는가?]**

이런 이유에서 파리 FC가 만들어졌고, 이후 스타드 생제르맹과 합병해 PSG가 탄생했다.

실 이곳은 파리 시가 아니었다. 유명한 파리 시내의 생제르맹데프레와는 다른 장소다. 시가 '생제르맹'을 떼고 '파리'를 강조한 팀명에 집착했던 것도 이해는 간다.

아이러니하게도 PSG가 1974-75시즌에 리그1으로 승격하자 그 대신 파리 FC가 2부 리그로 강등되었고, 이에 따라 파르크 데 프랭스는 PSG로 넘어가게 되었다. 그리고 파리 FC는 계속 추락해 5부 리그까지 떨어지기도 했지만, PSG는 그 뒤로 굴곡을 겪으면서도 강등은 면하며 1부 리그를 지켰다.

1974년 회장으로 취임한 다니엘 에스테는 프랑스 국기를 모티프로 삼은 디자인의 유니폼과 엠블럼을 디자인했다. 그는 실제 디자이너로, 캐주얼 브랜드를 보유했으며 여배우 브리지트 바르도와도 친했다. 에스테의 사교계 인맥은 PSG의 기반이 되었고, 이 클럽의 표면적으로는 세련된 분위기도 그에게서 유래한 듯하다.

1981-82시즌, 창단 12년을 맞이한 PSG는 쿠프 드 프랑스를 제패했다. 결승전 상대인 생테티엔의 에이스였던 미셸 플라티니가 프랑스에서 뛰는 마지막 경기였던 까닭에 4만 6,000장의 티켓을 사기 위해 15만 명이 몰려들었다고 한다. 이 경기에서 PSG는 도미니크 로슈토의 극적인 동점골로 승부차기까지 간 끝에 승리를 거뒀다.

PSG는 다음 시즌에도 쿠프 드 프랑스 우승을 차지했고, 1985-86시즌에는 마침내 리그 우승을 달성했다. 이때 활약한 선수로는 사페트 수시치, 루이스 페르난데스, 조엘 바츠, 로슈토 등이 있다.

수시치는 구 유고슬라비아 출신의 공격수로, 그를 PSG 역사상 최고의 선수였다고 평가하는 팬도 많았다. 여담이지만, 그가 1991-92시즌

에 현역 생활의 마지막을 보낸 곳은 파리 시의 클럽인 레드스타였다. 레드스타는 2부 리그의 유서 깊은 클럽이며, 과거에는 강호였던 클럽이다. 1930년대의 슈퍼스타인 기예르모 스타빌레, 훗날 감독으로 대성하는 엘레니오 에레라도 이 팀에서 뛰었으며, 1987-88시즌에는 10년 후 일본 국가대표팀 감독이 되는 필립 트루시에가 지휘봉을 잡은 바 있다.

좋은 팀은 돈으로 살 수 있다

카날 플뤼스 시대에는 상당히 많은 스타플레이어가 PSG에 왔다. 웨아, 조르카에프, 라이, 지놀라, 바우두 등이 이룩한 황금시대 이후에도 호나우지뉴가 있었고, 파울레타, 니콜라 아넬카, 클로드 마켈렐레, 제이 제이 오코차도 있었다. 리그1에서는 올스타팀이었던 것이다.

그러나 챔피언스리그는커녕 국내 리그 우승조차 하지 못했다. 바르셀로나에서 세계적인 대스타가 되었던 호나우지뉴를 제외하면 스타플레이어라고는 하지만 '조금 아쉬운' 느낌도 부정할 수 없다. 매년 여름마다 흥분되는 이적 루머가 떠오르지만 최종적으로는 평범한 수준의 보강에 그치는 경우가 대부분이었다. 지네딘 지단, 루이 코스타 등을 영입한다는 소문이 떠돌았지만 소문으로 끝났다. 호나우두의 경우 거의 성사 단계까지 갔었는데 카날 플뤼스의 상층부가 제동을 걸었다고 한다. 리그1의 독점 중계권을 보유한 카날 플뤼스가 PSG가 지나치게 강해질 경우 페이퍼뷰 매출에 악영향을 끼칠 수 있다고 판단했다는 이

야기도 떠돌았다. 팬으로서는 지나치게 강해지면 곤란하다니 무슨 잠꼬대 같은 소리냐고 생각하겠지만, 텔레비전 방송국은 원래 그런 곳인 모양이다.

2011년, 카타르 투자청의 자회사인 카타르 스포츠 인베스트먼트(QSI)가 PSG를 인수하고 이듬해에 주식을 100퍼센트 사들였다. 그리고 이때부터 PSG는 완전히 다른 클럽이 되었다. 영입한 스타플레이어의 수준이 그전과는 차원이 달랐다. 즐라탄 이브라히모비치, 티아구 실바, 마르퀴뇨스, 마르코 베라티, 에딘손 카바니, 블레즈 마튀디, 티아구 모타, 앙헬 디 마리아…. 게다가 이래도 아직 레알 마드리드나 맨체스터 유나이티드 정도에 못 미친다고 생각했는지 네이마르를 영입하고 킬리안 음바페도 데려왔다.

2012-13시즌 리그1을 제패한 PSG는 그 뒤로도 6시즌 더 우승을 달성했다. 그전까지 고작 2회 우승에 그쳤던 팀이 리그가 개막하기 전부터 우승이 결정된 것이나 다름없는 팀으로 바뀌어 버린 것이다. 카날 플뤼스가 대주주였다면 돈이 있다 해도 절대 네이마르를 영입하지 않았겠지만, QSI는 말하자면 카타르의 국가사업으로 PSG를 운영하고 있었다. 네이마르는 2022년 카타르 월드컵의 '얼굴'로 이미 결정되었다. 천연 가스 이외의 산업이 없는 카타르는 관광 사업을 차세대의 생명줄로 여기는 듯하며, 그렇기에 축구 비즈니스를 중요한 테마로 생각하고 있는 것 같다.

Philosophy **[외견과 내실의 균형]**

2011년에 카타르 자본이 유입되면서 파리에 어울리는 그룹이 되었다.

돈은 얼마든지 있다. UEFA의 재정적 페어플레이 규칙 때문에 돈을 물 쓰듯 쓰지는 못하지만, 원하는 선수를 데려오기 위해서는 돈을 아끼지 않는다. 맨체스터 시티도 그렇지만 자원 자본은 강력하다. 이전의 PSG도 프랑스의 클럽치고는 예외적일 정도로 자금력이 있었지만, '좋은 팀은 돈으로 살 수 없다'의 예외는 되지 못했다. 그러나 맨시티와 현재의 PSG는 그 자금 규모가 막대하다면 좋은 팀도 살 수 있음을 증명했다고 할 수 있다.

로컬 클럽으로서의 역사와 긍지가 있었던 맨시티의 경우는 조금 복잡한 부분도 있지만, PSG는 카타르 자본을 통해 비로소 외견과 내실의 균형이 바로잡혔다. 파리가 마침내 도시에 어울리는 클럽을 갖게 되었다고 할 수 있다. 거대하고 강력하며 무엇보다도 화려한 축구 클럽. 파리의 명사들이 응원하기에 부족함이 없는 클럽이 되었다. 파리에 축구 클럽이 정착하려면 이 방법밖에 없었다. 사실 PSG는 이제 파리도 프랑스도 아닌 카타르의 클럽이지만, 그런 것은 중요한 문제가 아니다.

화려한 파리에 어울리는 카나리아색

PSG는 카날 플뤼스 시절부터 브라질 색채가 느껴지는 클럽이었다. 리그1 클럽에는 저마다 특징이 있다. 마르세유는 약간 독일 스타일이고, 랑스는 주로 아프리카 선수들을 발탁하며, 모나코에서는 이탈리아 클럽의 향기가 난다. 다만 늘 그렇다기보다는 그때그때 활약하는 선수에 따라 특색이 결정된다. 프랑스에는 아프리카 등 다른 나라에서 온 이민자와 이민자 2세, 3세가 많고, 파리는 특히 더 그렇다. 대체로 3대를 거슬러 올라가면 외국인인 경우가 많다. 다종다양한 민족이 살고 있기는 해도 전체적으로 보면 소수파지만, 축구의 경우 그 비율이 역전되어 이민계가 다수파를 차지하고 있다. 그런 까닭에 '프랑스다운' 스타일이라는 것은 존재하지 않는다. 굳이 프랑스다움을 찾는다면 그것은 잡다함일 것이다. 특정한 프랑스다움이 '없는' 것이야말로 프랑스다운 모습이라는 말이다.

그런 가운데 PSG에 브라질 색채가 느껴지는 것은 아마도 우연의 산물일 것이다. 라이의 존재가 큰 영향을 끼쳤는지도 모르고, 선수와 감독으로 있었던 히카르두 고메스, 그보다 이전에 뛰었던 바우두 때부터 이어진 흐름도 있을 것이다. 브라질과의 커넥션이 생기면서 많은 브라질 선수가 플레이하기도 했고, 공을 소유하고 공격하는 화려한 스타일이 파리와 잘 어울린다는 측면도 있다.

현재도 브라질 선수로 네이마르, 티아구 실바, 마르퀴뇨스가 뛰고 있다. 얼마 전까지는 다니엘 알베스도 있었다. QSI 시대가 된 뒤의 감독을 살펴보면 앙투안 콩부아레 이후 카를로 안첼로티, 로랑 블랑, 우나이 에메리, 토마스 투헬까지 국적은 다양하지만 하나같이 실적이 있는 명감독들이 팀을 지휘하고 있다.

옅은 브라질 색채가 기반에 깔려 있다고는 하지만, 이제 PSG는 파리에 걸맞은 코스모폴리탄적인 팀이 되었다. 화려함에서 호화로움으로, 뿌리를 내리지 못한 경박함에서 글로벌함으로, 백만장자에서 억만장자로 업그레이드되었다. 인공적인 분위기는 똑같지만, 강화 플라스틱이 되었다. 어떤 의미에서는 가장 현대적인 클럽인지도 모른다.

파리 만국 박람회 당시 지어진 에펠탑은 처음에는 평가가 좋지 못했다고 한다. 지금 봐도 이 철골로 만든 타워는 돌로 만든 건축물이 즐비한 파리 풍경에서 매우 이질적인 존재다. 그러나 시간이 흐른 지금, 에펠탑은 파리의 상징이 되었다.

PSG의 엠블럼에도 에펠탑이 있다. 본래 에스테가 디자인한 엠블럼에는 에펠탑 아래로 루이14세를 상징하는 요람이 있었다. 그러나 PSG를 인수한 QSI는 2013년에 요람을 지우고 'PARIS'라는 문자의 크기를 키워서 강조했으며 'SAINT-GERMAIN'은 엠블럼 아래쪽에 작게 표시했다. PSG의 모체가 된 스타드 생제르맹의 본거지인 생제르맹앙레는 태양왕 루이 14세가 태어난 곳이지만, 카타르가 파리 교외의 클럽을 살 생각으로 PSG를 사지는 않았을 것이다. 에펠탑이 파리의 상징이 되었듯이, PSG도 그렇게 될지 모른다. 그때도 생제르맹이라는 이름이 남아 있을지 어떨지는 알 수 없지만.

History of
Paris SG
[파리 생제르맹 연표]

2011년, 카타르 투자청의 자회사인 카타르 스포츠 인베스트먼트가 인수한 뒤로 카날 플뤼스 시대와는 완전히 다른 클럽이 되었다.

1970 년대
▶ **첫 1부 리그 승격**

[회장]
다니엘 에스테(FRA)

[주요 선수]
장 조르카에프(FRA)

1980 년대
▶ **리그 우승&쿠프 드 프랑스 2연속 우승**

[주요 선수]
도미니크 로슈토(FRA)/사페트 수시치(BIH)/루이스 페르난데스(FRA)/조엘 바츠(FRA)

1990~2000 년대
▶ **카날 플뤼스 시대**

[감독]
히카르두 고메스(BRA)
바히드 할릴호지치(BIH FRA)

[주요 선수]
조지 웨아(LBR)/다비드 지놀라(FRA)/라이(BRA)/유리 조르카에프(FRA)/바우두(BRA)/레오나르두(BRA)/마르코 시모네(ITA)/제이 제이 오코차(NGA)/니콜라 아넬카(FRA)/호나우지뉴(BRA)/파울레타(POR)/클로드 마켈렐레(FRA)

2010 년대 ~ 현재
▶ **카타르 자본의 시대**

[감독]
앙투안 콩부아레(FRA)
카를로 안첼로티(ITA)
로랑 블랑(FRA)
우나이 에메리(ESP)
토마스 투헬(GER)

[주요 선수]
즐라탄 이브라히모비치(SWE)/티아구 실바(BRA)/마르퀴뇨스(BRA)/마르코 베라티(ITA)/에딘손 카바니(URU)/블레즈 마튀디(FRA)/티아구 모타(ITA)/앙헬 디 마리아(ARG)/다니엘 알베스(BRA)/네이마르(BRA)/킬리안 음바페(FRA)

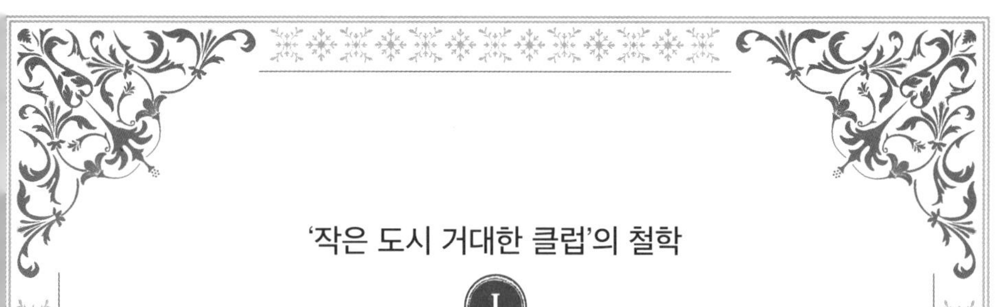

'작은 도시 거대한 클럽'의 철학

I

보루시아 도르트문트×보루시아 묀헨글라트바흐

도이체 푸스발을 구현하는 질서와 혼돈의 양립

보루시아 도르트문트

Ballspiel-Verein Borussia 1909 e. V. Dortmund

창단 년도	1909년
회장(소유자)	라인하르트 라우발(GER)
본거지	독일 도르트문트
홈구장	지그날 이두나 파크 (수용 인원 81,365명)
메인스폰서	EVONIK: 화장품 제조 회사(GER)
우승 기록	리그 8회 / 컵 4회 챔피언스리그 1회 컵위너스컵 1회 클럽 월드컵&인터콘티넨털컵 1회

역대 감독(최근 10시즌)

2010–2011	위르겐 클롭(GER)
2011–2012	위르겐 클롭(GER)
2012–2013	위르겐 클롭(GER)
2013–2014	위르겐 클롭(GER)
2014–2015	위르겐 클롭(GER)
2015–2016	토마스 투헬(GER)
2016–2017	로랑 블랑(FRA)
2017–2018	피터 보슈(GER) 페터 슈퇴거(AUT)
2018–2019	루시앵 파브르(SUI)
2019–2020	루시앵 파브르(SUI)

보루시아 묀헨글라트바흐

Borussia Verein für Leibesübungen 1900 Mönchengladbach e.V.

창단 년도	1900년
회장(소유자)	롤프 쾨니히스(GER)
본거지	독일 묀헨글라트바흐
홈구장	보루시아 파크(수용 인원 54,010명)
메인스폰서	Postbank: 은행(GER)
우승 기록	리그 5회 / 컵 3회 유로파리그&UEFA컵 2회

역대 감독(최근 10시즌)

2010–2011	미하엘 프론트첵(GER) 루시앵 파브르(SUI)
2011–2012	루시앵 파브르(SUI)
2012–2013	루시앵 파브르(SUI)
2013–2014	루시앵 파브르(SUI)
2014–2015	루시앵 파브르(SUI)
2015–2016	루시앵 파브르(SUI) 안드레 슈베르트(GER)
2016–2017	안드레 슈베르트(GER) 디터 헤킹(GER)
2017–2018	디터 헤킹(GER)
2018–2019	디터 헤킹(GER)
2019–2020	마르코 로제(GER)

권위에 대한 '반항심'

보루시아 도르트문트와 보루시아 묀헨글라트바흐. 독일에는 '보루시아'가 붙은 클럽이 상당수 존재하지만, 분데스리가의 보루시아라고 하면 이 두 팀을 가리킨다. 보루시아란 프로이센을 의미하는 라틴어로, 도르트문트와 묀헨글라트바흐가 모두 프로이센 왕국의 도시였던 데서 유래했다.

창단 년도는 보루시아 MG가 1900년, 도르트문트가 1909년으로 거의 같다. 그런데 보루시아 도르트문트는 사실 정식 명칭이 아니다. 정식 명칭은 발슈필-페어라인 보루시아 1909이며, 이것을 줄인 BVB09가 그대로 엠블럼이 되었다. 발슈필-페어라인은 '구기(球技) 클럽'이라는 의미다. 여담이지만, 독일 축구 클럽의 엠블럼은 문자를 적어 넣기만 한 단순한 것이 많다. 유럽의 축구 클럽에는 대체로 사자라든가 독수리 등의 동물 혹은 성문, 왕관 등이 그려져 있어서 중후한 동시에 역사

가 느껴지는데, BVB(보루시아 도르트문트는 너무 길기 때문에 앞으로 이렇게 표기하겠다)와 MG(이쪽도 동일)의 엠블럼은 단순하기 짝이 없다. 심지어 MG의 경우 거의 'B'밖에 없는 수준이다. 그리고 이는 중앙에 기하학 무늬 같은 것이 있을 뿐인 바이에른 뮌헨의 엠블럼도 마찬가지다. 건조하지만 현대적인 느낌은 든다.

두 보루시아가 창단한 1900년대, 축구는 가톨릭 교회에 다니는 젊은이들이 일요일에 하는 스포츠였다. 그런데 도르트문트 북부의 교회를 운영하는 인물이 어째서인지 축구를 매우 싫어해서 축구를 하지 못하도록 골대를 부수는 등 해코지를 했다. 그러자 이에 반발한 젊은이들이 독립적인 클럽을 만든 것이 BVB의 시작이었다고 한다.

BVB의 유전자를 탐색하다 보면 그곳에는 클럽 탄생의 계기가 된 '반항심'이라는 키워드가 자리하고 있는 듯하다. 이는 MG도 마찬가지인데, 어쩌면 독일 축구 클럽의 전반적인 공통점인지도 모른다. 교회라는 권위에 대한, 혹은 자신들의 에너지나 열정을 속박하려 하는 사회에 대한 반항 혹은 반발이 늘 존재한다. 독일에 축구가 처음 들어왔을 때, 국내에서 권장되던 스포츠는 기계 체조였고 축구 같은 '놀이'는 그다지 환영받지 못했다. 이 부분은 스포츠를 '체육'의 틀에 끼워 넣은 일본과도 조금 비슷한 점이 있다.

그러나 축구에는 신기한 감염력이 있어서 독일 젊은이들은 곧 축구의 매력에 빠져들었다. 지금도 푸스발(축구를 뜻하는 독일어)의 밑바닥에는 그 열정과 에너지가 흐르고 있다는 생각이 든다.

실오라기 하나 걸치지 않은 자유주의

BVB는 1965-66시즌에 컵위너스컵 우승을 차지했다. 독일 클럽으로는 처음 획득한 UEFA 타이틀이었다. 그러나 1970년대에는 부진의 늪에 빠졌고, 대신 MG가 영광의 시기를 맞이한다.

묀헨글라트바흐는 인구 약 26만 명의 작은 도시다. 뒤셀도르프에서 전철을 타고 20분 정도 가면 도착하는데, 조용한 주택지라는 인상이 강하다. 이런 작은 도시의 클럽이 10년 동안 분데스리가 우승을 5회나 차지했다니 믿기지 않을 정도다.

1965-66시즌부터 분데스리가에 참가했으니 비교적 신참이다. 첫 시즌 성적은 13위였지만, MG는 그때부터 이미 신진기예의 팀으로 주목받았다. 1966-67시즌에는 70골을 넣는 파괴력을 보여주며 8위에 올랐고, 이후의 두 시즌은 우승 경쟁에 뛰어들어 연속으로 3위를 차지했다. 그리고 승격 5년차인 1969-70시즌 마침내 첫 우승을 차지했으며, 1970-71시즌에도 우승해 분데스리가의 강호로서 지위를 확립했

다. 또한 1974-75시즌부터는 3시즌 연속 우승을 달성했다.

MG의 특징은 젊음, 그리고 그 젊음에서 나오는 무모함이었다. 승격 전인 1964-65시즌에는 평균 연령 21.5세로 거의 유스팀 수준이었는데, 그 이유는 돈이 없었기 때문이다. 당시 홈구장이었던 뵈켈베르크 슈타디온은 3만 4,500명을 수용할 수 있었지만 대부분 입석이었다. 대형 스폰서도 없었고, 인근의 뒤셀도르프나 쾰른에 비하면 도시의 규모 자체가 작았다. 시골의 작은 클럽이었던 것이다. 그래서 헤네스 바이스바일러 감독은 젊은 선수를 키워 팀을 강화한다는 방침을 세웠다.

중소 클럽이 젊은 선수 육성에 힘을 쏟는 것은 당연한 일 같지만, MG만큼 성공한 팀은 극히 드물다. 1970년대의 MG와 서독을 대표하는 명선수인 귄터 네처는 유스에서부터 성장한 성골이다. 베르티 포그츠는 다른 유스에 있었지만 19세에 MG에 입단했다. 네처와 포그츠는 각각 두 차례씩 분데스리가 최우수 선수로 선정되었다.

바이스바일러는 1970년대를 대표하는 명감독 중 한 명이다. 쾰른 체육 대학에서 코치를 육성하는 지도자로서 이론가의 면모도 보여줬지만, 감독으로서는 전술적인 속박에서 최대한 벗어난 자유주의적인 방침을 채택했다. 활기차게, 빠르게, 격렬하게. 젊은이의 에너지를 최대한 이끌어내는 수법이었다.

독일이라고 하면 규율, 정확성, 논리성 같은 이미지를 떠올린다. 유럽에서 흔한 농담 중에 이런 것이 있다. 천국은 독일인 엔지니어, 영국인

[BVB의 유전자]

클럽이 탄생한 이유인 '반항심'은 독일 축구 클럽의 전반적인 공통점인지도 모른다.

경찰, 프랑스인 요리사, 이탈리아인 애인, 그리고 그들을 스위스인이 관리하는 곳이다. 한편 이것을 살짝 비틀어서 독일인 경찰, 영국인 요리사, 프랑스인 엔지니어, 스위스인 애인에 관리자가 이탈리아인이라면 지옥이 된다. 독일인은 그 논리성과 정확성 덕분에 최고의 엔지니어로 통하지만, 규율을 지나치게 중시하기 때문에 경찰관으로서는 최악이라는 평가가 담긴 농담이다.

독일에는 나체 문화가 있다. 자연 아래에서 알몸이 되는 행위가 100년 전부터 있었다고 한다. 자연주의는 공업화에 대한 의문에서 시작되었고, 건강하고 조화롭게 사는 방법의 하나로서 발전해 왔다. 따라서 누디스트 클럽도 많다. 독일인이 알몸이 되고 싶어 하는 설득력 있는 이유 중 하나는 '자유를 두려워하면서도 강하게 원한다'라는 양면성이 아닐까 한다. 본래 질서를 중시하기 때문에 자칫하면 여기에 얽매여 꼼짝도 하지 못하는 경우가 있다. 그래서 실오라기 하나 걸치지 않은 모습으로 자유를 맛보며 과도한 질서에 반기를 드는(기분이 되는) 것이다.

바이스바일러가 MG에서 확립한 스타일은 이런 독일인의 양면성을 효과적으로 이용한 것이라고 할 수 있을 듯하다. 대인 방어로 마크해 상대가 자신의 역할을 다하지 못하게 하고, 모두가 게으름을 피우지 않고 팀을 위해 헌신하는, 그런 본래 기질에 폭발적인 자유를 결합한 스타일이다. 이는 반항심이 왕성한 젊은이들을 모아서 알몸이 되라고 명

Philosopher **[헤네스 바이스바일러(GER)]**

전술적인 속박을 최대한 폐지한 자유주의자.

령한 것이었다. 자신을 마크하는 상대를 떨쳐내고 공격에 나설 것을 권장하고, 1 대 1 상황이 되면 승부하라고 계속 주문했다. 리스크를 감수하고 불같이 공격을 퍼부으라는 것이다.

바이스바일러는 이 시대의 손꼽히는 이론가이면서도 의식적으로 전술을 경시했다. 훈련할 때는 대부분 거의 게임 형식으로 했다. 선수에게 전술(의무)을 의식하도록 하는 것을 삼가고, 이른바 자유주의를 강요했다.

바이스바일러 감독은 수많은 젊은 선수를 키워냈다. 호랑이 지도자이면서 관용적인, 젊은 선수들에게는 아버지 같은 존재였다.

"말을 물가로 데려갈 수는 있지만, 억지로 물을 마시게 할 수는 없다."

바이스바일러는 이와 같은 말을 자주 했다고 한다. 그리고 실제로 물을 마시라고 명령하는 우는 범하지 않았다.

질서의 자유라는 양면성의 허용

자유의 기수 귄터 네처는 이 시대를 대표하는 반항아다.

"어려운 것과 쉬운 것 중에 선택해야 한다면 나는 망설임 없이 어려운 쪽을 선택할 것이다."

네처는 어깨까지 내려오는 금색의 긴 머리카락을 지닌, 섬세한 테크닉과 대담한 아이디어를 가진 선수로, 스포츠카를 즐겨 탔고 나이트클럽을 경영했다. 평소에는 조용하지만 할 말이 있으면 분명하게 하는 스타일이었다. 바이스바일러 감독과는 때때로 격렬한 의견 대립을 보였고, 국가대표팀의 헬무트 쇤 감독이 기자들 앞에서 자신을 비판했을 때는 대놓고 반박하기까지 했다.

"내 플레이에 불만이 있다면 먼저 나한테 말을 해야 하는 게 순서다. 그러지 않은 건 감독이 나와 마주할 용기가 없었기 때문이 아닌가?"

네처는 기자들 앞에서 이렇게 말한 다음 "월드컵에 참가하지 않겠

다"면서 소집 거부 선언을 했다(이후에 화해했다). 당시 약 2주에 걸친 국가대표팀 감독과 네처의 대립은 신문 지상을 떠들썩하게 했다. 분데스트레이너(독일 국가대표팀 감독)에게 반박하는 선수라니, 적어도 10년 전까지는 있을 수 없는 일이었다. 시대가 변한 것이다. 당시 젊은이들은 하나같이 머리를 길게 길렀고, 반항은 그들의 정의였다. 그리고 네처는 독일에서 그런 젊은이들의 상징 같은 인물이었다.

한편 포그츠는 질서의 상징이었다. 그는 '테리어'라고 불렸던 하드워커로, 상대 팀 에이스와 수많은 명승부를 연출했다. 몸집은 작지만 매우 민첩했으며, 몇 번을 뚫리더라도 낙심하지 않고 불굴의 투지로 싸워나갔다. 요한 크루이프를 완벽히 봉쇄했던 1974년 월드컵 결승전은 그의 경기 중에서도 가장 빛나는 하이라이트였다.

"네처를 위해서 뛴다."

포그츠는 이렇게 공언한 바 있다. 포그츠와 네처, 질서와 자유, 헌신과 반항은 MG의 양 수레바퀴였다. 유프 하인케스, 헤르베르트 빔머, 라이너 본호프, 울리 슈틸리케, 알란 시몬센 등의 인재를 잇달아 발굴해 개화시켰던 MG는 '공격 축구의 전당'으로 불렸다.

"축구는 달려가서 골을 넣는 스포츠다."

바이스바일러의 철학은 지나치게 단순할 정도였지만 MG는 바로 그런 플레이 스타일로 바이에른 뮌헨과 함께 독일과 세계 축구를 선도하는 존재였다.

[귄터 네처(GER)]

금색의 긴 머리카락을 휘날리며 플레이했던 자유의 기수.

공수의 경계선이 없는 축구

MG가 분데스리가를 석권하던 1970년대, 또 하나의 보루시아인 BVB는 부진의 늪에 빠져 있었다. 그럼에도 홈구장인 베스트팔렌슈타디온은 항상 관객으로 가득 차 있었다. 현재는 개장한 뒤 구장 명명권을 팔았기 때문에 지그날 이두나 파크가 된 이 홈구장의 골대 뒤쪽은 2만 2,000명이라는 수용 능력을 자랑한다. 전체적으로 8만 1,365명을 수용할 수 있으며, 특징적인 점은 그중 테라스(입석)가 2만 5,020석이나 있다는 것이다. 이미 테라스를 금지한 잉글랜드에서 종종 "테라스는 위험하다"라고 지적하지만, BVB는 그럴 때마다 지금까지 부상자가 거의 나오지 않았기 때문에 이런 말로 간단히 일축해 버린다.

"좌석 위에 올라가서 서는 쪽이 더 위험하다."

이렇게 되받아치면 사고가 빈발해서 테라스를 철거할 수밖에 없었던 잉글랜드로서는 할 말이 없다. 독일인은 역시 질서의 민족이다.

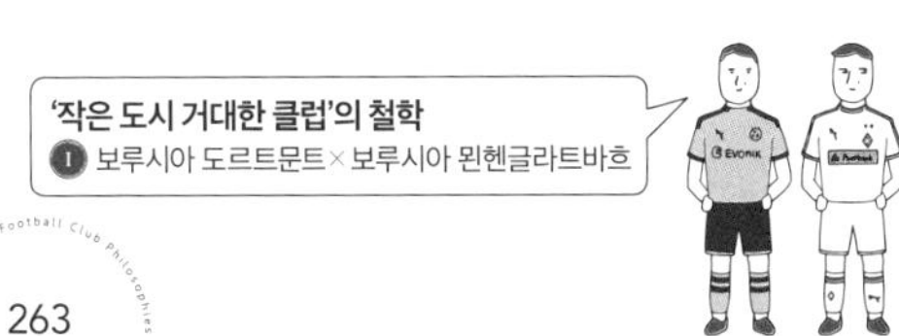

2만 명이 넘는 서포터가 노란색으로 물들이는 골대 뒤쪽의 광경은 장관 그 자체다. 세계 최고의 입장률(94퍼센트)도 기록했을 정도이며, 팬들의 에너지는 바이에른 뮌헨조차도 능가하는 수준이다. 팬들의 압도적인 지지가 어려운 시대를 극복할 수 있었던 원동력이라 할 수 있다.

BVB가 분데스리가의 강호로 부상한 때는 1990년대다. 오트마르 히츠펠트 감독의 지휘 아래 1994-95, 1995-96시즌에 연속으로 리그를 제패했고, 1996-97시즌에는 챔피언스리그 챔피언이 되었다. 이 시기의 BVB에는 마티아스 잠머, 칼 하인츠 리들레, 슈테판 로이터, 안드레아스 묄러, 위르겐 콜러 등 독일 국가대표 선수들이 즐비했다. 그 뒤로는 한동안 부진에 빠지지만, 2008년에 위르겐 클롭 감독이 취임하면서 황금시대를 맞이하게 된다.

마인츠를 약진시킨 클롭은 BVB를 이끌고 2010-11, 2011-12시즌 리그를 연속 제패함으로써 바이에른 1강 체제를 종식시켰다. 1970년대에 바이에른과 패권을 다퉜던 MG를 대신해 또 하나의 보루시아가 바이에른의 최대 라이벌로 떠오른 것이다.

클롭이 만든 팀은 바이스바일러의 MG와 매우 비슷했다. 먼저 선수들이 젊었다. 9시즌 만에 우승을 차지한 2010-11시즌에는 주력 선수의 평균 연령이 22~24세였다. 마리오 괴체, 로베르트 레반도프스키, 가가와 신지, 케빈 그로스크로이츠 등 젊은 재능들이 활약했다. 그리고 열심히 달렸다. 젊기 때문이기도 하지만, 주력을 전면에 내세우는

Philosophy **[테라스의 질서]**

지그날 이두나 파크의 입석은 2만 석이 넘지만 부상자가 발생한 적은 거의 없다.

플레이 스타일이었다. 젊고, 빠르고, 격렬하다는 점에서 바이스바일러가 이끌었던 '망아지들'을 방불케 했다. 시대의 차이도 있기 때문에 클롭의 팀이 더 전술적이기는 하지만, 바이스바일러의 시대에 비하면 그렇다는 말이지 과도하게 전술적이지는 않았다. 오히려 전술적인 속박으로부터 최대한 해방됨으로써 터져 나오는 폭발력이 매력이자 강력함의 원천이었다.

클롭은 당시 전성기였던 바르셀로나의 축구를 "따분하다"라고 말했던 사내다. 이는 비판이 아니라 솔직한 감상이었다.

"만약 내가 어렸을 때 본 축구가 저랬다면 나는 축구 선수가 아니라 테니스 선수를 목표로 삼았을 것이다."

클롭에게 축구는 더 격렬하고, 자극적이며, 무엇에도 속박되지 않는 자유로운 것이어야 했다. 바르셀로나의 축구에는 그들만의 '규칙'이 있고, 그 규칙에 따라서 플레이한다. 상대가 플레이할 기회를 주지 않고 착실하게 패스를 돌리며 서서히 목을 조르는 방법으로 승리한다. 클롭에게 축구는 좀 더 거칠고, 실수를 많이 할지도 모르지만 그런 실수를 두려워하지 않고 플레이해야 하는 것이었다. 바르셀로나의 스타일은 지나치게 계산적인 데 비해 클롭은 양복을 말쑥하게 빼입는 것이 아니라 알몸이 되고 싶어 하는 부류인 것이다.

리버풀에서 성공함으로써 널리 알려진 스타일은 사실 BVB 시절부터 이미 하고 있었던 것이다. 종으로 빠르게 공격하고, 만약 실수를 저

[랄프 랑닉(GER)]

클롭은 랑닉 계열에서 가장 성공한 감독이다.

질러서 공을 빼앗기면 즉시 게겐 프레싱으로 이행하는, 공격과 수비의 경계선이 없는 축구다. 공격은 상당히 거칠고 세컨드 볼 쟁탈전도 벌이는 등 어떤 의미에서는 혼돈스럽다. 그러나 그 혼돈 속에서 활로를 찾아내는 것이 재미있다. 완전히 계산적인 바르셀로나와는 어떤 의미에서 반대편의 극단에 위치한, 혼전을 유도하는 기세와 대담함이 매력적이다.

클롭의 전술은 계열로는 랄프 랑닉의 흐름에 속한다. 랑닉 계열에서 가장 성공한 감독이지만, 흐름을 더욱 거슬러 올라가면 그 원류에는 바이스바일러가 있지 않나 싶다. 바이스바일러에게서 직접 영향을 받았다기보다는 푸스발의 전형 중 하나로 보인다. 질서와 혼돈, 이 상반된 요소를 양립시키고 승화시킨 클롭의 축구는 이 부분의 맥을 정확히 짚고 있는 것이다.

교회의 권위에 대한 반항에서 출발한 BVB의 정신은 클롭이 이끄는 팀에서 살아 숨 쉬고 있다. 수많은 국가대표 선수를 배출했기 때문에 독일 축구 하면 가장 먼저 바이에른 뮌헨을 떠올리지만, 사실 바이에른은 오히려 예외적인 존재이며 MG나 BVB야말로 독일다운 클럽이라고 생각한다. 독일인이 볼 때 잉글랜드 스타일은 '조직적'이며, 잉글랜드 전통의 4-4-2가 지나치게 정형화되어 있다고 느끼는 듯하다. 반면 독일은 조직적이라는 이미지가 강하지만, 사실은 정반대다. 독일에는 '츠바이캄프(1 대 1)'를 중시하는 전통도 있다. 조직과 개인, 질서와 자유. 그 균형을 잡는 것이 진정한 독일다움이다.

History of Borussia Dortmund

[보루시아 도르트문트 연표]

챔피언스리그를 제패한 뒤 잠시 부진의 늪에 빠지지만, 2008년에 위르겐 클롭이 취임하면서 황금시대를 맞이한다.

1990 년대

▶ **챔피언스리그 제패**

[감독] 오트마르 히츠펠트(GER)

[주요 선수] 마티아스 잠머(GER)/칼 하인츠 리들레(GER)/슈테판 로이터(GER)/ 안드레아스 묄러(GER)/위르겐 콜러(GER)/루벤 소사(URU)/파울로 소사(POR)/볼프강 파이어징거(AUT)/스테판 샤퓌자(SUI)

2000 년대

▶ **짧은 영광의 시기**

[감독] 마티아스 잠머(GER)

[주요 선수] 토마시 로시츠키(CZE)/얀 콜레르 (CZE)/제바스티안 켈(GER)/크리스토프 메첼더(GER)/넬손 발데스(PAR)/에웨르통(BRA)/토르스텐 프링스(GER)

2010 년대 ~ 현재

▶ **공수의 경계선이 없는 푸스발**

[감독] 위르겐 클롭(GER)
토마스 투헬(GER)
루시앵 파브르(SUI)

[주요 선수] 마츠 훔멜스(GER)/가가와 신지(JPN)/케빈 그로스크로이츠(GER)/마리오 괴체(GER)/로베르트 레반도프스키(POL)/마르코 로이스(GER)/헨리크 미키타리안(ARM)/피에르 오바메양(GAB)/엘링 홀란드(NOR)/크리스티안 풀리식(USA)/제이든 산초(ENG)

History of Borussia MG

[보루시아 MG 연표]

압도적인 파괴력으로 1969-70, 1970-71시즌의 분데스리가를 제패하며 분데스리가의 강호로서 지위를 확립했다.

1960~1970 년대

▶ **공격의 전당**

[감독] 헤네스 바이스바일러(GER)

[주요 선수]
귄터 네처(GER)/베르티 포그츠(GER)/유프 하인케스(GER)/헤르베르트 빔머(GER)/라이너 본호프(GER)/울리 슈틸리케(GER)/알란 시몬센 (GER)/호르스트 쾨펠(GER)

2010 년대 ~ 현재

▶ **부활의 조짐**

[감독] 루시앵 파브르(SUI)
마르코 로제(GER)

[주요 선수]
마르코 로이스(GER)/후안 아랑고(VEN)/단테 본핌(BRA)/마크 안드레 테르 슈테겐(GER)/루크 더 용(NED)/토르강 아자르(BEL)/안드레아스 크리스텐센(DEN)/막스 크루제(GER)/얀 좀머(SUI)

'작은 도시 거대한 클럽'의 철학

비야레알

노란 타일을 도둑맞더라도 다시 새로운 노란 타일을 만들면 된다

비야레알 CF

Villarreal Club de Fútbol, S.A.D.

창단 년도	1923년
회장(소유자)	페르난도 로이그(ESP)
본거지	스페인 비야레알
홈구장	에스타디오 데 라 세라미카(수용 인원 23,500명)
메인스폰서	PAMESA Cerámica: 타일 제조 회사(ESP)
우승 기록	없음

역대 감독(최근 10시즌)

2010–2011	후안 카를로스 가리도(ESP)
2011–2012	후안 카를로스 가리도(ESP) / 호세 프란시스코 몰리나(ESP) 마르셀리노 가르시아 토랄(ESP)
2012–2013	마누엘 프레시아도(ESP) / 훌리오 벨라스케스(ESP) 마르셀리노 가르시아 토랄(ESP)
2013–2014	마르셀리노 가르시아 토랄(ESP)
2014–2015	마르셀리노 가르시아 토랄(ESP)
2015–2016	마르셀리노 가르시아 토랄(ESP)
2016–2017	프란시스코 에스크리바(ESP)
2017–2018	프란시스코 에스크리바(ESP) / 하비에르 카예하(ESP)
2018–2019	하비에르 카예하(ESP) / 루이스 가르시아 플라자(ESP) 하비에르 카예하(ESP)
2019–2020	하비에르 카예하(ESP)

작은 도시=가난이라는 큰 오해

카스테욘 데 라 플라나 역에 도착했다. 역은 새로 만든 듯, 깨끗하고 현대적이었다. 그러나 역 밖으로 나가 보니 '썰렁'했다. 유럽의 지방 도시에서 흔히 겪을 수 있는 일이지만, 일요일도 아닌데 사람이 거의 보이지 않았다. 역 앞에는 엘 코르테 잉글레스라는 백화점이 있었다. 스페인에서는 어떤 도시에서나 볼 수 있는 백화점이다. 분명히 이곳이 발렌시아 주 카스테욘의 중심가일 텐데, 그런 것 치고는 너무나 횅했다.

목적지인 비야레알은 여기에서도 조금 떨어진 장소에 있다. 지방선을 타고 두 역 정도 더 가야 한다. 그런데 왜 카스테욘에서 내렸는가 하면, 숙박할 곳이 여기밖에 없었기 때문이다. 비야레알에도 호텔이 있기는 하지만 수가 적어서 경기가 있는 날이면 순식간에 예약이 꽉 찬다. 그건 그렇고, 훨씬 큰 도시인 카스테욘의 중심가가 이 정도라면 비야레알은 대체 어떨지….

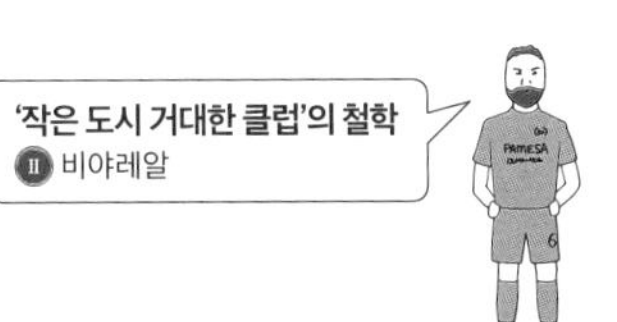

비야레알 역에서 내렸다. 역시나 아담한 크기였다. 다만 경기가 있는 날이어서 그런지 사람들이 꽤 있었다. 카스테욘보다도 많았다. 이대로 인파를 따라가면 경기장까지 갈 수 있겠군… 하고 생각한 것이 실수였다. 도착한 곳은 작은 광장이었다.

그래도 그렇게 넓은 도시가 아니어서 어떻게든 경기장에 도착할 수 있었다. 엘 마드리갈은 타일 벽이 아름다운 경기장이었다. 현재는 에스타디오 데 라 세라미카가 되었고, 외벽이 세라믹으로 덮여서 야간에는 클럽의 색인 노란색으로 빛난다고 한다. 이쪽은 아직 보지 못했지만 역시 아름답다는 평가다. 1997년부터 세계적인 타일 제조 회사 파메사 세리미카의 회장 페르난도 로이그가 클럽 회장을 맡고 있다. 〈포브스〉에 따르면 2015년 시점의 자산이 11억 8,000만 달러라고 한다.

비야레알은 성공한 작은 클럽의 전형으로 평가받고 있다. 인구 5만 명의 작은 도시 연고 클럽이 2005-06시즌에는 챔피언스리그 4강까지 진출했고, 2007-08시즌에는 리그 2위에 올랐다. 분명히 도시 규모는 작다. 그러나 여기에 속아서는 안 된다. 돈이 충분하기 때문이다. 오너 회장이 억만장자다. 빅클럽은 아니지만 부자 클럽이기는 하다. 작은 도시의 가난한 클럽이 창의성과 노력을 발휘해 높은 곳까지 올라갔다는 스토리는 분명 아름답기는 하지만 잘못된 오해다.

작은 도시이지만 인구 과소 지역은 아니다. 주택지는 한적하고 오래된 건물이 많지만 잘 손질되어 있어서 낡았다는 느낌은 들지 않는다.

[페르난도 로이그(ESP)]

1997년에 회장으로 취임한 세계적인 타일 제조 회사의 오너.

주민들은 온화하며 여유가 있어 보였다. 너무나 조용하고 활기가 없지만, 난잡한 분위기는 전무하다. 위험하다는 느낌도 전혀 없다(정확히는 사람이 없다).

로이그 회장은 본래 발렌시아의 팬이었다고 하고, 이전에는 발렌시아의 대주주였다. 그런 그가 비야레알의 회장이 된 것은 지인의 부탁과 교외에 파메사 세라미카의 공장이 있다는 조금은 싱거운 이유에서였다. 다만 로이그 회장은 상당한 수완가다. 취임 당시 2부 리그에 있었던 팀을 "3년 만에 승격시키겠다"라고 선언한 뒤 1년 만에 승격시켰다. 역시 공약으로 내걸었던 챔피언스리그 진출도 달성했고, 인테르를 격파하고 4강전까지 나아갔다. 아무리 회장이 억만장자라도 클럽의 재정 규모가 레알 마드리드나 바르셀로나처럼 거대할 수는 없다. 부자 클럽이기는 해도 빅클럽은 아니며, 하물며 레알 마드리드나 바르셀로나 같은 메가 클럽은 더더욱 아니다. 그렇기에 챔피언스리그 4강전 진출은 모두가 놀란 예상 밖의 결과였다.

다만 챔피언스리그에 앞서 UEFA컵 4강전에 진출한 바 있기 때문에 계획대로이기는 했다.

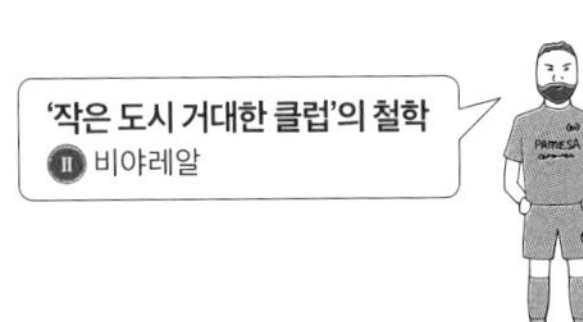

타일 공장 같은 육성 시스템

챔피언스리그 4강전까지 올라간 2005-06시즌의 비야레알에는 후안 로만 리켈메가 있었다. 아르헨티나의 슈퍼스타인 그는 바르셀로나에서 제대로 능력을 발휘하지 못해 비야레알로 임대된 상황이었다. 다만 바르셀로나에서는 기대에 못 미쳤다 해도 지방의 작은 클럽이 영입하기에는 너무나 거물이었는데, 이를 가능케 한 것이 비야레알의 성공 열쇠이기도 했다.

2003년 여름에 리켈메가 가세하자, 비야레알은 인터토토컵에서 우승하면서 UEFA컵 참가권을 획득했다. 그리고 시즌 도중에 온 마누엘 펠레그리니 감독의 지휘 아래 UEFA컵에서 로마와 셀틱을 물리치고 4강전에 진출했지만, 4강전에서 이 시즌 챔피언인 발렌시아에 패하고

[후안 로만 리켈메(ARG)]

지네딘 지단과 어깨를 나란히 했던 시대착오적인 명선수.

말았다. 한편 리그에서는 8위를 차지했다.

다음 시즌에도 인터토토컵에서 우승해 UEFA컵에 진출한 뒤 8강전까지 올랐고, 리그에서는 3위로 순위를 높여 챔피언스리그 진출권을 획득했다. 지극히 순조로운 행보라고 할 수 있다.

이때 팀에는 2004-05시즌에 라리가 득점왕을 차지한 디에고 포를란이 있었고, 로돌포 아루아바레나, 곤살로 로드리게스, 후안 파블로 소린 등의 아르헨티아인들도 있었다. 이 시기 리켈메는 지네딘 지단과 어깨를 나란히 하는, 어떤 의미에서는 시대착오적인 명선수였다. 느리고 수비력이 떨어지는 등의 약점도 지적됐지만 그 대신 테크닉이 압도적으로 뛰어났다.

"맨발로 프리킥을 10개 차서 9개는 골대 안에 집어넣고, 나머지 한 개는 골대를 맞혔다."

당시 팀 동료는 리켈메의 기술에 경의를 표했다. 특히 인테르를 상대한 챔피언스리그 8강전은 전 세계가 리켈메의 위대함에 경의를 표한 경기였다. 두세 명에게 둘러싸여도 공을 빼앗기지 않는, 마치 어른이 초등학생을 상대하는 것처럼 플레이하는 장면이 수없이 연출되었다. 지단과 리켈메는 그 팀에 있는 것만으로도 팀의 등급을 끌어올리는 선수였다. 상대 팀의 전의를 상실시키는 동시에 동료들에는 용기를 북돋았다. 야생의 세계에서도 맹수끼리의 싸움은 겁을 먹는 쪽이 진다. 전술이 현대적이냐 구시대적이냐를 논하기 전에, 리켈메에게는 상대를 겁먹게 하는 존재감이 있었음을 잊지 말아야 한다.

4강전에서도 아스날을 상대로 한 발도 물러서지 않으며 팽팽하게 싸웠지만, 리켈메의 페널티킥이 엔스 레만의 선방에 막히면서 비야레알의 여정은 막을 내린다. 리켈메와 함께 이겼고, 리켈메와 함께 졌다.

필자가 엘 마드리갈을 방문했을 때는 이미 리켈메가 팀을 떠난 뒤였다. 클럽 간부와 언쟁을 일으키고 고향인 보카 주니어스로 돌아간 것이다. 그리고 리켈메가 떠난 비야레알의 스타는 유스 출신인 브루노 소리아노였다. 육성의 성공은 비야레알 약진의 또 다른 열쇠다. 소리아노는 2020년에 은퇴할 때까지 비야레알에서만 뛰었으며, 400경기 이상 출장하면서 클럽 최고 기록을 경신했다.

"매년 우리는 선수를 도둑맞고 있다. 우리의 육성 능력이 가장 훌륭하기 때문이다."

로이그 회장은 "레알 마드리드, 아틀레티코 마드리드, 아틀레틱 빌바오"라고 클럽명을 언급하면서 "문제는 15세의 어린 선수를 빼 간다는 것이다"라고 불만을 표출했다. 육성에는 성공하지만 그 성과가 전부 톱 팀으로 환원되는 것은 아닌 모양이다.

그러나 리켈메가 빠진 2007-08시즌에 라리가에서 클럽 사상 최고 순위인 2위를 기록했다. 2012-13시즌에는 2부 리그 강등을 경험했지만 한 시즌 만에 다시 승격했다. 다소의 부침은 있지만 대체로 안정적인 상위권을 유지하고 있는 이 '노란 잠수함'은 경쾌한 패스워크와 기능적인 수비라는 균형 잡힌 경기력을 유지하면서 일관성과 적확한 보강을 통해 수준을 안정시켜 왔다.

펠레그리니 감독 시절부터 비야레알의 플레이 스타일은 거의 일정하

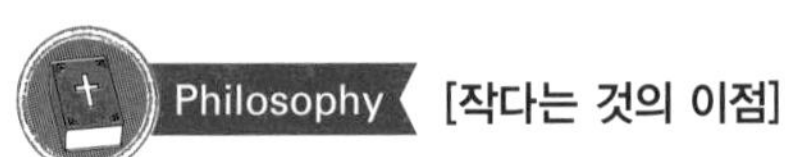

[작다는 것의 이점]

방향성만 맞다면 작다는 것은 오히려 이점이 된다.

다. 잘 통솔된 수비 라인은 안정감을 자아내고, 미드필더에는 운동량이 풍부하고 기교적인 선수를, 최전선에는 외부 영입 등을 통해 개인기로 승부할 수 있는 재능을 가진 선수를 배치한다. 그리고 공격과 수비 어느 쪽으로도 치우치지 않는다.

산티아고 카소를라, 호안 카프데빌라, 디에고 로페즈, 보르하 발레로, 주세페 로시 등 수많은 실력자가 이 팀에서 플레이해 왔다. 리켈메나 포를란 같은 대스타가 없을 때도 각국의 국가대표급 선수는 항상 있었고, 팀의 조직력도 안정적이었다.

이렇게 말하면 조금 이상하지만, 이 도시에서 비야레알은 이질적인 존재다. 이렇게 한적한 도시에 이런 당당한 강호 클럽이 존재하는 것이 너무나도 어색하게 느껴진다.

엘 마드리갈에서 돌아오는 도중에 걱정했던 일이 일어났다. 역으로 돌아가는 사람이 거의 없었던 탓에 길을 잃은 것이다. 사람들은 걸어서 혹은 자동차를 타고 도시 속으로 사라졌고, 방향치인 일본인은 완전히 미아가 되어 버렸다. 지나가는 택시도 없었다.

다만 길을 잃었다고 해도 걱정은 되지 않았다. 작은 도시이기에 방향만 대충 맞는다면 언젠가 역에 도착할 것임을 알고 있었기 때문이다. 중요한 것은 방향성이고, 그것만 맞는다면 작다는 것은 오히려 이점이 되기도 한다.

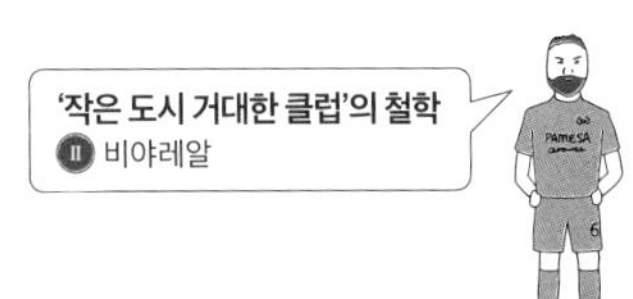

History of

Villarreal

[비야레알 연표]

1997년부터 회장을 맡고 있는 페르난도 로이그의 막대한 자금력 덕분에 작은 도시의 가난한 클럽에서 부자 클럽으로 변모할 수 있었다.

2000 년대

▶ **경이적인 챔피언스리그 4강**

[회장] 페르난도 로이그(ESP)
[감독] 빅토르 무뇨스(ESP)
마누엘 펠레그리니(CHI)

[주요 선수]
후안 로만 리켈메(ARG)/디에고 포를란(URU)/로돌포 아루아바레나(ARG)/곤살로 로드리게스(ARG)/후안 파블로 소린(ARG)/브루노 소리아노(ESP)/페페 레이나(ESP)/호세 엔리케(ESP)/카니(ESP)/로베르 피레스(FRA)

2010 년대 ~ 현재

▶ **1년 만에 1부 리그 복귀**

[감독]
마르셀리노 가르시아 토랄(ESP)

[주요 선수]
산티아고 카소를라(ESP)/호안 카프데빌라(ESP)/디에고 로페즈(ESP)/니우마르(BRA)/보르하 발레로(ESP)/마르코스 세나(ESP)/주세페 로시(ITA)/로베르트 솔다도(ESP)/세르히오 아센호(ESP)/제라드 모레노(ESP)/카를로스 바카(COL)

'작은 도시 거대한 클럽'의 철학

III

모나코

공허한 황금시대라는 루틴을 반복한다

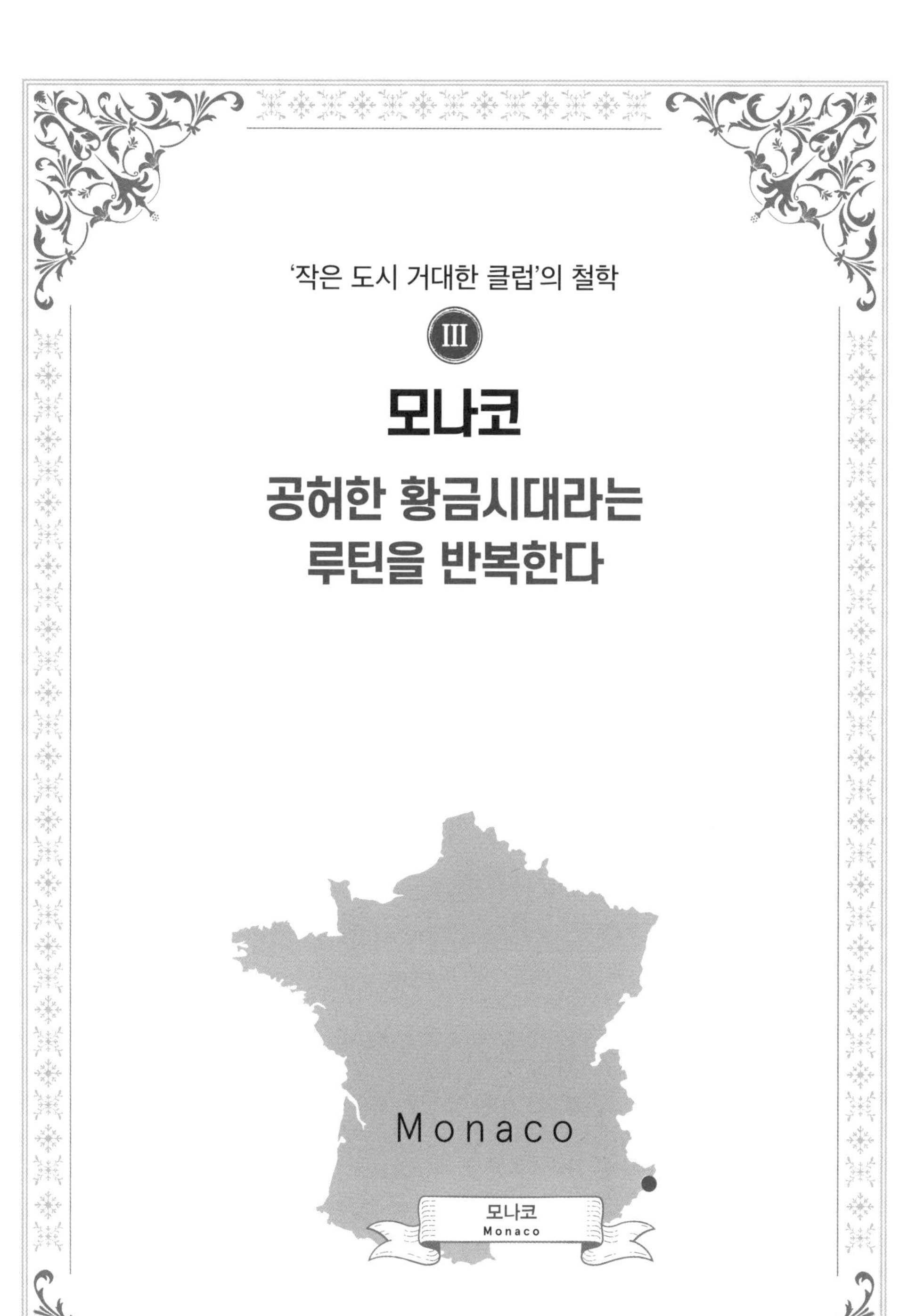

AS 모나코 FC

Association Sportive de Monaco Football Club

창단 년도	1919년
회장(소유자)	드미트리 리볼로블레프(RUS)
본거지	모나코
홈구장	스타드 루이 II(수용 인원 18,523명)
메인스폰서	FEDCOM: 황 및 비료 수출 회사(RUS)
우승 기록	리그 8회 / 컵 5회 / 리그컵 1회

역대 감독(최근 10시즌)

2010–2011	기 라콩브(FRA) / 로랑 바니드(FRA)
2011–2012	마르코 시모네(ITA)
2012–2013	클라우디오 라니에리(ITA)
2013–2014	클라우디오 라니에리(ITA)
2014–2015	레오나르두 자르딤(POR)
2015–2016	레오나르두 자르딤(POR)
2016–2017	레오나르두 자르딤(POR)
2017–2018	레오나르두 자르딤(POR)
2018–2019	레오나르두 자르딤(POR) / 티에리 앙리(FRA) / 레오나르두 자르딤(POR)
2019–2020	레오나르두 자르딤(POR) / 로베르트 모레노(ESP)

조세 피난처를 활용한 거물 영입

모나코는 여러모로 신기한 클럽이다.

모나코 공국은 독립 국가인데 AS 모나코는 프랑스 연맹 소속으로 리그1에 참가하고 있다. 한편 UEFA, FIFA에는 가입하지 않았기 때문에 모나코 국가대표팀은 존재하지 않는다. 그리고 서포터가 매우 적다.

"이곳에 살고 있는 사람이 없으니까요. 취업 인구가 3퍼센트입니다."

호텔 프런트가 건넨 종이에는 모나코에서 일하고 있는 사람 중 대부분이 니스에서 출퇴근을 하고 있다고 적혀 있었다. 서포터가 문제가 아니라 노동자가 없는 것이다. 모나코 거주자의 84퍼센트는 외국 국적의 부유층이다. 소득세가 없기 때문에 유명 인사의 거주지가 많은 조세 피난처이자 카지노가 유명한 관광 국가다.

모나코 공국의 국토는 세계에서 두 번째로 좁아서, 면적이 도쿄 디즈니랜드와 비슷한 수준이다. 높은 산과 바다 사이에 끼어 있는, 국가라기보다는 도시에 가까운 곳이다. 인구는 3만 명인데, 이 가운데 공국의

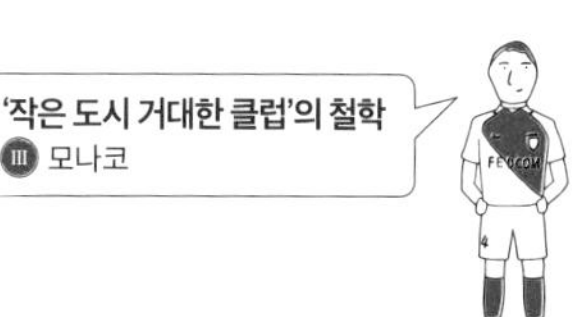

지배층인 '모네가스크(모나코 원주민)'의 수는 약 7,000명이라고 한다. 사실 모네가스크가 모나코 사람을 가리키는 말이라는 것을 알게 된 것은 극히 최근의 일이다. 파리 시장에서 생선 장수가 "모~네~가스크~, 모네가스크, 모네가스크~"라고 힘차게 외치는 바람에 모네가스크라고 하면 새우가 먼저 떠올랐던 것이다. 작은 귤이 '발렌시아'인 것처럼 모네가스크도 모나코산 새우라고만 생각했었다.

어쨌든 이 작은 나라에 독립된 리그가 존재하는 것은 불가능하며 국가대표팀을 만든다 한들 그다지 의미는 없어 보인다. 다만 모나코는 리그1의 명문 클럽이다. 리그1 우승 횟수가 가장 많은 클럽은 10회인 생테티엔이며, 마르세유와 파리 생제르맹이 각각 9회로 그 뒤를 쫓고 있다. 그리고 그 다음이 낭트와 모나코로 8회다. 모나코도 8회나 우승을 한 것이다. 디즈니랜드 정도의 크기밖에 안 되는 도시 같은 나라의 클럽이 이 정도 성적을 낼 수 있었던 데는 물론 이유가 있다. 첫째는 세금이 없다는 점이다. 다시 말해 그만큼 급여 조건이 더 좋기 때문에 선수 영입 경쟁에서 압도적으로 유리하다.

역대 선수들만 봐도 쟁쟁한 선수들이 즐비하다. 로저 밀라, 엔조 시포, 조지 웨아, 라몬 디아스, 위르겐 클린스만, 페르난도 모리엔테스, 라다멜 팔카오, 마르셀로 가야르도, 하메스 로드리게스, 베르나르두 실바 등등.

모나코가 첫 리그 우승을 차지한 때는 1960-61시즌이다. 공비(公妃)

[모네가스크]

모나코에 원래 살던 원주민을 지칭하는 말로, 모나코의 인구 3만 명 중 약 7,000명이 모네가스크다.

그레이스 켈리의 제안으로 붉은색과 흰색이 비스듬하게 나뉜 독특한 유니폼으로 바뀐 것도 이 무렵이다. 1962-63시즌에는 리그와 컵에서 우승을 차지하며 더블을 달성했다. 이후 1968-69시즌에는 2부 리그로 강등당했지만, 1975년에 장 루이 캄포라 회장이 취임하면서 부활에 성공한다. 1987-88시즌부터 7시즌을 이끈 아르센 벵거 감독 시대에는 컵위너스컵 결승까지 진출하기도 했다(SV 베르더 브레멘에 패배). 당시에는 잉글랜드 국가대표인 글렌 호들과 마크 헤이틀리가 활약했다.

장 티가나 감독 시대에도 여전히 강력해서, 10대였던 티에리 앙리와 다비드 트레제게가 큰 활약을 펼쳐 프랑스 국가대표로 선발되었다. 또한 1998년 월드컵 우승 멤버인 에마뉘엘 프티와 파비앵 바르테즈도 이 시기의 멤버였다. 플레이메이커는 당시 리그1에서 지네딘 지단과 쌍벽을 이뤘던 알리 베나르비아였으며, 소니 안데르송이 에이스 스트라이커였다.

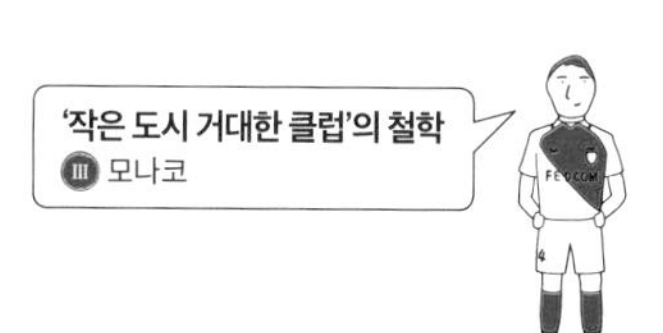

그래도 공허한 노력을 거듭한다

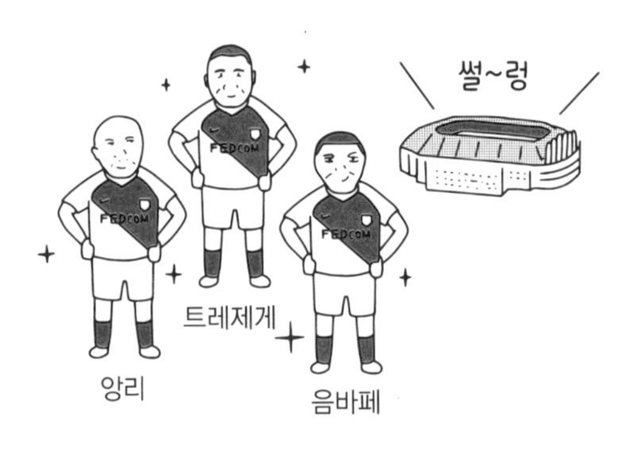

2003-04시즌에는 챔피언스리그 결승전까지 올라갔다. 결승전에서 포르투에 패하기는 했지만, 이것이 유럽 무대에서 올린 최고 성적이다. 당시 감독은 디디에 데샹이었는데, 필자는 이 시기에 데샹 감독과 인터뷰를 하기 위해 모나코에 간 적이 있다.

당시 모나코에는 파트리스 에브라, 제롬 로탕, 루도빅 지울리, 페르난도 모리엔테스가 있었고, 벵거 감독 시절의 흐름을 이어받아 견고한 4-4-2의 공격적인 스타일을 보여줬다. 데샹 감독이 이끌었던 이 시기의 모나코는 2018년 월드컵을 제패했던 프랑스 국가대표팀과 비슷했다. 견고한 4-4-2에 중원에서 공을 빼앗으면 전선의 스피드스터가 단번에 상대의 후방을 노리는 스타일로, 모나코에서는 지울리, 프랑스 국가대표팀에서는 음바페가 스피드스터였다. 한편 패스를 보내는 선수는 모나코가 아르헨티나인인 루카스 베르나르디, 프랑스는 폴 포그바였다. 사이드 하프 중 한쪽이 공격적이고 다른 한쪽이 수비적으로 플레이해서 균형을 맞추는 것도 같았다. 다만 이 시즌의 모나코는 재정 위기로 강등 위기에 몰려 있었는데, 모나코 공(公) 알베르 2세의 노력 등으로 겨우 원조금을 모아 강등을 면하기는 했다.

데샹을 인터뷰한 곳도 트레일러 안이었다. 공터에 캠프용 트레일러 하우스가 몇 개 있어서 회의나 마사지 등에 사용되었다. 부유함의 대명사인 모나코 공국의 축구 클럽임에도 모나코는 재정 상황이 매우 좋지 못했다. 사실 그도 그럴 것이, 수입의 기둥이 매우 허약했기 때문이다. 리그1에서도 가장 서포터가 적고, 명문 클럽임에도 홈구장인 스타드 루이 II의 수용 인원은 1만 8,523명에 불과하다. 호화 크루저가 정박하는 해안과 가까운, 거대한 아치가 아름다운 경기장이기는 하지만 스탠드는 언제나 텅텅 비어 있다. 스폰서 수입과 텔레비전 중계권료가 있다고는 해도 기반이 되는 관중 동원력이 너무 약한 것이다. 치명적으로 인기가 없다고 해야 할까, 애초에 열심히 응원해 줄 사람들이 도시에 살고 있지 않다.

모나코로 출퇴근하는 노동자가 많은 니스에는 OGC 니스라는 축구 클럽이 있다. 코트다쥐르(프랑스의 지중해 남동부 해안 - 옮긴이)로 범위를 확대하면 프랑스의 최고 인기 클럽인 마르세유가 있다. 국경을 마주하고 있는 이탈리아에도 삼프도리아와 제노바가 있다. 다시 말해 주변에서 관중을 불러 모을 가능성도 없다. 선수는 잘 모여들고, 앙리, 트레제게, 킬리안 음바페 등을 배출한 우수한 육성 시스템도 있다. 그러나 그 어떤 노력도 제대로 보상받지 못한다. 이렇게 여러 가지 측면에서 안타까운 클럽이 또 있을까 싶다.

파리 사람들은 마르세유를 철저히 바보 취급하고, 마르세유 사람들

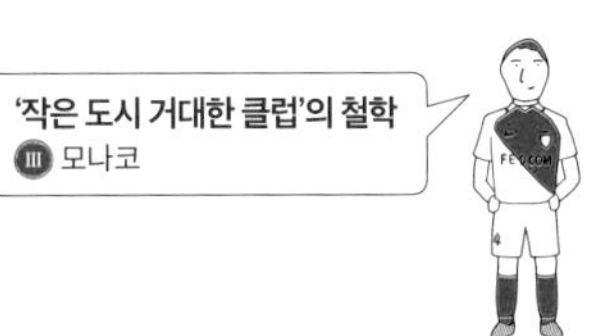

은 파리 사람들에게 진심이 담긴 분노를 드러낸다. 이웃인 리옹과 생테티엔도 라이벌 관계다. 그런데 모나코에는 그런 라이벌이 없다. 강호 클럽이기에 다들 일단은 경의를 표한다. 그러나 아무도 진심으로 응원해주지 않으며, 미워하지도 않는다. 강할 때는 훌륭한 수준의 축구를 보여주고, 테크니컬하고 기능성도 있는, 정말 호감 가는 플레이를 한다.

2016-17시즌, 오랜만에 챔피언스리그 4강을 달성한 음바페, 팔카오, 실바, 파비뉴 등의 팀도 훌륭했다. 레오나르두 자르딤 감독이 만들어낸 황금시대다. 다만 늘 그렇듯이 선수들의 이적으로 팀을 다시 꾸려야 했다. 그래도 모나코는 언젠가 또다시 황금시대를 구축할 것이다. 하지만 그것이 무엇을 위해서인지는 잘 모르겠다.

겉모습은 화려하고, 부유하며, 현대적이지만, 항상 어딘가 공허함이 느껴진다. 호화로운 집에서 외롭게 사는 '위대한 개츠비' 같은 매력은 있지만, 애석하게도 곁에 사람이 없다.

History of
Monaco
[모나코 연표]

아르센 벵거의 1990년대, 디디에 데샹의 2000년대, 레오나르두 자르딤의 2010년대 등, 인기가 없는 와중에도 꾸준히 황금시대를 만들어내고 있다.

1970 년대
강등에서 부활

[회장]
장 루이 캄포라(FRA)

[주요 선수] 델리오 오니스(ARG)/로저 밀라(CMR)

1980~1990 년대
▶ **쟁쟁한 선수들**

[감독]
아르센 벵거(FRA)
장 티가나(FRA)

[주요 선수]
글렌 호들(ENG)/마크 헤이틀리(ENG)/엔조 시포(BEL)/조지 웨아(LBR)/라몬 디아스(ARG)/위르겐 클린스만(GER)/티에리 앙리(FRA)/다비드 트레제게(FRA)/에마뉘엘 프티(FRA)/파비앵 바르테즈(FRA)/마르셀로 가야르도(ARG)/알리 베나르비아(FRA)/소니 안데르송(BRA)

2000 년대
▶ **최고 성적인 챔피언스리그 준우승**

[감독] 디디에 데샹(FRA)

[주요 선수]
파트리스 에브라(FRA)/제롬 로탕(FRA)/루도빅 지울리(FRA)/페르난도 모리엔테스(ESP)/가엘 지베(FRA)/우고 이바라(ARG)/세바스티앵 스킬라치(FRA)/루카스 베르나르디(ARG)

2010 년대 ~ 현재
▶ **반복되는 황금시대**

[감독]
레오나르두 자르딤(POR)

[주요 선수]
제레미 툴랄랑(FRA)/킬리안 음바페(FRA)/라다멜 팔카오(COL)/베르나르두 실바(POR)/하메스 로드리게스(COL)/파비뉴(BRA)/토마 르마(FRA)/앙토니 마샬(FRA)/뱅자맹 멘디(FRA)

20클럽 이외의 '철학 클럽'

'필로소피 클럽'

셀틱

Celtic Football Club

켈트 문화의 상징으로서

창단 년도	1887년
회장(소유자)	이안 뱅키어(SCO)
본거지	스코틀랜드 글래스고
홈구장	셀틱 파크(수용 인원 60,411명)
메인스폰서	dafabet: 온라인 도박 회사(PHI)
우승 기록	리그 51회 / 컵 39회 / 리그컵 19회 / 챔피언스리그 1회

역대 감독(최근 10시즌)

2010–2011	닐 레논(NIR)
2011–2012	닐 레논(NIR)
2012–2013	닐 레논(NIR)
2013–2014	닐 레논(NIR)
2014–2015	로니 데일라(NOR)
2015–2016	로니 데일라(NOR)
2016–2017	브랜든 로저스(NIR)
2017–2018	브랜든 로저스(NIR)
2018–2019	브랜든 로저스(NIR)
	닐 레논(NIR)
2019–2020	닐 레논(NIR)

'필로소피 클럽'

RB 라이프치히

RasenBallsport Leipzig e. V.

궁극의 도이체 푸스발을 추구하며

창단 년도	2009년
회장(소유자)	올리버 민츨라프(GER)
본거지	독일 라이프치히
홈구장	레드불 아레나(수용 인원 41,939명)
메인스폰서	Red Bull: Red Bull GmbH사가 판매하는 기능성 음료(AUT)
우승 기록	없음

역대 감독(최근 10시즌)

2010–2011	토마스 오랄(GER)
2011–2012	페터 파쿨트(AUT)
2012–2013	알렉산더 초르니거(GER)
2013–2014	알렉산더 초르니거(GER)
2014–2015	알렉산더 초르니거(GER)
	아힘 바이얼로르처(GER)
2015–2016	랄프 랑닉(GER)
2016–2017	랄프 하젠휘틀(AUT)
2017–2018	랄프 하젠휘틀(AUT)
2018–2019	랄프 랑닉(GER)
2019–2020	율리안 나겔스만(GER)

‘명장 클럽’

아틀레티코 마드리드

Club Atlético de Madrid, S.A.D.

볼 점유율 같은 건 개나 줘라

창단 년도	1903년
회장(소유자)	엔리케 세레소(ESP)
본거지	스페인 마드리드
홈구장	완다 메트로폴리타노(수용 인원 67,829명)
메인스폰서	Plus500: 금융 관련 기업(ISR)
우승 기록	리그 10회 / 컵 10회 유로파리그&UEFA컵 3회 컵위너스컵 1

역대 감독(최근 10시즌)

2010–2011	키케 산체스 플로레스(ESP)
2011–2012	그레고리오 만사노(ESP) 디에고 시메오네(ARG)
2012–2013	디에고 시메오네(ARG)
2013–2014	디에고 시메오네(ARG)
2014–2015	디에고 시메오네(ARG)
2015–2016	디에고 시메오네(ARG)
2016–2017	디에고 시메오네(ARG)
2017–2018	디에고 시메오네(ARG)
2018–2019	디에고 시메오네(ARG)
2019–2020	디에고 시메오네(ARG)

‘탄광 클럽’

샤흐타르 도네츠크

Football Club Shakhtar Donetsk

‘금맥’ 브라질인을 발굴하라

창단 년도	1936년
회장(소유자)	리나트 아흐메도프(UKR)
본거지	우크라이나 도네츠크
홈구장	돈바스 아레나(수용 인원 52,187명) 메탈리스트 스타디움(수용 인원 40,200명)※안전 문제로 2017년부터 사용 NSC 올림피스키 스타디움(수용 인원 70,050명)※2020년부터 사용
메인스폰서	SCM: 금융·산업 그룹 ※아흐메도프 회장 소유의 재벌 기업(UKR)
우승 기록	리그 13회 / 컵 13회 유로파리그&UEFA컵 1

역대 감독(최근 10시즌)

2010–2011	미르체아 루체스쿠(ROU)
2011–2012	미르체아 루체스쿠(ROU)
2012–2013	미르체아 루체스쿠(ROU)
2013–2014	미르체아 루체스쿠(ROU)
2014–2015	미르체아 루체스쿠(ROU)
2015–2016	미르체아 루체스쿠(ROU)
2016–2017	파울로 폰세카(POR)
2017–2018	파울로 폰세카(POR)
2018–2019	파울로 폰세카(POR)
2019–2020	루이스 카스트로(POR)

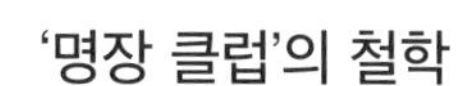

'명장 클럽'의 철학

맨체스터 유나이티드

'빨간 버스'는 무슨 일이 있어도 계속 달려야 한다

맨체스터 유나이티드

Manchester United Football Club

창단 년도	1878년
회장(소유자)	글레이저 가문(USA)
본거지	잉글랜드 맨체스터
홈구장	올드 트래포드(수용 인원 74,994명)
메인스폰서	CHEVROLET: 자동차 제조 회사(USA)
우승 기록	리그 20회 / 컵 12회 / 리그컵 5회 / 챔피언스리그 3회 유로파리그&UEFA컵 1회 / 컵위너스컵 1회 클럽 월드컵&인터콘티넨털컵 2회

역대 감독(최근 10시즌)

2010–2011	알렉스 퍼거슨(SCO)
2011–2012	알렉스 퍼거슨(SCO)
2012–2013	알렉스 퍼거슨(SCO)
2013–2014	데이비드 모이스(SCO) / 라이언 긱스(WAL) ※선수 겸 임시 감독
2014–2015	루이 판 할(NED)
2015–2016	루이 판 할(NED)
2016–2017	조세 무리뉴(POR)
2017–2018	조세 무리뉴(POR)
2018–2019	조세 무리뉴(POR) / 올레 군나르 솔샤르(NOR)
2019–2020	올레 군나르 솔샤르(NOR)

비극과 기적이 빚어낸 선민의식

빅클럽의 영광의 이면에는 불운도 있고, 내분도 있으며 서포터와의 분쟁도 있다. 그런 많은 일들이 있었는데도 강한 것인지 아니면 그런 많은 일들이 있었기에 강해진 것인지는 알 수 없지만, 어쨌든 아무런 풍파도 겪지 않고 줄곧 강팀이기만 했던 클럽은 그리 많지 않다.

맨체스터 유나이티드는 일어날 수 있는 좋은 일과 나쁜 일을 거의 전부 경험한 클럽이다. 1986년 11월 알렉스 퍼거슨 감독이 취임해 1992-93시즌에 리그 우승을 차지한 뒤로는 안정적인 승리를 거듭해 왔다. 그러나 퍼기 왕조가 너무나도 길었던 까닭에 사람들의 기억에서 잊혔을 뿐, 퍼거슨 이전의 맨유는 2부 리그 강등도 경험할 정도로 그다지 강한 팀이 아니었다. 그리고 퍼거슨이 은퇴하자 다시 타이틀을 따내지 못하게 됐다. 팬들은 퍼기의 시대가 특별했음을 깨달았을 것이다.

1998-99시즌, 맨유는 트레블을 달성했다. 리그 마지막 라운드까지 우승팀이 결정되지 않은 상황에서 아스날을 승점 1점 차이로 제치고

우승을 차지했다. FA컵에서도 4강전에서 맞붙은 아스날을 재경기 끝에 격파하고, 결승전에서 뉴캐슬에 완승을 거둬 2관왕이 되었다. 아스날과의 경기에서는 연장전에 라이언 긱스가 드리블로 50미터를 돌파하는 전설적인 골을 만들어내며 승부를 결정지었다. 리그와 컵 모두 아스날과의 차이는 종이 한 장에 불과했기에, 더블 달성에는 운도 상당히 따랐다고 할 수 있다.

UEFA 챔피언스리그는 더더욱 극적이었다. 4강전에서 유벤투스를 만난 맨유는 홈에서 1 대 1을 기록한 뒤 원정 경기에서 초반에 2실점을 했지만 이후 세 골을 내리 넣으며 역전승을 거뒀다. 그리고 바이에른 뮌헨과의 결승전에서는 종료 직전에 코너킥으로 두 골을 넣어 역전에 성공함으로써 '캄 노우의 기적'을 만들어냈다.

강했던 것은 틀림없지만, 트레블은 기적이었다. 그리고 맨유는 기적에 어울리는 팀이다. 특별한 정신력을 가진 팀으로, 때로는 말이 안 되게 이긴다. 이유 없이 이길 수 있는 이유는 어떤 상황에서도 포기하지 않기 때문일 것이다.

1958년 2월 6일, 맨체스터 유나이티드는 '뮌헨 참사'를 경험했다. 베오그라드에서 귀국하던 도중에 급유를 하기 위해 뮌헨 공항에 들렀던 전세기가 이륙에 실패해 맨유 선수 8명을 비롯한 23명이 목숨을 잃은 대형 사고였다. 선수 중 9명은 목숨을 건졌지만, 그중 2명은 복귀하지 못했다. 다시 말해 팀으로서는 선수 10명을 잃은 셈이다. 그리고 이

[알렉스 퍼거슨(SCO)]

1992-93시즌부터 안정적인 승리를 쌓으며 퍼기 왕조를 건설했다.

사고가 일어났을 당시는 아직 트레블의 가능성이 남아 있는 상태였다. 만약 달성했다면 41년 후의 트레블은 클럽 역사상 최초가 아니라 두 번째였을 것이다.

이 무렵의 맨유는 '버스비 베이비'로 불린 젊은 선수들의 재기발랄한 플레이로 인기를 모으고 있었다. 매트 버스비 감독의 육성 계획 아래 유스에서 41승 무패를 기록했던 멤버 중 톱팀으로 발탁된 선수에는 신동으로 불렸던 던컨 에드워즈, 잉글랜드 국가대표팀의 중심이 되는 보비 찰튼, 훗날 일본의 마쓰다(산프레체 히로시마의 전신)에서 지휘봉을 잡게 되는 빌 폴크스 등이 있었다.

사고의 희생자는 선수만이 아니었다. 팀 스태프 3명과 동승했던 저널리스트 8명도 목숨을 잃었다. 사망한 기자 중에는 잉글랜드 국가대표팀의 위대한 골키퍼였던 프랭크 스위프트도 있었다. 불행 중 다행으로 버스비 감독과 찰튼을 포함한 9명이 생존했고, 맨유로 갓 이적했던 해리 그렉은 승객 두 명을 구출했다. 폭발할 위험이 남아 있는 기내로 돌아가 일반 승객 모녀를 구출한 것인데, 어머니가 임신 중이었기에 그렉은 세 생명을 구한 셈이 되었다.

에드워즈는 사고 후 15일 동안 살아 있었다. 병원에서 "울브스와의 경기는 몇 시에 시작합니까?"라고 물어봤다고 한다. 뮌헨에서의 사고는 목요일에 일어났는데, 맨유는 토요일에 리그 경기가 예정되어 있었다. 일시적으로 경이적인 회복력을 보여줬기에 본인도 토요일 경기에 나설

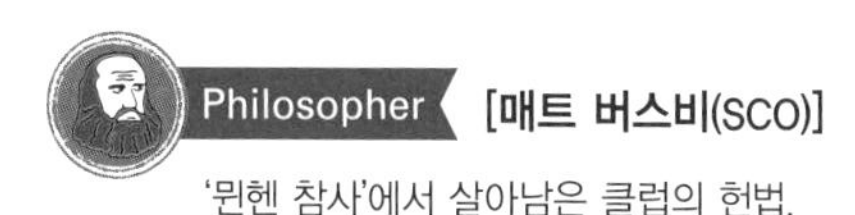

'뮌헨 참사'에서 살아남은 클럽의 헌법.

생각이었던 듯하지만, 간이 손상되었던 탓에 상태가 급변해 결국 불귀의 객이 되고 말았다. 에드워즈는 10대의 나이에 이미 세계에서 가장 거칠고 강력한 하프백이었다. 살아 있었다면 잉글랜드 국가대표팀을 이끄는 선수가 되었을 것이다.

코치인 지미 머피는 비행기에 타지 않았다. 웨일스 국가대표팀 감독으로서 경기가 있었기 때문이다. 머피는 위기에 처한 클럽에서 혼자 여러 명 몫의 일을 하며 대활약했다. 뮌헨의 병원으로 급히 달려간 뒤, 토요일에 열리는 울브스와의 경기를 소화해냈고(중지되지 않았다!), 관계자의 장례식에 참석했으며, 경기에 뛸 선수들을 긁어모으고, 그 밖에도 온갖 일을 도맡아서 했다.

리그 측에서는 이후 경기의 연기를 제안했지만, 맨유는 이를 거절했다. 유러피언컵도 베오그라드에서 맞붙었던 츠르베나가 맨유의 우승으로 처리하면 어떻겠느냐는 이야기를 꺼냈지만, 이 역시 정중하게 고사했다. 사고 직후부터 어떻게든 자신들의 힘으로 극복해 나가겠다고 결정했던 것이다.

무슨 일이 일어나더라도 앞만 보며 나아간다. 여기에는 아직 제2차 세계대전이 끝난 지 10여 년밖에 안 되었던 시대 배경도 한몫한 듯하다. 무슨 일이 일어나든 자신의 힘으로 헤쳐 나가는 수밖에 없는 분위기의 시대였던 것이다. 그리고 맨유는 이때 클럽의 정체성을 확립했다.

긁어모은 선수들로 리그에서 우승하는 것은 역시 무리였기에 3연속

Philosophy **[무슨 일이 일어나더라도 앞만 보며 나아간다]**

뮌헨 참사 직후, 클럽의 정체성이 확립되었다.

우승 가능성은 일찌감치 날아가 버렸다. 남은 업무 처리 같았던 유러피언컵 4강전은 밀란을 상대로 홈에서 승리했지만 원정에서 완패하며 탈락했다. FA컵은 놀랍게도 결승전까지 진출했지만 우승까지는 달성하지 못했다. 사고 직후 비정상적일 정도로 높아졌던 인기도 점차 사그라져서, 2년이 지나자 "뮌헨 이야기는 이제 좀 그만합시다"라는 반응으로 바뀌고 말았다.

사고로부터 10년이 지난 1968년 맨유는 마침내 유러피언컵 우승을 차지했다. 잉글랜드 클럽 중에서는 첫 우승이었다. 이때 버스비 감독의 맨유는 조지 베스트, 데니스 로, 보비 찰튼이라는 3명의 발롱도르 수상자를 보유하고 있었다.

뮌헨 참사로부터 불사조처럼 부활한 이 성과는 클럽과 서포터들에게 선택받은 자, 시련을 부여받은 자. 전 세계를 적으로 돌리고 싸워야 하는 숙명을 짊어진 존재라는 일종의 선민의식을 심어 주었다.

올드 트래포드 동쪽 스탠드의 시계 바늘은 뮌헨에서 사고가 일어난 시각을 가리킨 채 멈춰 있지만, 맨유는 사고 직후부터 앞으로 나아가기 시작했고 지금도 걸음을 멈추지 않고 있다.

매그니피센트7의 계보

〈황야의 7인(The Magnificent Seven)〉은 구로사와 아키라 감독의 〈7인의 사무라이〉를 웨스턴 무비로 만든 존 스터지스 감독의 영화다. 최근에 제작된 리메이크 영화는 〈매그니피센트 7〉이라는 원제로 개봉되었다. 그리고 이 '장대한 7'은 맨체스터 유나이티드의 등번호 7번을 의미하는 애칭이기도 하다.

최초의 7번은 조지 베스트였다. 당시는 포지션 번호제였기 때문에 11번, 10번, 8번 등 다양한 등번호를 달았지만, 가장 강렬한 인상을 남긴 것은 7번의 베스트였다.

"천재를 발견했습니다."

맨유의 스카우트인 밥 비숍이 보낸 전보에서 시작되는 이야기는 이제 전설이 되었다. 베스트를 본 버스비 감독은 첫눈에 반했고, 벨파스트에서 15세의 베스트를 불러들여 항만 회사에 취직시켰다. 잉글랜드에는 프로 계약을 할 수 있는 나이가 되기 전의 선수를 클럽에서 고용하는 관례가 있었는데, 북아일랜드인인 베스트에게는 이 관례를 적용시킬 수 없었기 때문이다.

17세에 최연소 프로 데뷔를 달성한 베스트는 18세에 리그 우승에 공헌했고, 19세에는 유럽의 스타가 되었다. 유러피언컵 8강전에서 활약해 포르투갈 신문에 '비틀즈의 5번째 멤버'라는 기사가 실리기도 했다. 음악과 아무 상관이 없는 베스트를 당시 세계를 석권했던 록 밴드 비틀즈의 5번째 멤버라고 표현한 것이다. 당시 비틀즈는 어른과 아이밖에 없었던 사회에 탄생한 젊은이와 그들의 문화를 상징하는 존재였다. 생각지 못하게 비틀즈의 다섯 번째 멤버로 불렸던 베스트는 젊은이의 대표자가 되었고, 1967-68시즌 유러피언컵 결승전에서 대활약을 펼침으로써 세계적인 슈퍼스타가 되었다.

그러나 22세에 정점에 올랐던 베스트는 28세에 맨유를 떠났다. 그 후에도 거의 40세가 될 때까지 현역으로 뛰기는 했지만, 이것은 여생 같은 것일 뿐 선수로서의 정점은 맨유를 떠날 때까지였다. 그는 술과 스캔들로 얼룩진 나날에 지쳐 젊은 나이에 은퇴 선언을 하기도 했다. 당시 잉글랜드 축구 선수들의 음주가 문제로 대두되고 있었는데, 베스트는 음주 문제를 대표하는 선수였다.

1980년대의 7번은 브라이언 롭슨이었다. 공수 양면에서 하드워커형 미드필더였던 그는 기술도 뛰어나고 득점력도 있었다. 맨유의 리더였으며, 잉글랜드 국가대표팀에서도 주장을 맡았다.

이후 7번을 전설로 만든 선수가 등장한다. 바로 에릭 칸토나다. 전 시즌 리즈의 우승에 공헌했던 칸토나가 맨유에 온 때는 1992년 11월로,

이미 리그 경기가 절반 이상 진행된 상황이었고 맨유는 8위에 머물러 있었다. 그러나 칸토나는 비어 있었던 스트라이커 포지션을 훌륭히 채웠을 뿐만 아니라 번뜩이는 창조성과 카리스마로 자신이 팀의 마지막 퍼즐 조각이었음을 증명했다. 칸토나가 가세한 맨유는 쾌조의 진격을 거듭했고, 리그가 끝났을 때는 승점 10점 차이로 여유롭게 우승을 차지했다. 버스비 감독 이후 26년 만의 우승이었다.

신비하고 오만할 정도로 자신감이 흘러 넘쳤던 칸토나는 맨유의 역사에서도 각별한, 너무나도 맨유다운 인격의 소유자였으며 퍼거슨 감독이 유일하게 터치하지 않았던 선수다.

칸토나의 7번을 계승한 선수는 데이비드 베컴이다. 유스 시절 칸토나의 개인 연습에 불려가서 크로스를 차는 모습을 퍼거슨이 감독실에서 보고 톱팀으로 발탁했다는 일화가 있다. 그리고 베컴의 정확하기 이를 데 없는 크로스는 맨유 황금시대의 상징이 되었다.

베컴이 레알 마드리드로 이적하자 교대하듯이 입단한 크리스티아누 호날두가 7번을 달았다. 스포르팅에서 온 어린 18세 선수에 대한 기대가 얼마나 컸는지를 엿볼 수 있다. 다만 호날두가 금방 맨유의 에이스가 되었던 것은 아니다. 윙어로서 날카로운 드리블을 보여주기는 했지만, 그에 대한 평가가 확정된 것은 득점을 양산하기 시작한 뒤다. 발과 머리, 프리킥, 중거리슛 등 어떤 상황에도 골을 넣을 수 있게 되면서 맨유의 에이스로서 2000년대의 영광을 구축했다.

[조지 베스트(NIR)]

비틀즈의 5번째 멤버로 불린 전설적인 7번.

전쟁이 끝난 뒤에 탄생한 '버스비 헌법'

매트 버스비

맨체스터 유나이티드의 클럽 역사상 첫 타이틀인 1907-08시즌 리그 우승은 사실 맨체스터 시티 선수들이 가져다준 것이었다.

맨유가 우승하기 3년 전, 맨시티는 FA컵을 제패했다. 그런데 이때 규정보다 많은 보너스를 지급한 것으로 판명되면서 이사회 멤버 5명이 추방 징계를 받았다. 당시 유력 스폰서였던 이사를 잃은 맨시티는 재정 위기에 빠졌고, 이에 1시즌 출장 정지를 당한 주력 선수들을 팔 수밖에 없었다. 그러자 같은 도시의 맨유가 재빠르게 움직여서 FA컵 우승 주력 멤버들을 모조리 손에 넣었던 것이다.

에이스는 '웨일스의 마법사'로 불린 빌리 메레디스였다.《맨체스터 유나이티드 일대기》의 저자인 짐 화이트는 메레디스에 대해 이렇게 썼다.

"그는 외로운 늑대, 개인주의자, 남에게 의존하지 않고 독자적으로 행동하는 사나이이자 클럽의 감성 자체를 특징짓는 플레이어였다. 무

엇보다 그는 뛰어남 그 자체, 맨유 그 자체였다."

메레디스는 원래 맨시티 선수였지만, 언제나 이쑤시개를 입에 물고 플레이했던 이 반항아는 90년대에 활약한 에릭 칸토나를 떠올리게 한다.

이 첫 번째 황금시대 이후 또다시 절정기가 찾아온 것은 버스비 감독의 시대였다. 버스비는 맨시티에서 204경기를 뛰었던 지적인 하프백으로, 리버풀로 이적한 뒤에는 훗날 감독으로서 리버풀을 황금시대로 이끈 밥 페이즐리와 콤비를 이뤘다. 버스비 역시 맨시티와 관계가 있었음을 알 수 있다. 참고로 이 무렵 맨유의 홈구장은 맨시티의 본거지인 메인 로드였다. 올드 트래포드가 폭격을 당해 파괴되었기 때문에 빌려서 쓰고 있었는데, 이 '북부의 웸블리'로 불리는 경기장에서 기록한 8만 1,962명은 아직도 리그 최다 관중 동원 기록으로 남아 있다.

버스비는 퍼거슨의 조상이라고 부를 수 있는 감독으로 선수들의 아버지이자 클럽의 헌법이라고 할 수 있는 존재였다. 리그와 FA컵을 제패했던 제2차 세계대전 직후의 멤버에서 세대교체를 단행해 '버스비 베이비'를 등장시켰고, 뮌헨 참사 이후에는 찰튼, 로, 베스트의 세대에 유럽 챔피언의 자리까지 올라갔다. 세대교체를 성공시켜 영광의 시대를 건설한 것이 퍼거슨과 똑같다.

제2차 세계대전 이후 열린 첫 시즌이었던 1947-48시즌, 맨유는 FA컵 우승을 차지했다. 이때 블랙풀과 맞붙은 결승전 하프타임에 버스비

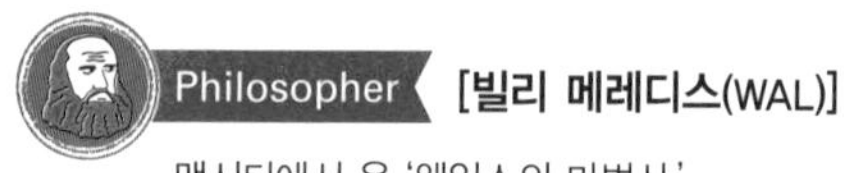

[빌리 메레디스(WAL)]

맨시티에서 온 '웨일스의 마법사.'

가 내린 지시는 맨유를 상징하는 말로 지금까지도 회자되고 있다.

"Just go out and play."

당시 선수들은 전원이 전쟁 경험자였다. 전쟁터에서 죽은 동료도 있는데 운 좋게 살아남아 축구를 하고 있었다. 그리고 맨체스터의 노동자들도 가혹한 일상을 보낸 뒤 찾아온 주말에 축구를 보러 경기장을 찾아왔다. 버스비는 "있는 힘껏 플레이하고 와라"라고 말했을 뿐이지만, 선수들에게는 충분히 그 의미가 전해졌을 것이다.

1976-77시즌에 FA컵을 제패한 팀도 맨유다웠다. 당시 감독은 토미 도허티였다. 그는 GM으로서 감시의 눈초리를 번뜩이고 있던 버스비의 영향력을 교묘하게 줄이고 회장을 자신의 편으로 만듦으로써 2부 리그로 강등됐음에도 유임에 성공했고, 2부 리그에서는 4-2-4의 매우 공격적인 스타일로 인기를 끌며 1부 리그 복귀를 달성한 다음 FA컵 우승을 차지했다. 리버풀의 전성기였던 이 시기에 획득한 FA컵의 의미는 적지 않다. 양 윙어인 스티브 코펠과 고든 힐을 축으로 한 젊고 겁 없는 멤버들의 공격에는 맨유다운 기세가 있었다.

버스비가 퇴임한 지 9년, 이제부터 도허티의 시대가 시작되는가 싶었는데 생각지 못한 사건이 일어난다. 도허티가 기자 회견을 열고는 클럽 물리 치료사의 아내와 결혼한다고 말한 것이다. 물론 도허티도 유부남이었다. 사실 두 사람은 이미 3년 동안 관계를 지속하고 있었다. 이사회와도 미리 이야기를 해 놓은 상태였기 때문에 도허티는 큰 문제가 없으리라 생각했지만, 이사회는 태도를 바꿔서 도허티의 해임을 결정했다. 물리 치료사가 "내게는 다른 인물의 불륜에 관한 정보도 있소"라고 으름장을 놓은 것이 태도를 바꾼 원인이었다. 이사 중에 뭔가 마음에 걸

리는 사람이 있었던 듯하다.

긍정적인 동기부여자이자 정치력이 있었던 도허티의 후임은 정반대 성향의 지성파 데이브 섹스턴이었다. 섹스턴 시대의 간판선수는 조 조던과 고든 맥퀸으로 둘 다 힘이 넘치는 장신 선수였다.

항상 아쉽게 고비를 넘지 못하는 느낌이었던 섹스턴이 해임된 뒤 1981년에 론 앳킨슨 감독이 취임했다. 웨스트브로미치 앨비언에서 성공한 거물 감독이었던 앳킨슨은 브라이언 롭슨도 데리고 왔다. 이때 영국 역사상 최고 이적료인 150만 파운드가 지급되었는데, 버스비는 이 결정에 불복하고 이사회에서 물러났다. 앳킨슨은 FA컵을 2회 우승했고, 리그 우승은 달성하지 못했지만 항상 상위권을 지켰다. 롭슨과 레이 윌킨스가 중원에서 콤비를 이뤘고, 포워드에는 16세의 나이로 월드컵에 데뷔해 펠레의 기록을 갈아치웠던 노먼 화이트사이드가 등장했다. 그는 스카우트 밥 비숍이 북아일랜드에서 발견한 '제2의 조지 베스트'였다.

앳킨슨 감독이 해임된 이유로는 마지막 몇 달 동안의 부진이 크게 작용했다. 부진의 원인은 부상 선수의 급증이었다. 부상과 관련이 있는지는 명확하지 않지만, 당시 맨유에는 롭슨을 중심으로 선수들이 모여 술을 마시는 습관이 있었다. 사실 선수들의 음주 문화는 맨유뿐만 아니라 잉글랜드 클럽 전체에 만연했던 풍조로 술잔을 나누면서 팀의 결속을 다지는 일을 당연하게 생각했다. 그러나 앳킨슨의 후임인 퍼거슨

[있는 힘껏 플레이하고 와라]

FA컵 결승전에서 버스비 감독이 내렸던 지시는 지금까지도 회자되고 있다.

감독은 음주 문화를 없애는 일에 착수했다.

여담이지만, 음주는 잉글랜드에서 다양한 문제를 일으키고 있다. 조지 베스트는 그 대표적인 인물이며, 지미 그리브스, 폴 맥그라, 폴 개스코인, 토니 아담스 등 알코올중독에 빠졌던 명선수는 수없이 많다.

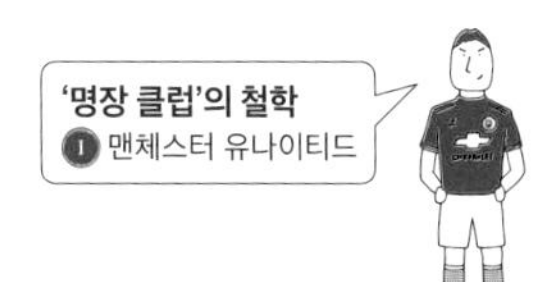

퍼기의 '빨간 버스'

"술을 마시는 것이 승리로 이어지는가?"

1986년 11월, 퍼거슨이 맨유의 새로운 감독으로 취임했다. 감독이 된 퍼거슨은 전통처럼 내려오던 술 모임을 금지시켰다. 술 모임이 나름의 역할을 담당했다고는 해도, 상식적으로 생각했을 때 부정적인 측면이 훨씬 컸다. 그렇기에 퍼거슨으로서는 이를 묵과할 수 없었다. 승리를 향해 맹렬히 돌진하는 것이 그의 철학이었다.

자애로운 아버지처럼 온화하면서도 때로 비정하고 교활한 퍼거슨은 다양한 얼굴을 가진 괴물 같은 인물로 비치기도 하지만, 그의 행동 원리는 팀을 더 좋게 만드는 것, 승리하는 것으로 집약된다. 이렇게 보면 매우 단순하며 일관적이었다고도 할 수 있다.

Philosophy [승리를 향해 돌진한다]

퍼거슨의 행동 원리는 승리하는 것으로 집약된다.

퍼거슨은 그라운드키퍼와 세탁 담당 등 클럽을 뒷받침하는 사람들의 이름을 전부 외우고 있었다고 한다. 항상 퍼스트네임으로 부르고, 모든 스태프가 팀의 일원이라는 분위기를 만들었다. 버스를 타고 내릴 때부터 선수들의 모습을 관찰하고, 훈련도 코치에게 맡긴 뒤 자신은 주의 깊게 관찰할 때가 많았다. 세세하게 전술을 지시하며 진두지휘하기보다 조금 높은 곳에서 전체를 한눈에 둘러보며 파악하는 스타일이었다. 선수로서는 항상 퍼거슨이 자신을 꿰뚫어보고 있다는 기분을 감출 수 없었을 것이다. 밤에 술을 마시러 돌아다니는 선수가 있으면 가게에서 퍼거슨에게 정보가 들어왔고, 다음 날 선수를 만났을 때 그는 "적당히 마시도록 해"라고 주의를 줬다. 그것만으로도 효과는 충분했다.

음주 군단을 일소한 퍼거슨은 1990-91시즌에 요한 크루이프 감독의 바르셀로나를 격파하고 컵위너스컵 우승을 차지한다. 승리가 전부인 감독에게 그때까지 타이틀이 없었던 것은 참으로 위험한 신호였는데, 해임 위기에서 커다란 타이틀을 획득한 것이다.

그리고 1991-92시즌에는 '우승'을 공언했다. 절대 강자였던 리버풀이 약화될 조짐을 발견하고 우승 선언을 했던 것으로 생각되는데, 복병인 리즈에 밀려 우승을 놓치고 만다. 그러나 그 리즈로부터 칸토나를 영입해, 1992-93시즌에 26년 만의 우승을 달성했다. 공교롭게도 프리미어리그가 출범한 첫해에 우승한 맨유는 그 뒤로 황금시대를 이어 나간다.

1995-96시즌에는 퍼거슨 정권 아래에서 두 번째 세대교체가 진행되었다. 홈그로운이라고 부르는 유스 출신인 베컴, 긱스, 게리 네빌, 폴

스콜스 등을 발탁한 것이다. 이에 대해 리버풀의 해설자였던 앨런 핸슨은 "애송이들로는 승리할 수 없다"라는 유명한 발언을 했지만, 젊은 맨유는 리그와 FA컵의 더블을 달성했다. 이때 쿵푸 킥 사건으로 받았던 출장 정지에서 복귀한 칸토나가 젊은 선수들을 이끌면서 올해의 최우수 선수로 선정되었다. 또한 맨유는 다음 시즌에도 리그 우승을 차지했다.

그리고 1998-99시즌, 맨유는 마침내 트레블을 달성했다. 다음 시즌에도 불과 3패만을 기록하면서 2위 아스날을 승점 18점 차이로 따돌리고 압도적인 우승을 차지했으며, 2000-01시즌에도 우승하며 3시즌 연속 우승을 달성했다.

당시 멤버를 살펴보면, 골키퍼에는 통나무 같은 팔뚝의 용맹한 덴마크인인 피터 슈마이켈이 있었다. 수비수에는 게리 네빌과 필 네빌 형제, 그리고 네덜란드 국가대표인 야프 스탐이 있었다. 미드필더에는 투장로이 킨과 우측의 베컴, 좌측의 긱스, 그리고 클럽 역사상 최고 수준의 선수인 스콜스가 있었다. 마지막으로 투톱에는 드와이트 요크와 앤디 콜 콤비가 있었으며, 베테랑인 테디 셰링엄과 올레 군나르 솔샤르도 건재했다.

잉글랜드 감독에게는 주로 두 가지 임무가 있다. 사기 향상과 선수 보강이다. 퍼거슨 감독은 우수한 동기부여자로, 팀을 단단하게 결속시키는 솜씨로 정평이 나 있었다. 타협 없는 승부사이자, 선수를 심하게

Philosophy [특별대우를 받는 선수를 만들지 않는다]

퍼거슨은 스타 선수와 다른 선수들의 격차가 지나치게 벌어지는 상황을 막으려 했다.

질책하는 '헤어드라이어 트리트먼트'로 유명했듯이 엄격한 리더이기도 했다. 또한 젊은 선수를 발굴하고 정체되어 있는 재능을 개화시키는 실력을 발휘했다.

한편으로는 돌출된 존재를 용납하지 않는 등 스타 선수와 다른 선수들의 격차가 지나치게 벌어지는 상황을 막으려 했다. 칸토나만큼은 예외였던 듯하지만, 특별대우를 받는 선수를 되도록 만들지 않았다. 이는 맨유를 강하게 만들었던 반면 존재감이 커진 선수가 계속해서 팀을 떠나는 동기가 되기도 했다. 2003년에 퍼거슨 감독과 충돌한 베컴이 레알 마드리드로 떠났고, 맨유에서 크게 성장했던 루드 판 니스텔로이가 2006년 기용법을 둘러싸고 대립한 뒤 레알로 이적했다. 크리스티아누 호날두도 2009년에 역시 레알로 이적했다.

퍼거슨은 맨유를 '버스'에 비유했다. 맨유라는 버스에 탄 선수 중에는 도중에 내리는 사람도 있고 도중에 타는 사람도 있다. 그래도 버스는 상관하지 않고 앞으로 나아간다. 승리라는 다음 정거장을 향해 계속 달린다. 에이스가 계속 교체되더라도 퍼거슨이 말한 '빨간 맨유 버스'는 계속 달렸다. 맨유는 2001년부터 10시즌 동안 아스날이나 첼시와 경쟁하면서 프리미어리그에서 5회 우승을 차지했다. 2007-08시즌에는 같은 프리미어리그 클럽인 첼시를 승부차기 끝에 제압하고 챔피언스리그 우승도 달성했다.

그리고 2012-13시즌, 퍼거슨은 13번째 우승이라는 마지막 선물을 남기고 퇴임했다. 취임 기간 동안 그는 클럽 전체를 장악했고, 적확한 세대교체로 힘을 유지했다. 전술가는 아니었지만 스티브 맥클라렌, 카를로스 케이로스 같은 우수한 두뇌를 부관으로 기용해 시대의 흐름을

놓치지 않으며 맨유라는 빨간 버스를 계속 달리게 했다.

퍼거슨의 은퇴를 마지막으로 맨유는 프리미어리그에서 우승하지 못하고 있다. 버스비의 은퇴 이후와 똑같은 일이 일어나고 있는 것이다. 데이비드 모이스, 루이 판 할, 조세 무리뉴까지도 맨유를 우승시키지 못했다.

초기인 1907-08시즌과 1910-11시즌에 맨유를 우승으로 이끈 어니스트 맹걸. 1950~60년대에 5회 우승을 달성했던 버스비, 그리고 13회 우승이라는 업적을 쌓은 퍼거슨. 이들은 모두 걸출한 감독이었다. 다음에는 어떤 위대한 감독의 지휘 아래에서 맨유가 우승하게 될지 귀추가 주목된다.

History of
Manchester United
[맨체스터 유나이티드 연표]

1958년 2월 6일에 일어난 '뮌헨 참사'를 계기로 맨체스터 유나이티드의 전진이 시작되었다고 해도 과언이 아니다.

1900 년대
▶ 첫 번째 리그 우승

[감독]
어니스트 맹널(ENG)

[선수]
빌리 메레디스(WAL)

1950~1960 년대
▶ 비극과 기적

[감독] 매트 버스비(SCO)
[코치] 지미 머피(WAL)

[주요 선수]
던컨 에드워즈(ENG)/보비 찰튼(ENG)/빌 폴크스(ENG)/해리 그렉(NIR)/조지 베스트(NIR)/데니스 로(SCO)/알렉스 스테프니(ENG)/토니 던(IRL)/데이비드 새들러(ENG)

1970 년대
▶ 리버풀의 전성기

[감독] 토미 도허티(SCO)
데이브 섹스턴(ENG)

[주요 선수]
스티브 코펠(ENG)/고든 힐(ENG)/조 조던(SCO)/고든 맥퀸(SCO)/윌리 모건(SCO)

1980 년대
▶ FA컵 우승 2회

[감독] 론 앳킨슨(ENG)
알렉스 퍼거슨(SCO)

[주요 선수]
브라이언 롭슨(ENG)/레이 윌킨스(ENG)/노먼 화이트사이드(NIR)/마크 휴즈(WAL)

1990~2000 년대
▶ 황금시대 도래

[감독] 알렉스 퍼거슨(SCO)
스티브 맥클라렌(ENG)
카를로스 케이로스(POR)

[주요 선수]
게리 팰리스터(ENG)/스티브 브루스(ENG)/데니스 어윈(IRL)/에릭 칸토나(FRA)/데이비드 베컴(ENG)/라이언 긱스(WAL)/게리 네빌(ENG)/폴 스콜스(ENG)/피터 슈마이켈(ENG)/필 네빌(ENG)/야프 스탐(NED)/로이 킨(IRL)/드와이트 요크(TRI)/앤디 콜(ENG)/테디 셰링엄(ENG)/올레 군나르 솔샤르(NOR)/루드 판 니스텔로이(NED)/크리스티아누 호날두(POR)/박지성(KOR)

2010 년대 ~ 현재
▶ 위대한 감독의 부재

[감독] 알렉스 퍼거슨(SCO)
루이 판 할(NED)
조세 무리뉴(POR)

[주요 선수]
웨인 루니(ENG)/로빈 판 페르시(NED)/가가와 신지(JPN)/앙토니 마샬(FRA)/즐라탄 이브라히모비치(SWE)/폴 포그바(FRA)/로멜루 루카쿠(BEL)/알렉시스 산체스(CHI)

'명장 클럽'의 철학

Ⅱ

아스날

벵거의 마취는 풀렸지만, '승리는 조화로부터'는 불변

아스날 FC

Arsenal Football Club

창단 년도	1886년
회장(소유자)	스탄 크론키(USA)
본거지	잉글랜드 런던
홈구장	에미리트 스타디움(수용 인원 60,260명)
메인스폰서	Fly Emirates: 항공 회사(UAE)
우승 기록	리그 13회 / 컵 14회 / 리그컵 2회 유로파리그&UEFA컵 1회 컵위너스컵 1회

역대 감독(최근 10시즌)

2010–2011	아르센 벵거(FRA)
2011–2012	아르센 벵거(FRA)
2012–2013	아르센 벵거(FRA)
2013–2014	아르센 벵거(FRA)
2014–2015	아르센 벵거(FRA))
2015–2016	아르센 벵거(FRA))
2016–2017	아르센 벵거(FRA)
2017–2018	아르센 벵거(FRA)
2018–2019	우나이 에메리(ESP)
2019–2020	우나이 에메리(ESP) / 프레드리크 융베리(SWE)※임시 / 미켈 아르테타(ESP)

경기의 흐름을 끊는 지루한 '페이머스 4'

아르센 벵거가 아스날 감독으로 취임했을 때, 팬들의 반응이 "아르센 벵거가 누구야?"였다는 것은 유명한 이야기다. 아스날은 역사가 깊은 클럽이지만, 벵거 감독을 빼놓고는 아스날을 이야기할 수 없다.

벵거 이전에도 아스날에는 몇 번의 황금시대가 있었다.

첫 번째 황금시대는 1925년 허버트 채프먼이 감독으로 취임했을 때 찾아왔다. 채프먼은 1929-30시즌에 FA컵 우승을 차지했고, 1932-33시즌부터 3시즌 연속 리그 우승을 달성했다. 안타깝게도 1934년에 폐렴으로 갑작스럽게 세상을 떠났지만, 그는 당시의 축구계를 선도한 지장 중 한 명이었다. 처음으로 야간 조명을 설치했고, 경기장과 가장 가까운 역의 명칭을 길레스피 로드에서 아스날로 바꿨다. 포지션 번호를 도입한 사람도 채프먼이라고 한다. 그러나 뭐니 뭐니 해도 그의 최대 발명품은 WM 시스템일 것이다. 투백 시대의 센터하프를 내려서 수비수를 3명으로 증원한 이 3-2-2-3 포메이션은 세계에 널리 보급되어

1950년대까지 주력 시스템이 되었다.

이후 가장 벵거의 시대에 가까웠던 황금기는 1986년부터 9시즌을 지휘한 조지 그래엄 감독의 시대다. 조지 그래엄 감독은 수비적인 팀을 만들었다. 벵거 이후의 아스날은 세련된 공격형 스타일이며, 현재 팬들이 알고 있는 아스날은 이쪽일 것이다. 그러나 그래엄 감독의 아스날은 '1 대 0의 아스날'이었고 '지루한 아스날'이었다. 영국에서는 종종 코미디 소재로 사용되었을 만큼 안티풋볼적인 플레이 스타일로 유명했다.

'페이머스 백 4'라고 불린 토니 아담스, 나이젤 윈터번, 리 딕슨, 스티브 볼드의 포백은 견고한 수비를 자랑했다. 전형적인 플랫 4의 지역 방어로, 아스날 경기에서는 항상 오프사이드가 산더미처럼 양산되었다. 구너(아스날의 서포터)들에게는 오프사이드 콜이 쾌감으로 느껴졌지만, 상대 클럽 팬들에게는 경기의 흐름을 뚝뚝 끊는 진절머리 나는 수비 전술이었을 것이다.

그래엄 감독은 취임 첫 시즌인 1986-87시즌에 클럽 역사상 첫 리그컵 트로피를 획득하더니, 1988-89시즌에는 18년 만의 리그 우승을 달성했고 1990-91시즌에도 우승을 차지했다. 무관인 시즌에도 컵위너스컵 결승전까지는 진출했고, 아무런 성과가 없었던 시즌은 1989-90시즌뿐이었다. 벵거 시대의 업적은 분명 인상적이지만, 그래엄 시대도 상당한 황금기였던 것이다.

원래대로라면 그 뒤로도 몇 년 더 그래엄 감독의 시대가 계속되었을

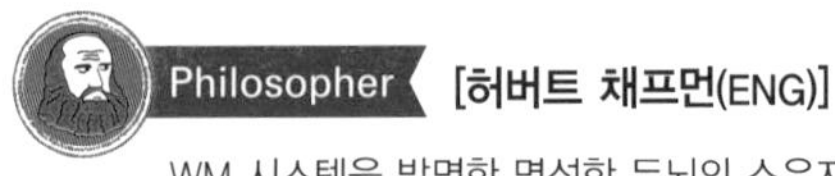

[허버트 채프먼(ENG)]

WM 시스템을 발명한 명석한 두뇌의 소유자.

것이다. 그런데 선수를 영입할 때 리베이트를 받은 사실이 발각되는 바람에 그래엄은 1995년에 경질되고 만다. 이후 브루스 리오크가 후임 감독으로 한 시즌을 지휘했고, 이어서 벵거가 지휘봉을 이어받게 된다.

벵거는 모나코의 감독으로서 리그1 우승과 컵위너스컵 준우승을 달성해 수완을 널리 인정받았다. 그 후 모나코를 떠나자 바이에른 뮌헨이 영입을 위해 움직였지만, 벵거는 J리그의 나고야 그램퍼스를 선택하고 한동안 유럽으로부터 떨어져 있었다. 이 때문에 유럽 팬들의 기억에서 지워져, 아스날에 왔을 때 "아르센 벵거가 누구야?"라는 반응이 나왔던 것이다.

당시 아스날의 경영진은 바르셀로나의 요한 크루이프 감독을 영입할 생각도 하고 있었다고 한다. 만약 그랬다면 아스날은 또 다른 역사를 걸었을지도 모른다. 어쨌든 아스날이 결국 영입한 감독은 벵거였다.

아스날 감독이 된 벵거는 참신한 수법으로 개혁을 착착 진행해 나갔다. 그러나 주장인 아담스는 처음에 '이 감독이 정말 축구에 대해 잘 알고 있는 걸까?'라는 의심을 품었다고 한다. 이 무렵의 아담스는 종종 음주 문제를 일으켰는데, 벵거가 제일 먼저 손을 댄 것은 음주 문화의 근절과 식사 개선이었다. 이것은 축구의 종주국에 뿌리내리고 있는 문화와의 대결이었다고 할 수 있다. 음주는 잉글랜드 축구와 떼려야 뗄 수 없는 관계였다. 아마추어 클럽은 현지의 펍에서 모이는 경우가 일상다반사였고, 프로 클럽에서도 서로 술잔을 나누며 결속을 다지는 일이

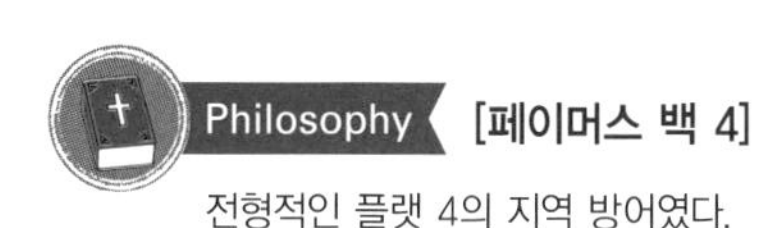

[페이머스 백 4]

전형적인 플랫 4의 지역 방어였다.

많았다. 음주를 둘러싼 트러블로는 1970년대의 슈퍼스타였던 조지 베스트의 사례가 유명하지만, 그 밖에도 음주 문제를 안고 있었던 스타 플레이어는 수없이 많았다. 알렉스 퍼거슨도 맨체스터 유나이티드의 감독으로 취임하자 제일 먼저 음주 문제와 마주했는데, 프랑스인인 벵거로서는 너무나도 술을 많이 마시는 축구 선수들을 보고 충격을 받았을지도 모른다.

벵거는 음주를 제한하고 식사의 중요성도 역설했다. 그 결과 경기 전에 피자나 정크 푸드를 먹던 습관이 개선되고, 경기 전날에는 파스타를 먹게 되었다. 사실 이런 식사와 영양에 대한 지식은 딱히 새로운 것은 아니었지만, 보수적이던 잉글랜드에서는 언론에서도 크게 다룰 만큼 놀라운 일이었다.

첫 시즌 성적은 3위였다. 당시 잉글랜드에서는 외국인 감독 자체가 희귀한 존재였기에 벵거의 아스날은 주목의 대상이었지만, 성적은 화제성에 비해 대단하지 못했다. 그러나 이때부터 벵거는 더욱 개혁에 박차를 가하게 된다.

벵거 감독의 수완 가운데 특별히 언급할 만한 것은 선수 보강이다. 젊고 아직 그다지 유명하지 않은 선수의 정보를 독자적인 경로로 수집해 영입에 나서기 시작했는데, 그중에는 모국인 프랑스와 옛 프랑스 식민지의 선수가 많았다.

선구적이었던
벵거의 입도선매 전략

2년차를 맞이한 벵거 감독은 1997-98시즌에 리그와 FA컵의 '더블'을 달성했다. 아스날 역사에서는 1970-71시즌에 이은 두 번째 쾌거였다. 이어서 2001-2002시즌에도 더블을 달성했고, 2003-04시즌에는 무패 우승을 달성함으로써 인빈시블(무적)로 칭송받는 황금기를 맞이하게 된다. 이 9시즌은 아스날이 가장 찬란하게 빛났던 시대다.

벵거는 금주, 식사 개혁, 훈련 개혁 등 팀을 둘러싼 환경을 바꾸며 성과를 냈는데, 그의 수완이 가장 유감없이 발휘된 분야는 선수 영입일 것이다. 1996-97시즌에는 파트리크 비에라, 레미 가르드, 니콜라 아넬카를 영입했고, 1997-98시즌에는 마크 오베르마스와 에마뉘엘 프티, 질 그리망디를 영입했다. 프티와 그리망디는 벵거가 지휘했던 모나코에서, 가르드는 선수와 감독으로 있었던 스트라스부르에서 데려왔다. 아넬카는 PSG에서 영입했기 때문에 직접적인 관련성은 약하지만, 벵거는 취임 초기부터 이처럼 '프렌치 커넥션'을 활용했다. 그리고 이후에도 티에리 앙리, 로베르 피레스, 실뱅 윌토르 등 프랑스 선수가 전력 보강의 핵이 되었다.

1995년에는 이미 보스만 판결로 인해 유럽에서 선수의 대이동이 시작된 상황이었다. 물론 프리미어리그도 예외는 아니었지만, 벵거가 아스날에 왔을 때는 아직 보수적인 경향이 뿌리 깊게 남아 있었다. 그래서 외국인 감독이라고는 선수 겸 감독이었던 루드 굴리트와 오스발도 아르딜레스밖에 없었고, 그런 까닭에 외국인 선수는 급격하게 증가했지만 프리미어리그에 적응하지 못하거나 감독이 제대로 활용하지 못하는 사례가 적지 않았다. 그런 상황 속에서 벵거는 대량의 외국인 선수를 팀에 최적화시킨 최초의 감독이었다. 문호 개방과 함께 보수적인 잉글랜드 축구를 개벽시킨 감독이라고 할 수 있을지도 모른다.

잉글랜드의 감독은 매니저라고 불린다. 처음에는 주장이 훈련 지도를 맡고, 매니저는 일정이나 그라운드 관리 등 사무 업무를 총괄했다. 그러다 코치와 트레이너가 등장했지만, 훈련장에 전혀 모습을 드러내지 않는 매니저도 드물지 않았다. 직접 훈련을 지도한 맨체스터 유나이티드의 매트 버스비 감독을 '트랙슈트 매니저'라고 부르며 신기하게 생각했을 정도였다.

잉글랜드의 감독(매니저)에게 가장 중요한 임무는 선수 보강이었다. 각 감독은 스코틀랜드, 잉글랜드, 웨일스, 북아일랜드에 강력한 커넥션

[프렌치 커넥션]

아르센 벵거는 취임 초기부터 다수의 프랑스인 선수를 등용했다.

을 보유하고 잉글랜드 이외의 '외국인 선수'를 영입해 성과를 올려 나갔다. 다만 UK가 아닌 지역에 커넥션을 보유한 감독은 거의 없었다. 잉글랜드는 축구에 관해서는 폐쇄적인 나라였던 것이다.

벵거는 프랑스는 물론 프랑스와 관계가 깊은 아프리카 국가들이나 벨기에, 독일 등 광범위한 지역의 정보와 커넥션을 보유하고 있었다. 그래서 높은 이적료를 지급하며 유명 선수를 사는 것이 아니라 잉글랜드에는 아직 알려지지 않은 재능 있는 선수와 우선적으로 교섭해 그들을 영입할 수 있었다. 그 상징적인 사례가 17세의 아넬카를 영입한 것이다. 아넬카는 파리의 국립 유소년 아카데미 제1기생으로, 같은 연배의 앙리보다 장래가 촉망받는 천재 소년이었다. 지금 같았으면 14세가 되었을 때부터 이미 아넬카의 이름이 전 세계 스카우트에게 알려졌을 것이다. 그러나 1996년 당시에는 일부 프랑스인에게만 알려졌을 뿐이었다. 벵거도 물론 아넬카를 알고 있었다. 그래서 PGS에서 10경기를 뛰자마자 낚아채듯이 런던으로 데려온 것이다.

아넬카는 벵거가 첫 더블을 달성할 때 결정적인 역할을 맡았다. 에이스인 이안 라이트의 부상으로 출장 기회를 얻자 11월에 맨체스터 유나이티드를 상대로 첫 골을 넣었고, FA컵 결승전에서도 득점을 했다. 영국뿐만 아니라 모국 프랑스에서도 그다지 알려지지 않았던 무명의 소년이 우승에 큰 공헌을 한 것이다.

벵거 감독은 아스날을 매력적인 공격형 팀으로 바꿔 놓았다. 그리고

Philosopher **[니콜라 아넬카(FRA)]**

장래가 촉망받던 파리 국립 유소년 아카데미 1기생.

그 방식으로 프리미어리그에서 우승할 수 있다는 것도 증명했다. 다만 플레이 스타일은 그다지 특별한 편이 아니었다. 처음에는 그래엄 시대에 '페이머스 백 4'라고 불렸던 수비 라인을 그대로 존속시켰다. 포워드인 라이트와 데니스 베르캄프는 벵거가 오기 전부터 아스날에 있었다. 벵거가 바꾼 것은 미드필더 네 명뿐이었다. 비에라, 프티, 오베르마스에 레이 팔러로 구성된 미드필더진은 당시의 프리미어리그에서는 기교파였을지 모르지만 정확히 말하면 하드워커형 선수들이었으며, 4-4-2의 플레이 스타일도 다른 팀과 그다지 다른 점이 없었다.

벵거는 플레이의 원리 원칙을 중시하지만 책사 유형은 아닌, 현대 용어로 말하면 '에콜로지컬'한 유형의 지휘자였다. 전술에 선수를 끼워 맞추는 것이 아니라 대략적인 규칙 속에서 선수의 재능을 살리면서 그 재능을 살리기 위한 규칙을 만들었다. 후기에는 전술적인 궁리도 가미했지만, 본래 탁월한 전술가라기보다는 탁월한 매니저였다고 할 수 있다. 세리에A에서 제 기량을 발휘하지 못했던 베르캄프와 앙리를 부활시켰을 뿐만 아니라 더 높이 날아오르도록 만들었듯이, 정체되어 있는 재능을 이끌어내는 솜씨가 뛰어났다. 모나코 시절에는 조지 웨아를 개화시켰고, 나고야 그램퍼스에서는 드라간 스토이코비치를 부활시켰다.

더블을 달성한 다음 시즌인 1998-99시즌에는 승점 1점 차이로 맨체스터 유나이티드에 밀려 2위로 마쳤다. 그때 벵거는 레알 마드리드로 이적한 아넬카 대신 앙리를 영입했다. 이후 1999-2000시즌과

[아르센 벵거(FRA)]

전술가라기보다는 매니저로서 탁월한 능력을 발휘했다.

2000-01시즌에는 연속으로 2위에 머물렀지만, 2001-02시즌에 마침내 두 번째 더블을 달성한다.

이때는 수비 라인도 완전히 교체되었다. 골키퍼인 데이비드 시먼은 건재했지만, 아담스와 딕슨은 은퇴하고 솔 캠벨이 수비의 중심이 되었다. 사이드백도 로렌 에타메 마이어, 애슐리 콜이라는 신세대 선수로 교체되었다. 미드필더에는 피레스, 윌토르, 프레드리크 융베리가 가세했다.

다른 클럽보다 앞서 가며 착착 보강을 진행하면서 어느 새 주력 선수들을 교체한 것이다. 이런 세련된 세대교체도 벵거다웠다.

영국의 전투적 전통을 남긴 인빈시블즈

2003-04시즌의 아스날은 잉글랜드 역사상 최강의 팀으로 평가받기도 한다. 38전 무패(26승 12무)로 프리미어리그 우승을 차지했기 때문이다.

과거 1888-89시즌에 프레스턴 노스 엔드가 무패로 우승한 적이 있지만, 당시는 22경기밖에 치르지 않았다. 당시 프레스턴은 FA컵도 무패 우승했기 때문에 둘을 합친 27전 무패는 분명 위업이다. 다만 아스날은 무패 우승을 한 다음 시즌에도 무패를 이어 나가면서 49경기 무패라는 기록을 세웠다.

더블을 달성한 1997-98시즌과 2001-02시즌의 팀도 강했지만, 이 무패 팀이야말로 벵거 감독의 위업 중에서도 최고의 걸작이다. 취임 이후 쌓아 올렸던 축구의 집대성이라고 할 수 있는 기능성을 지니고 있었다.

골키퍼는 오랜 기간 거너스의 수호신이었던 시먼을 대신해 독일의 옌스 레만이 골문을 지켰다. 포백도 '페이머스 백 4'가 완전히 교체되었다. 센터백은 캠벨과 콜로 투레 콤비, 우측 사이드백은 로렌, 오른쪽 사이드백은 콜이었는데, 전원 흑인이라는 점이 신체 능력을 중시하는 벵거다웠다.

라이벌인 토트넘 홋스퍼에서 이적한 캠벨의 보강은 매우 큰 힘이 되었다. 영국에서 자랐지만 부모는 자메이카인인 캠벨은 신장 189센티미터, 몸무게 91킬로그램의 신체 조건을 활용해 공중전에서 독보적인 강력함을 자랑했으며, 중앙에서 투레와 콤비를 이뤄 지상에서든 공중에서든 상대를 압도했다. 예전만큼 하이크로스에 대한 의존도가 높지는 않았지만 그래도 하이크로스는 프리미어리그의 주요 공격 루트였기에, 캠벨과 투레의 콤비는 수비의 보증 수표로서 절대적인 위력을 발휘했다.

또한 4-4-2의 중앙에는 비에라와 지우베르투 시우바를, 사이드 하프에는 피레스와 융베리를, 투톱에는 앙리와 베르캄프를 배치했다. 이것이 당시의 베스트 11이었다.

73골을 집어넣은 파괴력도 엄청났지만, 26실점을 내준 수비도 매우 견고했다. 잉글랜드의 전통적인 4-4-2를 답습하면서도 기존의 영국식과는 다른 유연성과 스피드가 인빈시블즈의 특징이었다.

아스날은 최근의 축구 역사에서 슈퍼팀 중 하나로 꼽힐지는 모르지만, 1980년대 말엽부터 압박 축구로 선풍을 불러 일으켰던 밀란이나 2008년부터 시작된 쾌조의 진격으로 압박 축구 시대에 사형 선고를 내렸던 바르셀로나 같은 혁신적인 팀은 아니었다. 콤팩트한 4-4-2는 밀란이 만들었던 흐름을 이어받았지만, 초기의 밀란처럼 높은 라인을 채용하지는 않았다. 전방 압박도 했지만 사실은 상당히 일찍 포기하고

미들 존에서의 압박으로 전환했다. 벵거는 '콤팩트'의 실체에 대해 "라인과 라인의 사이는 15미터"라고 대답했다. 요컨대 포워드부터 수비수까지의 거리가 30미터라는 말이다. 다만 실제로는 조금 더 길 때도 있었고, 콤팩트라고는 하지만 그렇게까지 촘촘하지는 않았다. 앞에서 이야기했듯이 센터백의 공중전 능력이 워낙 걸출했기에 상대를 끌어들여도 두려워하지 않았던 것 또한 하나의 이유일 것이다.

앙리와 베르캄프가 압박을 한 시점에 상대가 롱볼을 차지 않는다면 미드필더진은 그다지 깊이 쫓아가지 않고 라인을 형성했다. 비에라나 시우바가 앞으로 나갈 때는 융베리나 피레스가 내려가서 균형을 맞추는 등 무슨 일이 있어도 전방 압박으로 끝장을 보겠다는 집착은 없었다.

양 사이드백은 공격에 가담하지만 두 센터백과 시우바는 남고, 전선으로의 프리 러닝이 특기인 비에라도 수비할 때는 자신의 위치로 돌아갔다. 사이드백의 복귀도 빨라서, 4+2의 6명은 공보다 자신들의 진영 쪽에서 수비를 하는 설계였고, 극단적으로 공격에 집중하지는 않았다.

이른바 '자신들의 스타일'을 지향하는 팀은 억지로라도 특정한 경기 흐름을 만들려고 한다. 물론 정상급 클럽은 예상 밖의 사태가 일어났을 때의 대처법도 준비해 놓지만, 그 정도는 아닌 특화형은 리스크 매니지먼트가 약하다. 요컨대 '이렇게 되면 패배'라는 약점이 지나치게 명확하다. 그런 점에서 2003-04시즌의 거너스는 큰 결점이 없다. 지나

[콤팩트의 실체]

"라인과 라인 사이는 15미터"(벵거)로 그다지 촘촘하지는 않았다.

치게 극단적이지 않았기 때문에 무패를 기록할 수 있었고, 동시에 딱히 혁신성도 없었다. 센터하프에 강력한 피지컬과 수비력을 보유한 비에라&시우바를 배치한다는 선택은 잉글랜드의 전통을 이어받은 것이었고, 공격적이기는 하지만 극단적인 정도는 아니었음을 보여주는 상징일 것이다.

이 팀이 공격에서 보여준 속도와 유연성은 강한 인상을 남겼다. 앙리, 융베리, 로렌, 콜은 스피드를, 베르캄프와 피레스, 앙리는 유연성을 담당했다. 기존의 영국식 4-4-2와 다른 점은 포지션의 유연성, 좀 더 정확히 말하면 러닝의 다채로움이었다. 양 사이드하프는 대각선으로 움직이며 측면을 열고, 그곳을 향해 사이드백이 전속력으로 달려 나간다. 앙리는 좌측 측면으로 이동하고, 베르캄프는 중원으로 내려간다. 그리고 중원에서 비에라가 전선으로 달려들어 빈틈을 비집고 들어간다. 무리를 지어서 사냥하는 늑대와도 같은 이런 행동이 조합되고 동시성을 지님으로써 상대를 혼란에 빠뜨렸다.

볼 점유율은 그다지 높지 않았다. 그럼에도 매우 공격적이라는 인상을 남긴 이유는 역동적인 포지션의 유동성을 바탕으로 예리한 공격을 반복했기 때문일 것이다.

그렇지만 역습은 강렬했다. 수비할 때는 앙리와 베르캄프를 역습 요원으로 전선에 남겨 놓았다. 특히 중앙에서 좌측으로 이동하면서 롱패스의 경로를 만든 앙리는 상대에게 최대의 위협이었다. 모나코에서 좌

Philosophy **[영국식 4-4-2와 다른 점]**

벵거의 아스날에는 러닝의 다채로움이 있었다.

측 윙어로 명성을 날렸던 앙리에게는 '5미터 어드밴티지'가 있다. 상대의 배후에 5미터 이상의 공간이 있으면 스피드만으로 찢어 버릴 수 있었던 것이다. 앙리에게 패스 경로가 열렸을 때는 한 번의 롱패스로 슛까지 연결시킬 수 있었다.

파트너인 베르캄프는 커리어의 말년에 접어들고 있었지만 절묘한 볼 컨트롤과 패스로 '러너'들을 자신의 손발처럼 활용했다. 피레스는 프랑스 국가대표팀 동료인 앙리와 절묘한 콤비 플레이를 연출했고, 베르캄프의 게임 메이킹도 보좌했다. 융베리는 활발한 상하 이동과 수비수 사이로 잠입하는 유격대적인 움직임을 보여줬다.

결코 수비적이지는 않지만 지나치게 공격적이지도 않고, 프리미어리그답게 격렬하게 공을 다툰다. 상처 없이 승리하는 아웃복서 같은 바르셀로나와 달리, 상당히 위험한 순간도 있고 그다지 일방적으로 이기지도 못하지만 난타전에서 반드시 승리를 거두는 강인한 인파이터를 연상시킨다. 이처럼 인빈시블즈는 전투적인 잉글랜드의 전통을 농후하게 남긴, 프리미어리그의 꽃이었다.

이 팀이 남긴 강렬한 인상이 벵거 감독의 장기집권으로 이어진 측면도 있을 것이다.

마침내 풀린 벵거의 마취

2003-04시즌의 무패 우승 이후 아스날은 장기간에 걸쳐 리그 우승으로부터 멀어져 있다. 2006년에 완성된 에미리트 스타디움의 건설비용 때문에 라이벌 클럽에 비해 선수들의 연봉이 억제되었다. 여기에 보강에 사용할 수 있는 자금도 한정적이었다. 이 긴축 재정이 장기간에 걸친 무관 시대를 초래한 가장 큰 요인일 것이다.

다만 2005-06시즌에는 챔피언스리그 결승전까지 진출하는 등 아직 인빈시블즈 시대의 기세를 유지하고 있었다. 조별 리그를 1위로 통과했고, 16강전에서 레알 마드리드를 만나 원정지인 산티아고 베르나베우에서 1 대 0, 홈구장인 하이버리에서 0 대 0을 기록함으로써 원정경기에서 얻은 1골을 지켜내 8강전에 진출했다. 이 시즌의 챔피언스리그에서 벵거 감독은 그답지 않게 수비를 중시한 견고한 스타일로 승리해 나갔다.

4강전에서는 이 시즌에 돌풍을 불러일으키고 있었던 비야레알과 격

돌했다. 후안 로만 리켈메를 보유한 비야레알을 상대로 아스날은 1차전에서 1 대 0으로 승리, 2차전에서 레만이 리켈메의 페널티킥을 선방한 덕분에 0 대 0 무승부를 기록하며 결승전에 진출했다. 결승전까지 토너먼트 6경기에서 아스날의 실점은 0이었으며, 조별 리그를 포함해도 2실점밖에 내주지 않았다. 주된 포메이션은 앙리를 1톱에 배치한 4-5-1이었다.

베르캄프를 대신해 창조성 부문을 담당한 선수는 당시 19세의 세스크 파브레가스였다. 그는 센터하프 포지션에서 위험 지역으로 진출해 결정적인 패스를 하거나 슛을 쏘는 등 큰 역할을 했다. 사이드백인 에마뉘엘 에부에와 콜이 바깥쪽에서 오버래핑을 해 상대의 수비 라인을 밀어 내리면, 상대의 라인이 내려간 만큼 조금 넓어진 수비수와 미드필더의 틈새로 세스크가 파고들었다. 사이드백의 스피드와 운동량을 활용해서 세스크가 창조성을 발휘할 수 있는 공간을 만들어낸 것이다. 그저 창조성을 발휘하라고 지시하는 것이 아니라 창조성을 발휘하기 위한 시스템을 만든 것이 벵거 감독답다.

이렇게 해서 클럽 역사상 처음으로 유럽 챔피언의 자리에 오르기까지 단 한 걸음만을 남겨 놓았지만, 결승전에서 바르셀로나에 1 대 2로 패하고 만다. 전성기의 호나우지뉴와 에토를 보유한 바르셀로나를 쓰러뜨리기에는 힘이 모자랐다.

챔피언스리그 우승을 놓친 다음 시즌, 홈구장을 에미리트 스타디움

창조성 부문을 담당한 베르캄프의 후계자.

으로 옮겼다. 개장 경기는 베르캄프의 은퇴 경기였다. 그리고 이 시즌에 4위를 기록한 아스날은 그 뒤로 우승이 아닌 챔피언스리그 진출권을 다투는 팀이 되었다. 긴축 재정 때문에 라이벌 클럽처럼 고액의 연봉을 줄 수 없었다. 선수를 보강하려 해도 가격이 폭등하는 거물 선수를 노리기에는 돈이 턱없이 부족했다. 다만 장래성 넘치는 재능을 모으는 데는 성공했다. 바르셀로나의 칸테라(유스)에서 세스크를 영입했고, 로빈 판 페르시, 사미르 나스리, 에마뉘엘 아데바요르, 알렉산더 흘렙 등 젊은 재능 있는 선수를 영입해 성장시켰다.

원래 벵거 감독의 아스날은 큰돈을 쏟아 부으며 선수를 보강하기보다는 아직 개화하지 못한 젊은 선수나 기량 발전이 정체된 선수를 데려와 개화시키는 수법을 사용해 왔다. 그러나 이제 그 수법만으로는 라이벌에 대항할 수 없는 상황이 되었다. PSG에서 아넬카를 영입했을 때와는 모든 것이 달라졌다. 과거에는 벵거만 쥐고 있었던 정보를 전 세계의 스카우트가 알게 되었기 때문이다. 인터넷의 보급과 함께 정보가 공유되었고, 그 결과 특권이었던 프렌치 커넥션이나 아프리칸 커넥션의 이점은 사라져 버렸다. 정보의 공유는 연봉의 급등을 낳았고, 성장시킨 젊은 선수들은 더 높은 단계로 올라가기를 바라게 되었다. 분명히 세대교체는 진행되었지만, 중심 선수들은 하나둘 아스날을 떠났다.

그래도 벵거의 팀에는 여전히 낭만이 있었다. 공격적이고 자유롭지만 규율도 있는, 젊고 가능성이 넘치는 팀이었다. 무관의 시대에도 벵거에 대한 신뢰는 흔들리지 않았다. 그러나 언젠가 개화할 가능성이 있었던 팀은 주력 선수의 이탈이 계속되면서 가능성인 채로 끝나 버렸다. 이상은 항상 높았지만 실현되기 전에 사라져 버렸다. 그리고 이상과 현

실 사이에서 흔들리다 정신을 차려 보니 어느덧 10년이 지나 있었다.

경기장 건설에 따른 긴축 재정은 2013년에 종료되었고, 오랜만에 메수트 외질을 영입하는 대형 보강을 실시했다. 그리고 이 2013-14시즌, 아스날은 FA컵 우승을 차지함으로써 9시즌 만에 작은 트로피를 획득했다. 무관 시대가 8시즌, 그 후 이어지는 5시즌 중 4시즌은 타이틀을 획득하기는 했지만 리그 우승에는 실패했다. 이런 상황임에도 감독이 해임되지 않은 이유는 그가 벵거였기 때문이었다.

벵거를 향한 절대적인 신뢰가 흔들리고 무너지기까지 10년 이상이 걸렸던 것은 그만큼 벵거의 마취가 효과적이었다고 해석할 수 있을지도 모른다. 벵거는 8시즌 동안 무관이어도 감독이 해임되지 않는 클럽을 만들었다. 맨체스터 유나이티드의 알렉스 퍼거슨도 만약 무관인 시즌이 계속되었다면 길어야 3시즌이 한계가 아니었을까? 하지만 벵거는 단순한 감독이 아니라 매니저였으며, 경영자 중 한 명이었다고 할 수 있다. 단기적인 강화에 그치지 않고 장기적인 비전으로 클럽을 운영한 중요 인물 중 한 명이었다. 그렇다고 해서 독선적이지도 않았고, 팀을 만들 때도 전체 전술과 개인의 균형을 교묘히 유지했다. 아스날은 벵거의 '보이지 않는 손'에 조종되고 있었다.

무관 시대에 아스날을 떠난 선수들도 감독에게 직접적인 불만을 품지는 않았다. 현역 생활을 할 수 있는 시간은 한정되어 있기 때문에 아스날을 포기했을 뿐, 선수로 뛰기에 좋은 클럽이었던 듯하다.

[보이지 않는 손]

벵거는 8시즌 동안 무관이어도 해고되지 않는 클럽을 만들었다.

다른 프리미어리그 클럽이라면 2시즌만 원하는 성적이 나오지 않아도 감독을 해임한다. 그런 점에서 아스날은 예외적인 클럽이었는데, 아스날 팬으로서는 다른 클럽이 더 이상하게 생각되었을지도 모른다. 벵거는 팬들에게 현재 상황을 보여주고 이해를 구했으며, 팬들도 수긍했다. 팬들에게 주어진 시간은 선수보다 많다. 벵거에게 옳은 것이 팬에게도 옳은 것이 되자 감독에게 내부의 적은 존재하지 않게 되었다. 다만 벵거의 유토피아에도 한계는 있었다. 서포터들도 결국은 마취에서 풀려났고, 에미리트 스타디움에는 퇴임을 촉구하는 배너가 걸리게 되었다.

'Enough is enough(그만하면 됐다)'

벵거는 이상을 설명했고, 그 이상이 실현되었을 때 어떻게 될지도 실제로 보여줬다. 인빈시블즈 시대라는 실제 사례가 있었기에 그 후의 길었던 인고의 시기에도 이상을 믿으며 참고 지낼 수 있었다.

벵거는 아스날 팬들을 행복하게 만드는 방법을 알고 있었다. 그것이 이른바 마취였고, 팬들은 10년 동안이나 꿈을 꿀 수 있었다.

아스날은 설립 후 다음과 같은 라틴어를 클럽의 모토로 정했다.

'Victoria Concordia Crescit(승리는 조화에서 탄생한다)'

History of
Arsenal
[아스날 연표]

2003-04시즌의 프리미어 리그 무패 우승을 포함한 1997-98시즌부터의 9시즌이 아르센 벵거의 아스날이 가장 찬란하게 빛났던 시기였다고 할 수 있다.

1920~1930 년대
▶ WM 시스템의 발견

[감독] 허버트 채프먼(ENG)

[주요 선수]
알렉스 제임스(ENG)/클리프 배스틴(ENG)

1980~1990 년대
▶ 지루한 아스날

[감독]
조지 그래엄(SCO)
브루스 리오크(ENG)
아르센 벵거(FRA)

[주요 선수]
리엄 브래디(ENG)/데이비드 플랫(ENG)/토니 아담스(ENG)/나이젤 윈터번(ENG)/리 딕슨(ENG)/스티브 볼드(ENG)/마틴 키언(ENG)/마크 오베르마스(NED)/에마뉘엘 프티(FRA)/질 그리망디(FRA)/파트리크 비에라(FRA)/레미 가르드(FRA)/니콜라 아넬카(FRA)/이안 라이트(ENG)/데니스 베르캄프(NED)/레이 팔러(ENG)/티에리 앙리(FRA)/데이비드 시먼(ENG)

2000 년대
▶ 인빈시블즈

[감독]
아르센 벵거(FRA)

[주요 선수]
솔 캠벨(ENG)/로렌 에타메 마이어(CMR)/애슐리 콜(ENG)/로베르 피레스(FRA)/실뱅 윌토르(FRA)/프레드리크 융베리(SWE)/옌스 레만(GER)/콜로 투레(CIV)/지우베르투 시우바(BRA)/세스크 파브레가스(ESP)/로빈 판 페르시(NED)/사미르 나스리(FRA)/에마뉘엘 아데바요르(TOG)/알렉산더 흘렙(BLR)/에마뉘엘 에부에(CIV)/토마스 베르말렌(BEL)

2010 년대 ~ 현재
▶ 벵거 말기 정권

[감독]
아르센 벵거(FRA)
우나이 에메리(ESP)
미켈 아르테타(ESP)

[주요 선수]
미켈 아르테타(ESP)/루카스 포돌스키(GER)/메수트 외질(GER)/알렉시스 산체스(CHI)/다비드 루이스(BRA)/니콜라 페페(CIV)

후기

세르비아에는 FK 제문이라는 축구 클럽이 있다. 내가 방문했을 때는 2부 리그에 소속되어 있었지만, 이름을 날린 선수도 몇 명 배출했을 정도로 그 역사가 깊은 클럽이다. 세르비아어로 적힌 클럽의 역사가 담긴 책을 받았는데, 한 줄도 읽을 수 없었지만 전화번호부 수준의 두께에 깜짝 놀랐다. 훈련장도 상당히 넓어서 잔디 구장이 4~5개는 되었던 것으로 기억한다. 그런데 신기하게도 필드마다 고기를 꼬치에 꿰어 돌리며 통구이를 만드는 바비큐 시설이 설치되어 있었다. 왜 이런 장비가 그라운드마다 있는지 궁금해서 물어보니, "아, 저거요? 저기서 다들 고기를 구워 먹거든요"라는 대답이 돌아왔다. 그걸 몰라서 물어본 것이 아니라 왜 저 장비를 필드에 설치한 것인지 질문한 것인데, 클럽 관계자들은 플레이를 마친 뒤 모두 고기를 구워 먹는 것을 당연하게 생각해서인지 아무도 의문을 품지 않았다.

제문의 클럽 기능은 한곳에 집약되어 있었다. 아담한 경기장이 있고, 그 안에 사무실이 있으며, 바로 옆에는 넓은 훈련장이 갖춰져 있었다. 하나같이 오래됐고 호화롭지도 않지만, 있어야 할 것은 다 갖추고 있었다. 돌아오는 길에 경기장에 딸린 카페에서 커피를 마시는데 훈련을 마치고 돌아온 중학생 정도 되는 선수 두 명과 마주쳤다. 어린 두 선수는 카페 주인과 친근한 대화를 주고받았다. 단지 그뿐이었지만, 왠지 '보기 좋다'라는 생각이 들었다. 그다지 강하지도 않고 인기가 얼마만큼 있는지도 알 수 없는 클럽이었지만, 지역에 뿌리를 내린 가족 같은 클럽이라는 분위기가 느껴졌다.

유럽에는 이런 작은 축구 클럽이 많다. 조금 낡았지만 향수가 느껴지는 오래된 상점가 같은 클럽이다. 한편 일본에서도 경기를 볼 수 있는 빅클럽은 대형 쇼핑몰처럼 거대하고 화려하며 무엇이든 갖춰져 있어서 편리한 클럽이다. 그런 빅클럽도 처음에는 이들과 마찬가지로 작은 클럽이었을 것이다. 지금도 무수히 많은 작은 클럽이 존재하기 때문에 빅클럽도 존재한다고 생각한다.

빅클럽들은 대부분 작은 클럽과 제휴를 맺고 있다. 에우제비우는 스포르팅의 제휴 클럽이었던 모잠비크의 로렌수 마르케스 클럽 출신이다. 그러니까 벤피카가 선수를 가로챈 셈이다. 에우제비우는 나중에 동상이 세워졌을 정도로 벤피카의 역사를 바꿔 놓은 축구 스타였다.

아프리카의 가나나 코트디부아르에서는 클럽의 육성 조직이 발달하지 못한 대신 코스라고 부르는 거리의 축구 클럽이 육성을 담당하고 있다. 그런 거리의 클럽들도 에우제비우 같은 슈퍼스타를 배출했을 정도로 역사와 전통이 있다. 이런 클럽 중에는 클럽하우스도 없고, 정해진 훈련장조차 없는 경우도 있다. 철학이라고 부를 만한 것이 있는지도 알 수 없다. 그럼에도 축구를 좋아하는 사람들이 모여서 아이들에게 플레이할 환경을 제공하면서 에우제비우나 사디오 마네 같은 선수를 만들어내고 있다. 결국 클럽의 철학이나 DNA의 근원은 사람들의 축구에 대한 애정이라 생각한다.

현대의 축구는 상업화되었다. 젊은 선수는 마치 주식처럼 거래된다. 다만 그 원천이 축구에 대한 사랑과 열정이라는 사실에는 변함이 없다. 훈련장 옆에 바비큐 시설을 만든 것도 축구에 대한 애정이 있기 때문이리라. 맛있는 고기를 모두 함께 먹자는 모토를 철학이라고 부를 수는 없더라도 여기에는 분명히 축구에 대한 애정이 담겨 있다.

옮긴이 **이지호**

대학에서는 번역과 관계가 없는 학과를 전공했으나 졸업 후 잠시 동안 일본에서 생활하다 번역에 흥미를 느껴 번역가를 지망하게 되었다. 스포츠뿐만 아니라 과학이나 기계, 서브컬처에도 관심이 많다. 원서의 내용과 저자의 의도를 충실히 전달하면서도 한국 독자가 읽기에 어색하지 않은 번역을 하는 번역가, 혹시 원서에 오류가 있다면 그것을 놓치지 않고 바로잡을 수 있는 번역가가 되고자 노력하고 있다. 옮긴 책에 《좌익 축구 우익 축구》, 《과학은 어렵지만 상대성 이론은 알고 싶어》, 《수학은 어렵지만 미적분은 알고 싶어》, 《초록의 집》, 《원자핵에서 핵무기까지》, 《슬로 트레이닝 플러스》 등이 있다.

이길 때나 질 때나
유럽 명문 클럽의
뼈 때리는 축구 철학

1판 1쇄 발행 2021년 1월 26일
1판 2쇄 발행 2022년 7월 15일

지은이 니시베 겐지
옮긴이 이지호
감 수 한준희
펴낸이 김기옥

실용본부장 박재성
편집 실용1팀 박인애
영업 김선주
커뮤니케이션 플래너 서지운
지원 고광현, 김형식, 임민진

디자인 제이알컴
인쇄 · 제본 민언프린텍

펴낸곳 한스미디어(한즈미디어(주))
주소 121-839 서울시 마포구 양화로 11길 13(서교동, 강원빌딩 5층)
전화 02-707-0337 | 팩스 02-707-0198 | 홈페이지 www.hansmedia.com
출판신고번호 제 313-2003-227호 | 신고일자 2003년 6월 25일

ISBN 979-11-6007-561-8 03690

Encyclopedia of
Football Club Philosophies